▶ 国家教育部人文社会科学研究青年基金项目"高技术企业原始创新的内生培养机制研究"（项目批准号10YJC630116）

▶ 南京师范大学"211工程"项目"转型时期我国企业管理的理论与实证研究"

高技术企业的
内生能力研究

GAOJISHU QIYEDE NEISHENG NENGLI YANJIU

李金生　著

人民出版社

目　　录

序

　　科学技术是推动现代生产力发展的核心因素和主导力量。高技术的发展凝聚了人类的无穷智慧,成为经济发展的"倍增器"和社会进步的"催化剂"。高技术创新源于经济社会发展需求的拉动,高技术产业化过程是知识与技术社会化和规模化的过程,是科技创新价值的最终体现;高技术产业在国民经济中的地位和作用日益突出。

　　从世界范围来看,全球科技革命正在酝酿新的重大突破,并将孕育新的产业革命。随着高技术的迅速发展,高技术产业的竞争已经成为综合国力竞争的焦点。各国均对产业结构调整高度重视,尤其是发达国家,通过国家支持和政策引导,来强化技术领先优势和产业升级速度,并通过对高新技术产业的垄断和在全球形成的生产销售系统来保持在世界经济中的主导地位。因此,科学技术的创新和高技术产业的发展,决定着一国的国家竞争力,全面推动了经济发展质量的提高和经济增长方式的转变。建设创新型国家已经成为我国经济社会发展的战略抉择。

　　高技术产业化是以市场与企业为主体,是在市场竞争中实现技术、人才、企业经营管理、资本等生产要素的社会化优化组合与创新。因此,高技术企业是实现高技术和高技术产业快速发展的核心力量之一。作为高技术产业的主体,高技术企业的经营管理能力和运行质量直接影响着我国自主创新能力的提高,关系到高技术产业发展规模和综合效益。

　　我国高技术企业经过二十多年的发展,已经步入二次创业阶段。在新的历史时期,高技术企业的创新与发展,不仅需要国家各级政府部门通过政策扶持、建立和完善技术自主创新的社会环境等手段来提供合理的外在条件，更重要的是高技术企业要能够把握时机，优化企业内部要素配置，根据高技术企业能力演进机理和发展规律来培育和提升以自主创新为中心的企业核心能力。这对于高技术企业在二次创业过程中面临的企业自主创新能力偏弱、产业化水平较低、盈利能力下滑等问题具有重要的理论价值和现实意义。李金生同志撰写的《高技术企业的内生能力研究》一书，运用多学科的理论和最新成果，以高技术企业内在生态系统为视角，从全新的视角分析和研究了高技术企业的内生能力体系，为高技术企业的能力提升作了新的思考和探索，是一项有开拓意义的研究成果。

该书围绕提升高技术企业自主创新能力，运用现代生态学、系统科学、组织行为学、技术经济学、演化经济学、行为经济学、制度经济学、技术管理学等理论和分析技术进行跨学科研究；采用规范研究、综合分析与逻辑归纳、比较研究、案例分析和实证分析的方法，通过讨论高技术企业的生态系统，尤其是内在生态系统，探析了高技术企业创新与发展的内生因子和形成机理，分析了高技术企业的内生能力及其演化机理，系统地研究了高技术企业的关键种因子内生能力、优势种因子内生能力（内生决策能力、内生组织能力、内生激励能力和内生文化能力）和冗余种因子内生能力，并分别构建和实证了高技术企业的关键种因子内生能力模型、优势种因子内生能力模型（内生决策能力模型、内生组织能力模型、内生激励能力模型和内生文化能力模型）和冗余种因子内生能力模型，对高技术企业的内生能力体系及其模型开展了系统性研究。

该书站在建设创新型国家的战略高度，紧密联系我国高技术企业自主创新实际，结构新颖合理，分析论证严谨缜密，文笔流畅，具有较高的创新性。这一研究成果不仅可以丰富我国高技术企业管理的理论研究，而且对于我国高技术企业的自主创新及其管理模式的创建具有重要的参考价值和指导意义。据此，我将该书推荐并介绍给从事高技术企业自主创新及其管理模式研究的专家和学者、企业经营管理人员和其他有兴趣的人士，以期更多人士的关注和研究高技术企业及其自主创新管理，共同提高我国高技术

企业自主创新及其管理水平,提升我国高新技术产业的国际竞争力,为建设
创新型国家作出更大的贡献。

东南大学经济管理学院

博士生导师 教授

2010 年 4 月 28 日

第一章 绪 论

一、研究背景

20世纪90年代以来,以高技术和高技术产业为突破口的新技术革命,不仅猛烈地冲击着传统的生产方式和产业结构,而且影响和改变着世界各国的经济发展思路。在新的社会经济形势下,高技术从多个角度影响着经济发展。

从发展知识经济的角度来看,高技术已经成为一个重要的生产要素。早期的知识经济理论的研究,更多的是强调知识在经济增长与社会发展中的重要作用,更新了人们对社会生产要素的认识观念。现在人们更关心的则是如何发挥知识在经济发展中的作用,将从抽象的知识经济观念转变为具象的知识经济行为。以技术为中心的知识体系逐渐成为经济发展与演化的重要载体与核心,技术创新和技术产业化成为知识经济时代的现实行为。

从发展循环经济的角度来看,高技术成为经济发展的重要支撑。循环经济体现了现代经济发展的基本要求。在经济发展过程中,环境污染和能源消耗成为各国关注的焦点问题。以依赖资源和能源消耗为基础的"牧童经济"模式逐渐被人们抛弃,取而代之的是经济发展与环境保护相和谐的"循环经济"模式。全球高技术发展日新月异,关注国际动态,跟踪技术前沿,推动技术创新,促进高技术成果产业化,用高技术改造传统产业,是走新型工业化道路的必然要求。

从建设"创新型国家"的角度来看,技术自主创新成为我国社会经济发展新的目标和要求。我国提出了建设"创新型国家"的重大战略。建设创新型国家,核心就是把增强自主创新能力作为发展科学技术的战略基点,走中国特色自主创新道路,推动科学技术的跨越式发展;把增强自主创新能力作为调整产业结构、转变经济增长方式的中心环节,大大提高原创能力、集成创新能力和引进消化吸收再创新能力,努力掌握核心技术和关键技术,增强科技成果转化能力,提高产业整体技术水平,建设资源节约型和环境友好型社会,推动国民经济又快又好发展。建设"创新型国家"的发展战略不仅指出了高技术在国民经济发展中的重要地位,而且对高技术的自主创新提出了明确的要求。

因此,现代经济发展是以知识为核心要素,高技术是这种经济发展的知识性的重要体现。高技术成为社会经济发展的主导性力量。高技术的发展凝聚了人类的无穷智慧,成为经济发展的"倍增器"、社会进步的"催化剂"。高技术创新源于经济社会发展需求的拉动,高技术产业化过程是知识与技术社会化和规模化的过程,是科技创新价值的最终体现。因此,高技术成为经济增长的一个主导性生产要素,发展高技术产业成为现代社会经济发展的重要支柱。

在新的经济、技术发展形势下,高技术产业比传统技术产业在国民经济发展中的作用日益突出,加速催生和培育了一大批高新技术产业群,成为当代国民经济的增长点和主导产业和产业结构升级的动力源泉,将社会生产力推向一个前所未有的发展新阶段,促进人类社会物质文明和精神文明向更高层次的发展。高技术产业在世界各国经济增长与经济发展中显示新的经济位势。

从国际环境看,全球科技革命正在酝酿新的重大突破,并将孕育新的产业革命,高技术产业在国民经济中的地位和作用日益突出。随着高技术的迅速发展,高技术产业的竞争已经成为综合国力竞争的焦点。各国均对产业结构调整高度重视,尤其是发达国家,通过国家支持和政策引导,来强化技术领先优势和产业升级速度,并通过对高新技术产业的垄断和在全球形成的生产销售系统来保持在世界经济的主导地位。高技术产业已经成为世界各国产业结构优化升级的主导性经济目标。高技术产业是推动现代生产力发展最活跃的因素,因此,高技术产业的发展,决定着一国的国家竞争力,也有助于全面推动经济发展质量的提高和经济增长方式的转变。

近十多年来,我国高技术产业持续超高速增长,成为国民经济中增长最快、带动作用最大的产业,已经成为国民经济中重要的支柱产业和动力型先导产业。具体表现如下:

1. 高技术产业规模不断扩大,有力地拉动了国民经济增长。从 20 世纪 90 年代中期,我国高技术产业一直保持较快的增长势头,特别是 2002 年以来,在美国先后爆发"网络泡沫"和企业假账丑闻从而引发全球信息产业深幅调整的形势下,我国高技术产业继续保持高速增长势头①,各项指标再创历史最好水平(见表 1－1 和图 1－1)。2003 年,高技术产业工业总产值达到 20556 亿元,突破 2 万亿元大关。2001—2007 年,我国高技术产业的工业增加值、工业总产值、产品销售收入和利税分别年平均增长 21.88%、24.66%、24.91% 和 15.91%。2009 年 12 月高技术产业实现总产值 6472.66 亿元,同期增长 21.99%;出口交货值实现 2984.05 亿元,同期增长 18.20%②。我国高技术产业规模实现了快速增长。

表 1－1　我国高技术产业主要经济指标(2001—2007 年)③

(单位:亿元)

	2001 年	2002 年	2003 年	2004 年	2005 年	2006 年	2007 年
工业增加值	3095	3769	5034	6341	8128	10056	11621
工业总产值	12263	15099	20556	27769	34367	41996	50461
利税总额	1108	1166	1465	1784	2090	2611	3353
产品销售收入	12015	14614	20412	27846	33922	41585	49714

2001—2007 年,我国高技术产业的增加值占制造业的比重分别为

---

① 国家发展改革委高技术司:《2004 年我国高技术产业发展报告》(http://www.ndrc.gov.cn/gjscy/cyzhdt/default.htm)

② 国家发展改革委高技术司:《行业数据》(http://gjss.ndrc.gov.cn/tjsj/tjsjhy/default.htm,2010/01/26)。

③ 国家统计局等:《中国高技术产业统计年鉴(2008)》,中国统计出版社 2009 年版。

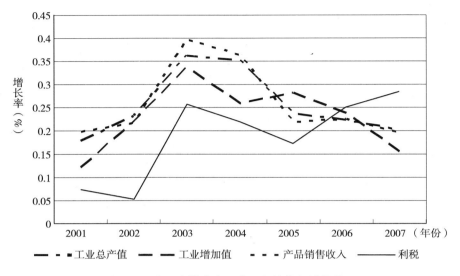

图 1-1 我国高技术产业主要经济指标增长情况

13.9%、14.3%、14.8%、13.9%、14.2%、13.9%和12.4%,对制造业增长的年均贡献率为13.90%以上。我国高技术产业的增加值占我国国内生产总值分别为2.8%、3.1%、3.7%、4.0%、4.4%、4.7%和4.5%,对国民经济增长的年均贡献率为3.82%(见图1-2)。2009年1—12月全国规模以上工业完成总产值为55760.27亿元,同期高技术产业实现总产值为6472.66亿元,占到规模以上工业总产值的11.61%;同期高技术产业完成的新产品产值、工业销售产值、出口交货值分别占全国规模以上工业新产品产值、工业销售产值、出口交货值的23.66%、11.54%和40.55%[①],有力地拉动了我国国民经济的增长。

2.高技术产业的产出效率不断提高,产销衔接情况良好。随着高技术企业生产技术的不断提升,产品结构加速优化,产品单位劳动产出效率不断

---

① 国家发展改革委高技术司:《行业数据》(http://gjss. ndrc. gov. cn/tjsj/tjsjhy/default. htm,2010/01/26)。

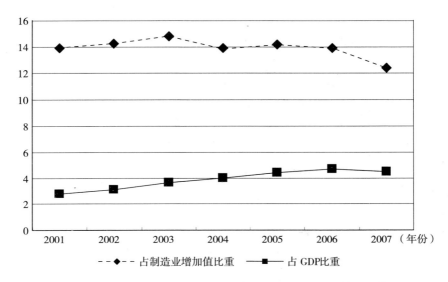

图 1-2　我国高技术产业增加值占制造业增加值及 GDP 的比重①

提高,产销衔接情况良好,呈现销售、效益同步增长的良好势头。总体上看,高技术产业在逐步向着质量效益型方向发展。

(1)劳动生产率稳步提高。劳动生产率是反映生产力水平和经济效益的重要指标,是产业技术水平、经营管理水平、职工技术熟练程度的综合表现。2001—2007 年,我国高技术产业的全员劳动率呈逐年增长趋势,并且明显高于全部制造业的全员劳动率水平(见图 1-3)。在 2006 年以后,高技术产业的全员劳动生产率超过 13.5 万元/人。以 2006 年和 2007 年为例,高技术产业中的电子计算机及办公设备制造业的全员劳动生产率达到17.4 万元/人和 15.9 万元/人。从 2001—2007 年的情况来看(图 1-3),高技术产业劳动生产率一直保持稳定增长的态势。这说明我国高技术产业通过引进消化吸收与自主创新相结合,产业技术水平、经营管理水平等在稳步提高。

① 中华人民共和国科学技术部:《中国高技术产业数据(2009)》(http://www.sts.org.cn/sjkl/gjscy/data2009/data09.htm)。

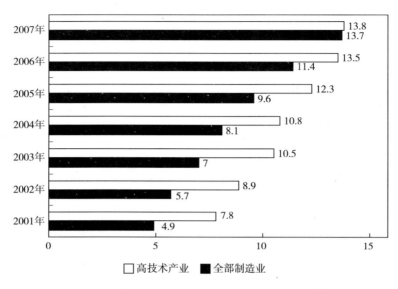

图1-3 高技术产业全员劳动生产率(万元/人)①

(2)产品结构进一步优化,技术升级趋势明显。高技术产品结构向技术含量高、消费需求大的方向加速优化,产品技术升级趋势明显。信息产品制造业仍然是拉动高技术产业规模增长的最主要动力。从高技术产业的行业结构看,2005年,电子及通信设备制造业和电子计算机及办公设备制造业增加值比上年分别增长20.8%和20.1%,继续成为高技术产业中增长最快的两个行业。2009年1—12月,电子及通信设备制造业和电子计算机及办公设备制造业的总产值分别为3021.70亿元和1681.66亿元,同期分别增长21.30%和19.60%;同时,医药制造业、信息化学品制造业和医疗设备及仪器仪表制造业等高技术产业的增长速度加快(见表1-2)。这说明了我国高技术产品结构得到进一步优化,技术升级趋势明显。

---

① 中华人民共和国科学技术部:《中国高技术产业数据(2009)》(http://www.sts.org.cn/sjkl/gjscy/data2009/data09.htm)。

表 1－2　2009 年 1—12 月分行业高技术产业主要经济指标①

名　称	总产值（当年价）	
	本月（亿元）	同期增长（%）
一、信息化学品制造业	70.46	24.24
二、医药制造业	982.90	27.93
三、航空航天器制造	198.61	14.08
四、电子及通信设备制造业	3021.70	21.30
五、电子计算机及办公设备制造业	1681.66	19.60
六、医疗设备及仪器仪表制造业	509.53	26.45
七、其他	7.80	17.10
高技术产业合计	6472.66	21.99

（3）产销衔接良好,销售利润同步增长。2001—2007 年,我国高技术产业的产销衔接水平一直保持在比较高的水平上,产品销售率一直保持在96.50% 以上。以 2004 年为例,高技术产业的产品销售率达到 99.32%,高技术企业盈亏相抵后实现利润总额 1253.5 亿元,同比增长 31.5%,高出销售收入增速 0.4 个百分点,而 2003 年利润增速低于产品销售收入近 5 个百分点;2007 年我国高技术产业的产品销售率达到 98.52%（见图 1－4）。我国高技术产业出现产销两旺的可喜局面,一是受国际经济复苏的影响,国际市场对我国高技术产品的需求有所提高;二是国内宏观环境进一步改善,内需市场逐步升温,为高技术产业发展提供了发展空间。

3. 高新技术产品进出口平稳快速增长,推动外贸结构优化升级（见图 1－5）。2004 年,我国高新技术产品对外贸易保持高速增长,对外贸增长的带动作用日益明显。全年高新技术产品进出口总额累计达到 3269.7 亿美元,同比增长 43.8%。其中出口 1655.4 亿美元,增长 50.2%,占全国外贸出口

---

① 国家发展改革委高技术司:《2009 年 1—12 月分行业高技术产业主要经济指标（一）》（http://gjss.ndrc.gov.cn/tjsj/tjsjhy/fhyzczsj/t20100126_326677.htm,2010/01/26）。

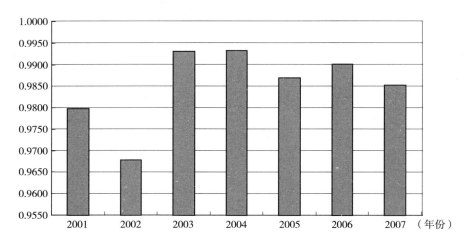

图 1 - 4　2001—2007 年高技术产业产品销售率统计图①

的比重达到 27.9% ;进口 1614.3 亿美元,增长 35.3% 。全年高新技术产品进出口出现历史上首次顺差,达到 41.1 亿美元。2005 年,高新技术产品进出口总额累计达到 4160 亿美元,同比增长 27.2% ,占全国外贸的比重达到 29.2% 。其中出口 2183 亿美元,增长 31.8% ,占全国外贸出口的比重达到 28.7% ;进口 1977 亿美元,增长 22.5%② 。在国际金融危机的影响下,2009 年 1 ~ 12 月我国高技术产业出口交货值占全国规模以上工业出口交货值的 40.77% ,同期增长仍然达到 18.20% 。

　　这些事实都充分地说明:只要加强技术创新,发展高科技,实现产业化,抓住历史机遇加快发展,大力推进体制创新和技术创新,发展高技术产业不仅可以有所作为,而且在局部领域还可以大有作为。我国完全可以在世界高技术产业领域占有一席之地。但是,我国高技术产业在快速发展的过程中,高技术产业在国民经济中比重还有待进一步提升。

　　①　中华人民共和国科学技术部:《中国高技术产业数据(2009)》(http://www. sts. org. cn/sjkl/gjscy/data2009/data09. htm)。

　　②　国家发展改革委高技术司:《2005 年我国高技术产业发展报告》(http://www. ndrc. gov. cn/gjscy/cyzhdt/default. htm)。

（单位：亿美元）

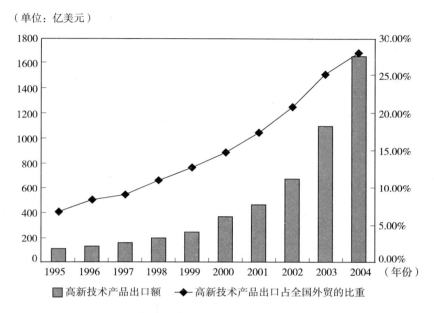

图1-5 1995—2004年我国高新技术产品出口及占全国外贸出口比重

目前,我国高技术产业的发展现状与发达国家相比仍然存在较大差距。从高技术产业的增加值在制造业中所占比重来看,我国全部高技术产业(含规模以下小型工业企业)增加值的比重为11.5%(2006年),而同期美国的这一比重为17.2%,韩国为25.3%,日本为16.1%,英国为17.2%(见表1-3);从高技术产业的R&D强度来看,我国高技术产业R&D强度为6.0%(2006年),而同期美国高技术产业的R&D强度为39.8%,日本为28.9%,韩国为21.3%,英国为26.6%。我国高技术产业的R&D强度明显低于主要发达国家;从高技术产业的增加值率来看,我国只有23.0%(2007年),美国、日本、德国和英国2006年的高技术产业增加值率则分别为41.2%、36.8%、38.8%和41.4%①。以高技术产品出口额比重为例(见表

———————————

① 中华人民共和国科学技术部:《中国高技术产业数据(2009)》,(http://www.sts.org.cn/sjkl/gjscy/data2009/data09.htm)。

1－4），美国、英国、日本等一些发达国家的高技术产品出口额占制成品出口额比重一般保持在30％左右，而我国只有20％左右，发达国家均远远高于我国高技术产品在制成品出口额中的比重①。

表1－3 2000—2006年部分国家高技术产业增加值占制造业增加值的比重

（单位:%）

国家＼年份	2000 年	2001 年	2002 年	2003 年	2004 年	2005 年	2006 年
中　国	9.3	9.5	9.9	10.5	10.9	11.5	11.5
美　国	18.8	17.6	16.8	16.7	16.5	16.7	17.2
日　本	17.9	15.9	15.3	16.5	16.9	15.7	16.1
德　国	11.2	10.5	10.8	11.4	11.8	12.4	12.2
法　国	15.0	15.1	14.9	14.7	13.5	14.2	15.1
英　国	17.4	17.4	16.5	16.0	16.1	16.8	17.2
意大利	9.3	9.8	9.7	9.3	9.3	9.1	9.4
韩　国	24.4	22.2	22.9	23.5	25.3	24.6	25.3

表1－4 高技术产品出品额占制成品出口额比重　（单位:%）

	1999 年	2000 年	2001 年	2002 年
世界	22.0	23.3	22.2	21.4
高收入国家	23.2	25.0	23.7	22.7
中等收入国家	18.4	18.5	18.5	18.6
低收入国家	7.1	7.9	8.0	8.6
日本	26.3	28.4	26.3	24.5
美国	34.2	33.5	32.5	31.8
英国	29.8	32.0	32.7	31.4
韩国	31.9	34.8	29.6	24.5
中国	16.8	18.6	20.6	23.3

----

① 中华人民共和国国家统计局:《国际统计年鉴2004》,中国统计出版社2004年版。

尽管改革开放以来我国高技术产业发展取得了很大成就,但在产业规模、技术创新、盈利水平等方面与发达国家相比依然存在较大差距。国内外高技术产业的发展实践(例如硅谷、光谷、生物谷等)证明,高技术企业是高技术产业发展的主体,并且高技术产业的发展是通过企业集群和"产业簇"的方式来实现。高技术企业集群和产业簇实质上就是建立基于竞争合作的高技术产业分工合作体系,促进一个动态的、充满竞争的、能刺激企业不断进步和扩大优势的产业内部环境的形成,促使生产要素(人力资本、资金、知识资本)、市场需求、支撑产业和企业间相互作用组成一个相互增强的体系,最终实现一个理想的产业发展状态。例如韩国在汉城和京畿道地区构建信息处理和软件产业圈,2001年环首都圈已集聚了全国高科技风险认证企业的67.7%,其中信息处理和软件产业占33.5%,高科技的风险认证企业占60.3%,成为韩国信息化特区中名符其实的领军先锋。美国硅谷的大量"支柱型"公司(如硅谷的惠普公司)带动、领导和支持的技术"蔓延"、"剥离"和"并购"等,对硅谷技术链和产业链的形成产生了重要作用。印度班加罗尔、中国台湾新竹等都是较为成功的高科技企业集群,它们推动了高新科技产业的发展,促进了地区产业结构的升级,很重要的一个方面就表现为产业流量结构的改善。

高技术产业化是以市场与企业为主体,是在市场竞争中实现技术、人才、企业经营管理、资本等生产要素的社会化优化组合与创新。因此,高技术企业是实现高技术和高技术产业快速发展的核心力量之一。近年来,我国高技术企业发展很快,2001—2007年年均增长速度达21.88%,工业增加值中的比重也由1998年的9.2%提高到2007年的13%左右,但是与发达国家相比差距很大,如欧盟各国高技术企业人均增加值是我国的4倍以上。我国高技术企业的运行与发展中出现了一些不足。

(1)我国高技术企业在高技术产业中的比重偏小。在我国高技术产业的发展中,三资企业在产值和出口贸易方面占较大比重。从企业性质来看,三资企业对我国高新技术产品出口的贡献最为明显,私营企业是我国高新技术产品出口最为活跃的力量。2004年三资企业占我国高新技术产品出口份额的87.3%,而国有企业、集体企业和私营企业分别只占8.5%、1.6%

和 2.6% 。私营企业高新技术产品出口虽然所占比重不大，但近年来增长非常迅速，2004 年增长 67.6% ，高出三资企业 4.2 个百分点，是国营企业和集体企业增速的 2 到 3 倍。2005 年，三资企业进口和出口的高新技术产品分别达到 1580 亿美元和 1920 亿美元，占我国高新技术产品进口的 79.9% ，出口的 88.0% ；国有企业、集体企业和私营企业高新技术产品进口只占 14.3% 、1.6% 和 4.2% ，出口分别占 7.4% 、1.8% 和 2.8% 。

（2）高技术产业的区域发展不平衡。我国高技术产业的发展进一步呈现向东部地区集聚的趋势。从地区结构来看，东部地区与中、西部地区高技术产业规模上的差距还在不断扩大。东部地区具有雄厚的经济基础，并由此带来资金、人才、配套环境等多方面的优势，因此成为高技术企业发展的集聚地。东部地区占全国高技术产业产值的比重由 1998 年的 79% 已上升到 89% ，6 年间增加了近 10 个百分点。

（3）高技术企业的盈利能力明显下滑。2005 年，高技术产业实现销售收入 33817 亿元，同比增长 23.5% 。但盈利能力却大幅下滑，盈亏相抵后实现利润总额 1429 亿元，比上年仅增长 9.8% ，增幅比上年下降 21.7 个百分点。高技术产业利润增速下滑主要集中在电子及通信设备制造业，尤其是电子器件制造行业。这些行业利润下滑的根本原因在于目前高技术企业的创新能力不强，产业缺乏核心竞争力。主要表现为：行业结构调整步伐加快，企业技术更新较慢；面临日益激烈的市场竞争，企业缺乏核心竞争力，价格成为竞争的唯一手段。

在新的社会经济发展形势下，高技术和高技术产业的地位日益突出，但是高技术创新与运用和高技术产业的发展与现实的经济发展要求还存在较大的差距。从世界各国发展高技术产业的成功经验来看，如何加强和促进高技术企业的蓬勃健康发展对于提高我国的综合国力和国际竞争力具有重大的战略意义。从发展高技术产业的角度，作为高技术产业的主体，高技术企业的经营管理能力和运行质量直接影响到我国高技术产业发展规模、水平和技术创新，成为人们直接所关心的热点问题：如何增强自身的经营管理能力，如何逐步实现技术的自主创新，如何在高技术企业能力中推动高技术产业的发展……这一系列问题的解决均需要增强高技术企业经营管理能力。因此,高技术企业能力的培育与提升有助于推动科技创新,促进高新技术产业化、商品化和市场化水平,促进产业结构优化,提高高技术产业的国际竞争力。所以,研究高技术企业的能力问题成为目前比较迫切而又十分重要的问题。

二、研究定位与研究意义

(一)研究进展

近几年来,理论界一直在努力探寻企业能力理论与模式,虽然取得不少成果,但是从适应高新技术产业动态发展的需要来看,仍需要展开深入的研究,探讨符合高技术企业运行特点的能力理论。通过对高技术企业能力的理论综述,目前的理论研究主要侧重于两个方面:

1. 宏观经济层面和中观经济层面的研究。在宏观经济和中观经济层面,理论界主要运用产业经济学、制度经济学和演化经济学理论等对高技术产业的技术、市场、组织和制度等角度进行了研究,通常将高技术企业的能力视为一个"黑箱",没有深入分析高技术企业的能力形成、运行、发展和演化问题,没有分析企业能力对高技术企业发展的作用机理。因此,这方面的研究相对比较抽象、模糊。

2. 微观经济层面的研究。在微观经济层面的研究,理论界主要运用管理学理论对高技术企业进行了定性研究,没有充分考虑传统技术企业与高技术企业之间的差异,将通用所有企业的能力理论,例如核心能力理论和动态能力理论等等,用于指导高技术企业的能力培育与提升。可以看出,关于高技术企业能力方面的研究仍然缺乏针对性。另一方面,理论界也提出一些关于高技术企业创新能力的观点和看法,例如主张国外技术引进、消化与吸引,建议国家产业政策和科技政策的扶持,强调高技术企业孵化器机制的运作,等等。这些观点和看法尽管在一定程度上能够促进高技术企业能力的提高,但明显是强调高技术企业能力培育的外部依赖性。这与强调自主创新和综合提高高技术企业运营水平的要求还存在较大差距。

理论研究的现状表明,关于高技术企业能力的研究明显滞后于技术创新能力和企业发展的要求。因此,迫切需要对高技术企业的能力问题展开针对性研究,揭示高技术企业能力形成、作用、发展与演化的内在机理,提升我国高技术企业的技术创新能力,增强高技术企业对新技术产品的生产、销售和服务能力,促进高技术企业的收益持续增长和快速健康的发展,从而推动高技术产业的持续快速发展。

(二)研究定位

基于高技术产业在国民经济发展中的重要地位和作用,从目前理论界对高技术企业能力问题的研究现状看,本书的研究定位于高技术企业内生能力问题,主要包括以下几个层面:

1. 定位于高技术企业的技术特性。高技术是高技术企业的一个本质性特征。由于技术差异,它与传统技术企业在能力问题上同样存在本质性差异。因此,本书将沿着 20 世纪 80 年代兴起的企业能力理论的研究路径,综合最新理论研究成果,针对高技术企业的技术特性来研究高技术企业的能力问题,而不是对一般技术意义上的企业能力问题进行研究。

2. 定位于高技术企业能力的内生性。从整个社会技术进步来看,高技术企业是技术研究与运用的一个重要主体,如何突出高技术企业的技术自主创新,而不是偏重于外部的技术依赖。因此,本书对高技术企业着重从企业内部入手,来探究高技术企业进行技术创新的内源性能力。

3. 定位于高技术企业能力的演化机理。高技术的发展与创新日新月异,具有较高的变化性,处于动态发展之中。因此,本书在研究高技术企业能力中着重分析能力发展与演化的内在机理,使高技术企业能力能够更好地适应技术进步与发展。

4. 定位于高技术企业能力的生态关系。高技术企业是一个有机的生命体,存在一个生态系统。在这个生态系统中,高技术企业能力是一个多元能力的集合体。因此,本书在研究中将对高技术企业的主要能力之间的关系进行分析,分析它们之间的交互影响与制约的作用机理。

通过这四个方面的研究,本书力求能够深入分析高技术企业内生能力形成与运作的内在机理,探析高技术企业能力演化的基本趋势,总结出高技术企业内生能力的关系模式和能力模型,以利于指导高技术企业能力建设的实践,从而促进高技术企业经营管理水平的不断提高。高技术企业能力是实现经营目标的一个重要手段,深刻地改变企业的经营管理模式和运作方式,是高技术企业经营管理的一场新的变革。

(三)研究意义

基于对高技术企业能力问题研究的基本定位,本书通过运用多学科理论进行综合研究,分析高技术企业内生能力的形成与作用及其演化机理,探讨能力之间的交互关系,从而促进高技术企业的技术自主创新,提高技术运用与管理的综合能力,实现高技术企业从边际收益递减向边际收益递增的转变。

1. 探讨高技术企业内生能力的形成与作用及其演化机理。在以往的理论研究中,人们习惯地将高技术企业的能力形成与作用视为一个"黑箱",没有过多地分析能力形成与作用机理,更没有分析能力演化对高技术企业综合能力的影响。本书针对这一方面的理论不足展开探讨,从理论上丰富了企业能力理论中技术特性与能力形成和发展关系的研究,强调了高技术企业能力的特殊性和针对性,一方面完善了以往理论研究对技术特性与能力关系问题的研究不足;另一方面充实了能力的形成与作用及其演化机理,从而使能力理论研究能够更好地服务高技术企业的经营管理实践。

2. 促进高技术企业的技术自主创新。在我国经济发展中,把提高自主创新能力作为调整产业结构、转变增长方式的中心环节。而经济增长的一个重大瓶颈问题就是技术自主创新能力不足。经济合作发展组织(OECD)发表了《主要科技指标》(2004 年 1 月),公布了 37 个国家的最新科技指标数据,由于这 37 个国家 R&D 经费总量接近世界研发投入总额的 90%,所以一国在这 37 个国家中的地位就代表了其在世界科技领域中的位置。2002 年,在 37 个国家中,按当年美元汇率折算,R&D 经费总额居于前五位的分别是美国(2771 亿美元)、日本(1240.3 亿美元)、德国(501.5 亿美元)、法国(314.5 亿美元)和英国(293.2 亿美元)。中国位居世界第六,达

到 155.6 亿美元,但是总额还不到美国的 6% 、日本的 13% 。再根据我国的
R&D 经费支出总额中企业投资的比重(60.1%)可以看出,一方面我国高技
术企业在 R&D 经费投入较少;另一方面我国高技术企业技术创新能力较
弱。因此,如何充分发挥企业技术创新的主体作用,继续支持企业技术中心
提高创新能力,成为目前理论和实践中关注的重要问题。本书研究的一个
重点就是要增强高技术企业的技术自主创新能力,这对于我国技术进步与
经济发展具有重要意义。

3. 增强高技术企业在新技术运用中的管理能力。本书的研究将以技术
特性为中心,从高技术企业的生态系统中研究企业能力体系及其内在关系。
这一方面有利于高技术企业在能力体系中促进能力发展的平衡,促进能力
之间的自我协调,同时强调了增强技术自主创新能力中提高企业对新技术
的运用与管理能力,促进高技术企业提升综合能力。

4. 促进高技术企业的内源性发展。高技术企业的发展离不开外部环
境,但是内生能力不仅是将外部资源和条件进行内化的基础,而且独自对高
技术企业的发展形成内源性动力。探讨高技术企业内生能力模型及其演化
机理,一个重要意义就在于增强高技术企业能力的内生性,解析高技术企业
能力与内生因子之间的关系,丰富企业能力理论研究的视角与领域,同时促
进高技术企业的内源性发展。

5. 实现高技术企业追求"组织租金",即从边际收益递减向边际收益递
增转变。在依赖外部资源和条件的利用中,企业产出是边际收益递减。本
书从内部能力的运用来研究高技术企业能力及其运行与管理,探寻边际收
益递增的路径,实现高技术企业持续、快速和健康发展。这既具有深远的理
论意义,也具有重要的实践价值。

通过运用多学科理论对高技术企业能力进行跨学科研究(主要包括管
理学、现代生态学、组织行为学、演化经济学、突变论、行为经济学、认知经济
学、技术经济学、计量经济学等学科理论),本书在理论研究上作出积极的
尝试,丰富和促进企业能力理论的研究。

三、研究思路和方法

在高技术企业的内生能力模型及其演化机理的研究中,本书主要采用以下的研究思路和研究方法。

1. 通过文献检索法,对国内外理论界对高技术企业的能力理论进行系统性综述,运用对比分析法评述高技术企业的能力理论的发展脉络,分析已有理论研究取得的成就和存在的不足,综合运用现代生态学、管理学、演化经济学等学科领域的研究方法,进行综合归纳与逻辑分析相结合,从而提出高技术企业应当注重发展"内生能力"。

2. 运用技术管理和高技术创新的相关理论,采用工业技术经济学和自然辩证法的分析方法对高技术的内在特性及其演化规律进行分析和界定,作为高技术企业的内生能力分析的基础。

3. 运用现代生态学、企业能力理论和制度经济学等相关理论,采用规范分析法和结构分析法,对高技术企业能力构成因子进行分析,探讨影响高技术企业能力的公共因子,分析这些共同因子之间及其与企业能力之间相互关系,从而构建高技术企业的内生能力的研究框架;运用高技术的演化规律和机理,运行演化经济学的相关理论,采用规范研究方法和动态分析方法分析高技术企业的内生能力的演化机理。运用规范分析方法和逻辑分析方法,进行高技术企业内生能力的数理分析,探讨并构建高技术企业的内生能力模型。

4. 基于高技术的内生特性,分析高技术对内生能力的主因子的选择进行分析,从而分别构建关于高技术企业的技术创新、决策、激励、组织和文化等能力模型:运用不完全信息静态博弈理论分析高技术对决策能力模式的选择,构建高技术企业的内生决策能力模型;运用组织激励理论分析高技术对组织动力模式的选择,构建高技术企业的内生激励能力模型;运用制度经济学的制度安排和约束理论分析高技术对组织制度模式的选择,构建高技术企业的内生组织能力模型;运用企业文化理论分析高技术对组织文化模式的选择,构建高技术企业的内生文化能力模型。

5.运用理论实证研究和经验实证研究方法对高技术企业的内生能力模型进行实证分析,论证高技术企业的内生能力模型的合理性和科学性。在此基础上,提出本书的研究结论和研究展望。

四、研究内容及框架

(一)研究内容

基于上述研究定位和基本思路,笔者主要以高技术的内在特性及其相关的企业要素为内生因子,着重开展以下几个方面的研究:

1.高技术、高技术产业和高技术企业的理论研究的相关成果的理论综述。首先是关于高技术内涵及其界定的理论综述,以辨明高技术的内涵与外延;其次对高技术产业的内涵及其界定的理论综述,从而明确高技术企业能力的研究范畴;再次是对高技术企业能力理论进行综述,分析理论界对于高技术企业能力理论研究的重大成果及其理论不足,从而提出本书的研究视角和研究领域。这将在本书的第二章"高技术企业内生能力的理论综述"进行研究。

2.高技术企业的内生因子研究。根据高技术的内生特性,运用现代生态学理论和研究方法,对高技术企业的生态系统进行分析,尤其是从高技术企业的内在生态系统,研究影响高技术企业的构成要素之间的生态关系,并归纳出影响高技术企业能力的内生因子,并分析这些内生因子的形成与发展,分析这些内生因子之间的生态关系,为高技术企业内生能力的研究准备理论依据。这将在本书的第三章"高技术企业的内生因子"进行研究。

3.分析高技术企业内生因子的形成机理。基于高技术企业内在生态系统的特质,结合高技术企业内生因子之间的生态关系,分别对高技术企业的关键种因子、优势种因子和冗余种因子的形成机理进行分析,揭示高技术企业内生因子对企业发展的作用机理。这将在本书的第四章"高技术企业内生因子的形成机理"进行研究。

4.高技术企业的内生能力及其演化机理研究。根据内生因子的形成与发展过程的特性,进而研究高技术企业内生能力。着重分析高技术企业内生能力的内涵与特征,分析内生能力的构成体系,并探讨能力之间的交互关系。同时对各项能力对企业产生作用及其演化机理进行分析,揭示高技术企业能力的内生性本质与意义。这将在本书的第五章"高技术企业内生能力及其演化机理"进行研究。

5. 高技术企业内生能力模型研究。根据内生能力的内涵及其作用与演化机理,构建高技术企业的内生能力模型;同时根据高技术企业关键种因子与优势种因子、冗余种因子的生态关系,构建高技术企业关键种因子的内生能力模型,形成高技术企业内生能力体系。这将在本书的第六章"高技术企业的内生能力模型"进行研究。

6. 高技术企业优势种因子的内生能力研究。根据高技术企业内在生态系统的运行规律,对高技术企业优势种因子中内生决策能力、内生组织能力、内生激励能力和内生文化能力进行研究,并分别构建内生决策能力模型、内生组织能力模型、内生激励能力模型和内生文化能力模型,以促进高技术企业技术自主创新能力的提升。这将在本书的第七章"高技术企业的内生决策能力"、第八章"高技术企业的内生组织能力"、第九章"高技术企业的内生激励能力"和第十章"高技术企业的内生文化能力"进行相关研究。

7. 高技术企业的冗余种因子内生能力研究。根据高技术企业冗余种因子与关键种因子、优势种因子的生态关系,基于高技术企业需要考虑冗余种因子对企业的综合影响和价值,对高技术企业的冗余种因子与组织绩效关系进行假设,构建高技术企业冗余种因子的内生能力模型。这将在本书的第十一章"高技术企业的冗余种因子内生能力"进行研究。

8. 研究结论与展望。本书对高技术企业内生能力及其演化机理的研究形成结论,并分析笔者今后需要进一步展开研究的角度和领域,提出对高技术企业能力问题的研究展望。

(二)研究框架

基于上述研究内容,形成了本书的总体框架结构(见图1-6)。

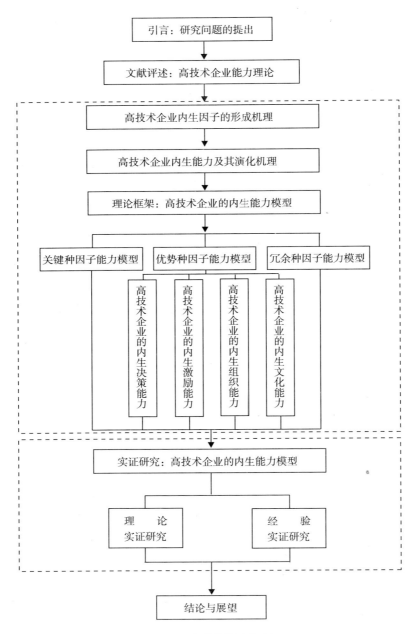

图 1-6 本书的研究框架

五、研究创新

本书的创新点及主要成果包括以下几个方面:

1. 提出并分析了高技术企业的内在生态系统。运用现代生态学理论和研究方法,对高技术企业的生态系统进行分析。特别是从高技术企业的内在生态系统对内部要素进行分析,获得影响高技术企业能力的关键种因子、优势种因子和冗余种因子。同时分析得出这些因子的生态关系及其形成机理。

2. 构建了高技术企业的内生能力模型。根据内在生态系统的内生因子的内涵与形成机理,进而分析高技术企业内生能力的内涵、作用及其演化机理,构建高技术企业的内生能力模型,从而对高技术企业能力从内生性角度形成比较系统的能力体系及其演化机理。

3. 提出了高技术企业关键种因子内生能力模型。根据高技术企业的技术特性,以技术性知识为关键种因子,根据关键种因子的形成机理及其与优势种因子和冗余种因子的生态关系,构建了高技术企业关键种因子的内生能力模型。

4. 研究了高技术企业优势种因子内生能力模型。根据优势种因子在高技术企业内在生态系统中的生态位势,形成了集决策、组织、激励和文化为一体的优势种因子内生能力体系,分别构建了高技术企业的内生决策能力模型、内生组织能力模型、内生激励能力模型和内生文化能力模型。

5. 构建了高技术企业冗余种因子内生能力模型。根据冗余种因子在生态系统中的生态价值和意义,在分析冗余种因子形成及其对高技术企业内在生态系统的影响和作用的基础上,构建了高技术企业冗余种因子内生能力模型。

6. 高技术企业内生能力模型的实证研究。通过对高技术产业和高技术企业的运行与发展情况的调查,运用统计分析软件和技术,对调查数据运用多种统计分析方法进行综合分析,分别证明了高技术企业内生能力模型、关键种因子内生能力模型、优势种因子内生能力模型、冗余种因子内生能力模型。

第二章 高技术企业内生能力的理论综述

一、高技术的理论综述

（一）高技术的内涵

"高技术"一词最早出现于20世纪80年代，对其目前还没有一个公认的定义。1971年美国科学院出版的《技术和国际贸易》一书中首次使用"高技术"这一概念。其后，"高技术"一词开始出现在各种媒体上，人们笼统地把那些通过利用最新科学技术成果开发、生产出来的新型产品称为高技术产品，把生产、制造这些高技术产品的新型产业称之为高技术产业。1981年，美国出版了专业刊物——《高技术》月刊，"高技术"一词开始广泛地流传开来。

"高技术"英文名"High Technology"，简称为"High-tech"。"高技术"一词在国内外被广泛使用，但关于该词的定义不尽相同。

美国1983年出版的《韦氏第三版新国际辞典增补9000词》中首次收录了该词，并将该词定义为"使用或包含尖端方法或仪器用途的技术"。经济合作发展组织（OECD）在1988年为"高技术"所下的定义为：高技术是指那些需要以充满活力和持续进步的研究和开发为基础的、迅速发展和高度综合的部门。这两个概念只是对高技术的一般特征进行描述，而没有揭示高技术的技术本质。

美国麻省理工学院的厄特巴克（J. Utterback）认为："高技术在不同时期所指范围不同，冷藏技术、电器、汽车和航空技术都曾是不同时期的高技术。"[①]这

---

① J. Utterback. Mastering the Dynamics of Innovation. Boston, Mass, Harvard Business School Press, 1996. pp. 10 - 24.

个定义是基于特定的历史时期提出的,揭示了高技术的动态性特征,但是没有分析高技术所蕴含的知识等多方面的特性。

美国《高技术》杂志1984年第十期题为《高技术与国策特辑》的文章指出:"高技术是对知识密集与技术密集这一类产品、产业或企业的通称。"①对高技术企业的定义,主要依据两大特点:一是专业技术人员的比例高;二是销售收入中用于研究与发展的投资比例高。这两个特点又反映了一个共同的东西,即知识密集,这是高技术产品的一个必要成分,也是继续创新的必需。该文还提出了衡量知识密集程度的标准,认为高技术企业的"高"是在科研费用高、职工知识水平高、产品附加值高、工业增长率高上反映出来的。美国国会图书馆在为美国第95届国会提供的《科学政策工作词汇汇编》中指出,"高技术是指一些比其他技术具有更高科学输入的某些技术创新"。美国商务部对高技术产业的定义是,研究与开发费用在总附加值中所占的比重为10%以上,或者科学技术人员在总职工中所占的比重为10%以上的产业。这些观点主要是从知识和技术在投资、产品或生产等方面所占的比重而提出的,揭示了高技术的高投入、高附加值和知识密集型的基本特性,但忽视了高技术的动态性特征。

法国学者将高技术产业称为知识密集型产业,认为高技术是知识密集型工业,如微电子、计算机、遗传工程、航空航天等工业。而且只有当这些工业投入的研究和发展经费与产品销售额的比例,科研人员和一般雇员的比例,产品的技术复杂程度,这三项指标达到一定标准时,才被称为高技术企业②。这个概念从产业类型角度描述了高技术的知识密集和高投入等特性,但是没有指明高技术是前沿知识还是其他一般知识的密集,因而相对比较模糊。

日本学者认为,高技术是以当代尖端技术和下一代科学技术为基础建

---

① 杜小滨:《关于高技术及相关概念的分析》,《合肥工业大学学报(社会科学版)》2004年第6期,第110—113页。

② 胡学刚:《高技术企业的界定》,《安徽农业大学学报(社会科学版)》2000年第4期,第27—29页。

立起来的技术群,高技术即是尖端技术,包括微电子技术、计算机技术、软件工程、光电子技术、通信技术、空间技术、电子机械技术和生物技术。这个概念强调了高技术的前沿性,并描述了高技术的基本范畴,但是没有分析高技术的技术原理与技术特征①。

我国关于高技术的提法可溯源到"国家高技术研究与发展计划"(简称"863 计划")。1988 年开始实施的"火炬计划"改变了说法,由高技术转变为高新技术。国家科技部对高新技术的定义是:新型技术、创新的成熟技术和专用技术、专利技术和本国本地区没有的技术。高技术是指基本原理建立在最新科学成就基础上的技术,是位于科学与技术最前沿的综合性技术群。目前高技术正成为一股强大的冲击波,极大地增强了人类认识自然和改造自然的能力,改变着社会的基本经济结构、生活方式及观念。

我国国家科技成果办公室通过征询国内专家意见后形成的高技术的定义为:高技术是建立在综合科学研究基础上,处于当代科技前沿的,对发展生产力、促进社会文明和增强国家实力起先导作用的新技术群。它的基本特征是具有明显的战略性、国际性、增值性和渗透性,是知识人才和投资密集的新技术群。这种认识将高技术和新技术放在一起。这样,我国的高技术既包括当代高技术也包括一般性新技术。对高技术概念的这种界定是基于我国科技发展的现状。这种对客观现实的考虑有利于制定适合我国特点的高技术企业认定办法和高技术发展政策,但对于企业经营者而言,难以把握高技术企业的本质,从而难以实施更有效的经营管理。目前,人们普遍认为当代高技术主要包括信息技术、生物技术、新材料技术、航空航天技术、海洋开发技术等。其中前三个领域的技术起着关键性作用。现代信息技术、生物技术和新材料技术这三大领域已被看作是高技术的代表。

目前在我国学者较为普遍地认同国家科技成果办公室所形成的关于"高技术"的定义,即高技术是建立在综合科学研究基础上,处于当代科技

---

① 胡学刚:《高技术企业的界定》,《安徽农业大学学报(社会科学版)》2000 年第 4 期,第 27—29 页。

前沿的,对发展生产力、促进社会文明和增强国家实力起先导作用的新技术群。

基于上述观点达成的共识,本书认为高技术的内涵可以概括为:高技术是建立在综合科学研究基础上,处于当代科技前沿的,对发展生产力、促进社会文明和增强国家实力起先导作用的新技术群,是前沿知识技术化、产品化和市场化的产物。

(二)高技术的外延

对于高技术的外延,各国提出了不同的看法。日本学者认为高技术主要包括微电子技术、计算机技术、软件工程、光电子技术、通信技术、空间技术、电子机械技术和生物技术[①]。尽管这些技术表现出前沿性和尖端性,但是这一观点对高技术的外延界定相对狭隘,没有认识到高技术还可以包括新型技术、创新的成熟技术和专用技术、专利技术和本国本地区没有的技术。

William F. Hamilton 和 Graham R. Mitchell 等人(1988,1993,1997)从技术管理的角度,认为高技术的生成需要经历这样一个过程:从科学研究揭示一种技术可能性一直到该技术商品化进入主要市场,并创立了技术模型,认为高技术的外延主要处于"形式竞争"和"应用竞争"两个交叉点之间的区域(见图2-1)[②]。

这一观点对高技术外延的界定比较适合于单纯的技术管理,尤其是从高层管理角度对技术管理进行战略研究具有重要意义,但是不太适合于高技术创新及其运用。因此,本书认为,对于高技术企业来说,高技术的外延

---

① 胡学刚:《高技术企业的界定》,《安徽农业大学学报(社会科学版)》2000 年第 4 期,第 27—29 页。

② William F. Hamilton and Graham R. Mitchell. Managing R&D as a Strategic Option. Research &Technology Management, May/June 1988. pp. 15 – 22; Edward H. Bowman and Dileep Hurry. Strategy through the Options Lens: An Integrated View of Resource Investments and the Incremental-Choice Process. Academy of Management Review, 1993 (18): pp. 760 – 782; Tita G. McGrath. A Real Options Logic for Initiation Technology Positioning Investments. Academy of Management Review, 1997(22): pp. 974 – 996.

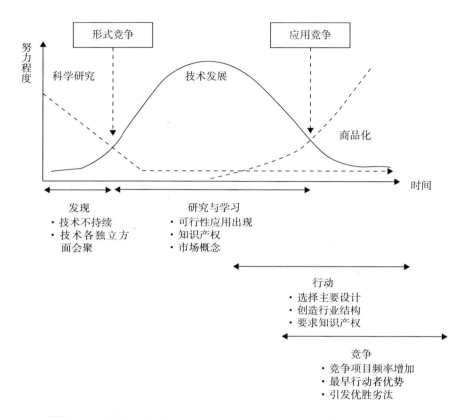

图 2 - 1   William F. Hamilton 和 Graham R. Mitchell 等人创立的模型

应当从"形式竞争"开始,到技术发展的终点"应用竞争",并且还包括技术的商品化区域。这是因为,高技术是前沿知识技术化、产品化和市场化的产物,它不仅包括了生物技术、信息技术、航天技术、新材料技术、新电子与信息技术、生物工程和新医药技术、新材料及应用技术、先进制造技术、航空航天技术、海洋工程技术、核应用技术、新能源与高效节能技术、环境保护新技术和现代农业技术,而且还包括其他在传统产业改造中应用的新工艺、新技术,是新型技术、创新的成熟技术和专用技术、专利技术,是本国本地区没有的技术。

二、高技术企业的理论综述

关于高技术企业的界定,各国习惯是基于一定产业来界定企业的技术特性,即高技术产业的界定。国外的认定标准主要体现在两个方面:一是对高技术产业概念的界定;二是依据企业产品的产业属性,把处在高技术产业领域的企业称为高技术企业。因此,界定高技术企业和界定高技术产业是同时进行的。

关于高技术产业(或高技术企业)的界定,国内外学者和各国政府都有不同的观点和规定。

(一)国外对高技术企业的界定

1. 依据产业的技术特性进行界定

美国学者纳尔逊(R. Nelson)在《高技术政策的五国比较》一书中指出:高技术产业是指那些以大量投入研究与开发资金以及快速的技术进步为标志的产业①。杜迪(F. D. Doody)和芒塞(H. B. Muntser)认为,高技术产业可以被定义为是一类体现出高增长率、高额的研究与开发费用、高附加价值、强烈的出口导向和劳务密集(这里专指高技能的劳务)的生产技术公司。美国学者戴曼斯曼(Dimancescu,1984)认为,对高技术产业的定义主要依据两个特点:一是专业技术人员比例高;二是销售收入中用于研究与开发的投资比例高。研究与开发强度反映了产品和技术变化的速率及产品和企业中的技术含量。科技人员比重对不同的产业部门不尽相同,应以全国各部门平均值为基数②。

日本长期信用银行对高技术产业的定义为:能节约资源和能源,技术密

---

①　杜小滨:《关于高技术及相关概念的分析》,《合肥工业大学学报(社会科学版)》2004年第6期,第110—113页。

②　杜小滨:《关于高技术及相关概念的分析》,《合肥工业大学学报(社会科学版)》2004年第6期,第110—113页。

度高,技术革新速度快,且由于增长能力强,能在将来拥有一定水平的市场规模,能对相关产业产生较大波及效果的产业。

依据产业的技术特性对高技术产业乃至高技术企业进行界定,能够较好地反映高技术企业的基本特征,但是在实践中难以对高技术企业进行具体的划分和界定,具有一定的模糊性。

2. 依据产业技术的统计指标来界定

美国劳工统计局用研发经费密度和专业科技人员密度指标两倍于全国制造业平均值的方法进行产业分类:一类是指标高于两倍的,称为高技术企业;另一类是低于全国制造业平均值的两倍,但高于平均值的,称为高技术密集型产业。美国国立科学财团的定义为:研究和开发费用在销售额中所占的比重为3.5%以上,职工中每1000人中有25个以上的科学家和高级工程师的产业,即为高技术产业。美国商务部的定义为:研究开发费用在总附加值中所占的比重为10%以上,而科学家和工程师在总职工中所占的比重为10%以上的产业,即为高技术产业。

在澳大利亚,科学与技术部将高技术产业定义为投入大量研究与开发经费,与科学技术人员联系紧密,产生新产品并且有科学或技术背景企业的产业。

依据产业技术的统计指标来界定高技术企业,一定程度上明确了高技术企业的界限,但是高技术是一个相对的和动态的概念,随着技术进步和投入资本相对价值的变动,这种界定往往难以适应产业(或企业)的发展变化要求,从而降低了界定标准的客观性和合理性。

3. 运用列举法进行界定

英国政府将高技术产业界定为是一级包含新信息技术、生物技术和许多位于科学和技术进步前沿的其他技术的产业群体。高技术产业是指生产高技术产品的产业,而不是指仅使用高技术的过程技术的产业。因此,结合当代高技术概念,可以总结出高技术产业在发达国家的一般概念:用当代尖端技术,主要指信息技术、生物技术和新材料三大领域为代表的技术,生产高技术产品的产业群。

《欧盟科学技术指标报告》把有很高的经济增长率和国际竞争能力,有较大的就业潜力,同时 R&D 投入高于所有部门平均水平的航空航天制造业、化工产品制造业、医药品制造业、汽车及零部件制造业、科学仪器制造业等八大产业作为技术密集型产业或先导产业。只有当一种产品使用生产线生产,具有高素质劳动力队伍,拥有一定的市场且已形成新分支产业时,才能称其为高技术产业。

运用列举法界定高技术企业(或高技术产业),通常是列举出属于尖端技术类型的高技术,而忽略了对于传统技术等进行改造和创新并且具有高技术特性的高技术。

4.运用组合方法进行划分与界定

加拿大政府界定高技术产业主要通过两种方法:一是部门方法(Aectorial Approach),即高技术产业是须具有相对较高技术水平的生产部门。相对较高的技术水平通过科研人员的开发能力、劳动者素质或用于研究与开发的经费来反映;二是综合方法(Overall Approach),即高技术产业被定义为在生产前的设计和最终技术调整,由下面两个指标来反映:第一,制造业中劳动力的技术素质水平,以生产技术员、工程师占总生产职工的比例来反映;第二,制造业内部工程师和技术人员的比例。

运用组合方法来界定高技术企业,考虑到知识密集程度和传统产业的技术创新,但是概念相对比较模糊,缺乏明确的划分标准。

(二)我国对高技术企业的界定

我国对高技术企业的认定是通过划分高技术范围来确定的。原国家科委 1991 年把我国的高技术划分为:微电子和电子信息技术,空间科学和航空航天技术,光电子和光机电一体化技术,生命科学和生物工程技术,材料科学和新材料技术,能源科学和新能源技术,生态科学和环境保护技术,地球科学和海洋工程技术,医药科学和生物医学工程技术,精细化工等传统产业新工艺新技术,基本物质科学和辐射技术共 11 类。《中国科技产业》公布的目录包括下列产业:微电子科学和电子信息技术(产业),空间科学和航空航天技术,光电子科学和光机电一体化技术,生命科学和生物工程技术,材料科学和新材料技术,能源科学和新能源、高效节能技术,生态科学和环境保护技术,地球科学和海洋工程技术,基本物质科学和辐射技术,医药科学和生物科学工程,其他的新工艺、新技术。

根据国家科技部的有关规定,我国的高技术企业应当符合这样一些条件:一是从事如上所述的 11 类高技术产业规定范围内的一种或多种高新技术及其产品的研究、开发、生产、服务和经营等业务;二是具有大专以上学历的科技人员占企业职工总数的 20%—30% 以上,其中从事高新技术产品研究开发的科技人员应占企业职工总数的 10% 以上;三是企业每年用于高新技术及其产品研究开发的经费应占本企业当年总销售额的 4%—5% 以上;四是高新技术企业的技术性收入与高新技术产品销售收入的总和应占本企业当年总收入的 60%—70% 以上等。

高技术企业的认定标准上,原国家科委在国家高技术产业区高技术企业认定条件和办法中规定了四个标准:(1)高技术企业是知识密集、技术密集的经济实体;(2)具有大专学历的人员占企业总人数的 30% 以上,且从事研究与开发的科技人员占企业总人数的 10%;(3)用于高技术产品研究与开发费用应占总收入的 3% 以上;(4)企业技术性收入与高技术产品产值的总和应占企业总收入的 50% 以上,技术性收入是指由高技术企业进行技术咨询、技术转让、技术入股、技术服务、技术培训、技术工程设计和承包、技术出口、引进技术消化吸收及中试产品的收入。

我国高技术企业的概念在实际的认定办法中也被拓宽了。为此,我国目前将高技术企业的概念用高新技术企业的概念代替,高技术企业不仅包括生产高技术产品的企业,也把一些传统产业中采用高技术的工艺过程的企业认定为高技术企业。

从以上各种对高技术企业的界定,本书归纳出高技术企业必须具备的本质性特征:(1)高技术企业是将所在时代的前沿知识和理论的综合运用,体现出知识高度密集的特点,突出了前沿知识成为企业运用的关键性生产要素。(2)前沿知识实现技术化,通过两个方面加以体现:一是企业的工艺过程技术;二是企业的产品技术,并且这种技术化结果更新速度较快。(3)前沿知识的产品化,具有高附加值,能有较高的市场收益。(4)企业需要大量的科技开发人员和富有创新精神的经营管理人员。(5)企业的技术、产品、销售和服务能够获得较高的社会认同,取得较高的社会效益。根据这些本质特征,本书概括出高技术企业的基本内涵,即高技术企业是运用当代前沿知识和理论进行技术、产品和服务创新,并能够获得较高的经济效益和社会效益、具有法人资格的机构。

三、高技术企业内生能力的理论溯源

(一)"内生能力"思想的提出

内生能力理论是现代企业能力理论一个重要分支。企业能力理论是从管理学视角研究企业问题,是经济学视角研究企业问题的发展。企业能力理论是随着企业战略管理理论关于企业竞争优势根源的探讨而发展起来的。因此,内生能力理论是在企业理论和企业能力理论研究的基础上,结合现代经济社会环境,对企业能力理论进行的一项理论探索。

内生能力思想的提出最早可以追溯到古典经济学家亚当·斯密(Adam Smith,1776)的劳动分工理论。亚当·斯密认为,劳动分工可以从三个方面提高生产效率:一是工人重复类似的工作可以提高效率;二是把复杂的工作任务分解为众多简单作业的工序后,工人由一项工作转向另一项工作的转化成本大幅降低;三是一个工人专门从事一项简单的工作有利于用机器代替手工,从而提高生产效率。① 这种劳动分工理论实质上是生产流程被日益简化、分解的连续"发现过程",企业内部由可以产生各种生产可能性的知识,而这些知识的发现和积累就是企业能力逐步形成的过程。亚当·斯密的劳动分工理论是从企业内部来解释经济发展的过程,因为"生产流程被分解为简单工序是一个连续的发现过程,在此过程中企业内部可以不断产生各种可能性知识"(尼古莱·J. 福斯、克里斯蒂安·克努森,1998②)。

---

① 亚当·斯密:《国民财富的性质和原因的研究》(上卷),商务印书馆 1974 年版,第1—26 页。

② 参见尼古莱·J. 福斯、克里斯蒂安·克努森著,李东红译:《企业万能:面向企业能力理论》,东北财经大学出版社 1998 年版。

李嘉图(1817)发现某些企业拥有不同的资源、技巧和能力,而另外一些企业获得这些资产、技巧和能力的能力则是很有限。他认为,企业特定的资产、技巧、能力对分工效率的影响很大①。这是从经济学角度分析了劳动分工能够提高企业能力。

在劳动分工理论的基础上,Alfred Marshall(1925)提出了差异分工理论,从企业内部职能部门间的"差异分工"角度提出了企业内部技能和知识的成长理论②。他们认为,企业中的一项职能工作通常可以分解为多个新的次级职能单元,不同次级职能单元将产生一系列不同的专门技能和知识。这一理论认识到企业的异质性能力来源于企业内部职能分工中的知识积累和组织协调,但是这种专业化分工的增加又导致了新的协调问题。

Edith Penrose(1959)继承了熊彼特传统,从经济学角度通过研究企业内部动态活动来分析企业行为,通过构建企业资源和企业成长的分析框架,揭示了企业成长的内在动力,她把企业定义为:"被一个行政管理框架协调并限定边界的资源集合"③。她摆脱了新古典理论的均衡分析框架,从管理学视角把管理功能作为企业成长的解释性变量,把知识的增加定义为基于内部资源的企业成长的主要动力,直接打破了新古典经济学将企业视为被动、同质的判断,并为后来的研究提供了丰富的思想源泉。

最早提出"内生"概念的是 Lucas Robert④、Gary S. Becker⑤ 和 Barro Robert J.⑥。他们在研究宏观经济增长中提出了"内生增长理论"。他们强

---

① 李嘉图:《政治经济学与赋税原理》,商务印书馆 1976 年版,第 290—301 页。

② Alfred Marshall. Principles of Economics. London:Macmillan,1925.

③ Edith Penrose. The Theory of the Growth of the Firm. Oxford University Press,1997. p. 88.

④ Lucas Robert. On the Mechanics of Economic Development. Journal of monetary Economy,October 1988,vol. 194 (5):3 - 42.

⑤ Becker S. Gary,Murphy Kevin and Tamura Robert. Human Capital,Fertility,and Economy Growth. Journal of political Economy,October 1990,vol. 98 (5):s12 - 37;Becker S. Gary and Murphy Kevin. The Division of Labor,Coordination Costs,and Knowledge. The Quarterly Journal of Economics,November 1992,vol. CVII:pp. 1137 - 1159.

⑥ Robert Barro J. Economic Growth in a Cress Section of Countries. Quarterly Journal of Economics,1991, vol. 106:407 - 443;Barro Robert J. and Xavier Sala-i-Artin. Econonic Growth,NewYork:McGraw-Hill,Inc. 1995.

调劳动分工在整个经济增长过程中的重要性,并将劳动分工、协调成本和知识这些重要的变量整合在一个经济增长模型中,作为内生变量共同解释经济增长;另一方面,与以超边际分析为基础的 Yang Xiaokai 分工演进模型不同,模型依然采用主流经济学的分析方法。内生经济增长模型比较适合于用来解释区域经济增长水平的差异。

在这个理论的基础上,Yang Xiaokai 和 Ian Wiusl(1990)认为,如果事前相同的个人选择不同的专业化水平生产不同的产品,只要专业化报酬递增,就可能存在比较,即认为按照亚当·斯密的定义,比较优势可能存在于所有个人事前相同的场合[①]。Yang Xiaokai 和 Borland Jeff 等人(1991)认为,分工是专业化和多样化的统一,一方面,分工表现为人越来越专业化地从事生产;另一方面不同的人所从事的是不同的工作[②]。分工的比较优势的存在与否,取决于人们对于专业化程度的决策。他们将这种比较优势称为内生比较优势。

李嘉图所称的比较优势概念称为外生比较优势,原因在于它是以外部给定的个人之间的技术和禀赋差异为基础的。在内生增长理论中,他们充分地认识到内生要素对经济发展的重要影响,但是内生经济模型仍然存在一些问题,如对市场、协调成本、一般知识等项目的定义不够清晰,有必要进一步修改和完善;另一方面,内生增长理论主要是从宏观经济运行的角度分析了劳动分工在经济增长中的作用和地位,没有分析微观经济层面的高技术企业的组织分工。内生比较优势理论仍然停留在生产性的专业化分工,没有认识到在专业化分工的同时,企业还存在团队成员、组织成员之间分工的互补性;而且,这种专业化分工的内生比较优势没有包括非生产性的企业分工。

从亚当·斯密强调劳动分工到 Lucas Robert 等人提出内生增长理论,

---

① Yang Xiaokai,Ian Wills. A Model Formalizing the Theory of Property Rights. Journal of Comparative Economics,June 1990,14(2):pp. 177 – 198.

② Yang Xiaokai,Borland Jeff. A Microeconomic Mechanism for Economic Crnwth. Journal of Political Economy. 1991(99):pp. 460 – 482.

这些理论主要是从经济学角度分析内生经济要素对经济发展的影响,而没有考虑内生经济要素与微观层面的企业运行之间的关系,没有分析内生经济要素如何影响企业能力的形成与发展。这些理论对于后来的企业能力理论的研究奠定了重要的理论基础,使人们认识到内生经济要素的重要性,为企业理论和企业能力理论的研究准备了丰富的思想源泉。

(二)企业能力理论的形成与发展

企业能力理论是在企业理论基础上发展起来的。企业能力理论认为,企业是拥有一组特定资源和特殊能力的组织结合体,它能够运用这些资源和能力从事生产经营活动,并能以自己特有的方式有效地处理现实生产经营中的各种难题。

以 Alfred Marshall 为代表的新古典经济学继承了古典经济学的传统,关注企业的生产属性,把企业看作是一个生产函数,在一定程度深化了企业的含义。在新古典理论框架下,以均衡假设为前提,产业是主要的分析层次,把同一产业内的企业描述成本质上同一的组织,即同质的投入产业系统,内部运行机制完全相同,具有相同的成本和需求曲线,企业运行所在的市场结构历史地无变化。新古典经济理论认为企业能力无限(拥有解决问题的全部知识)和完全理性(企业以追求利润最大化为唯一目标),在一个信息充分(可以即时得到经济决策的准确信息)、零交易费用(契约完备,任何交易都没有成本耗费)环境中,根据种种可以意识到的选择和约束(技术的、经济的、市场的)做出相应决策,将一定的输入转化为输出,至于如何转化却是一个"黑匣",也就是投入产出系统内的所有变化都是外生的和临时的。新古典经济学的所谓企业理论其实是在给定企业存在时关于企业生产决策的理论,正是在这个意义上,很多学者认为新古典经济学里没有企业能力理论。①

新古典经济学把企业抽象成"黑箱",是一个通过投入产出来追求利润最大化的专业化生产组织。企业的成长取决于外生变量,即企业外部的技

---

① 王国顺等:《企业理论:能力理论》,中国经济出版社 2006 年版,第 1—3 页。

术、成本结构和市场条件。以科斯为先导的现代企业能力理论在一定程度上打开了新古典经济学理论的企业"黑箱",认为企业的本质就是对价格机制的替代(科斯,1937)①,两者之间的选择依赖于市场定价的成本与企业内官僚组织的成本之间的平衡关系。科斯的贡献就在于,他在交易成本的统一框架之内解释市场和企业的关系,并把两者看作由交易成本所决定的相互竞争和相互替代的两种制度安排。张五常(1983)认为,科斯的交易成本理论不完全正确,因为企业不仅是节约交易费用的产物,而且也是一种市场关系②,因此企业的本质是用"要素市场"取代"产品市场"的契约体,从而修正了市场交易费用与企业非市场行政费用的差别是企业经济存在的观点。

在 R. 科斯之后,A. A. 阿尔钦和 H. 德姆塞茨、Williamson O.、Klein B.、Grossman S. 和 Hart O. 从不同侧面进一步完善和发展了交易成本理论,其中 A. A. 阿尔钦和 H. 德姆塞茨(1972)从团队、绩效测度的困难及偷懒的角度对企业进行了分析,监督成本是其核心,提出当技术条件(收益递增和测度团队成员贡献的成本提高)使得集中所有权和监督职能于中央,比没有监督时的收入分享制度或低生产率的小规模生产更有优势时,也就是团队生产的总收益在减掉监督成本以后还优于分别进行生产的收益的总和,企业能力就由此产生。③ Williamson O. (1975)从资产专用性、不确定性和交易频率三个维度解释了经济活动的规制结构。当这些变量处于较低水平时,市场是有效的协调手段,而企业的出现,则有利于降低因不确定性大、交易频率和资产专用程度高所引致的高交易费用,因此,企业是一种连续生产过程的纵向一体化的实体④。Klein B. (1992)等人则从契约的不完全和资

---

① Coase R. H. The Nature of the Firm. Economica,1937,4(16):pp. 386 – 405.

② 张五常:《企业的契约性质、企业制度与企业组织》,上海人民出版社 1996 年版。

③ A. A. 阿尔钦、H. 德姆塞茨:《生产、信息费用与经济组织》,载 R. 科斯、A. 阿尔钦、D. 诺斯著,刘守英译:《财产权利与制度变迁——产权学派与新制度学派译文集》,上海三联书店、上海人民出版社 1994 年版,第 59—95 页。

④ Williamson O. Market and Hierarchies:Analysis and Antitrust Implications. NewYork:Free Press,1975.

产专用性出发对"要挟"理论和契约自我履行机制作了进一步分析,认为纵向一体化在一定程度上能避免后契约机会主义行为的发生,节约了履行成本的交易比企业间的交易更经济①。Grossman S. 和 Hart O.（1986）强调资产所有权的重要性,认为企业是由它所拥有的资产组成。契约的不完全性导致企业间签订契约的成本可能很高,纵向一体化可能成为一种节约交易成本的重要手段②。

现代企业契约理论对新古典理论提出了挑战,但并没有摆脱新古典经济学理论的均衡分析范式。R. 科斯的中心论点是在存在交易费用的条件下,企业产生于对价格机制的边际替换,仍然是以市场均衡论为基础的。Williamson O. 的交易费用理论和 Klein B. 的不完全契约理论以及 Grossman S. 和 Hart O. 的资产所有权理论,实际上都是在市场均衡范式中做一些局部修正。这样的企业只是在不确定性条件下的同质企业,企业的成长力量是外生的。

在管理学的发展历程中,18 世纪中后期到 19 世纪末期强调经验管理,20 世纪初到 20 世纪 40 年代信奉科学管理,二战以后至 20 世纪 60 年代末推崇经营管理,20 世纪 60 年代末开始崇尚战略管理。到 20 世纪 80 年代初,迈克尔·E. 波特的竞争战略理论和企业竞争力理论成为管理学的主流理论（Michael E. Porter,1985③、1991④）,主要从企业的外部来探讨企业的竞争优势。迈克尔·E. 波特把"结构—行为—绩效（SCP）"这一产业组织理论分析范式引入战略管理领域,认为企业的收益率可分解为两个部分:产业效应和位势效应,认为企业的竞争优势来源于企业的外部,即企业参与竞争的产业吸引力及企业在该产业中的市场位置。产业吸引力（即产业效

---

① Klein B. Contracts and Incentives. in Werin L. and Wijkander H., eds. Contract Economics,Cambridge,MA:Basil Blackwell,1992. pp. 149 – 172.

② Grossman S. and Hart O. The Costs and Benefits of Ownership:A Theory of Vertical and Lateral Integration. Journal of Political Economy,1986,（94）:pp. 691 – 719.

③ 迈克尔·E. 波特著,陈小悦译:《竞争优势》,华夏出版社 1997 年版。

④ Michael E. Porter. A Conversation with Michael Porter:International Competitive Strategy from a European Perspective. European Management Journal,December 1991,（4）:pp. 355 – 360.

应)取决于产业的竞争状况和竞争结构。迈克尔·E.波特的竞争战略理论为企业制定发展战略和企业核心能力的理论产生了深远的影响,但是这个理论过多地强调了外部环境的重要性,过分地突出了市场竞争力的作用,而没有涉及企业的内在因素。

为了克服现代企业契约理论和迈克尔·E.波特产业结构分析理论的缺陷,一批企业理论和战略管理研究学者提出,必须重新认识和分析企业,寻求一种全新的理论,以更好地说明:企业是什么? 企业竞争优势的源泉是什么? 企业如何保持持续的竞争优势? 理论界把视野聚集于企业所拥有的知识和特殊能力,从企业内在成长的角度分析企业,从而便产生了企业能力理论,即从企业外部转向了企业内部,进而演进到内外结合观。企业能力理论的产生与发展,标志着企业理论研究发展到了一个新的阶段。

四、高技术企业内生能力理论的综述

现代经济学中对企业能力的讨论则起源于 Edith Penrose 的《企业成长理论》,她通过构建企业资源—企业能力—企业成长的分析框架,揭示了企业成长的内在动力[1]。第一个提出了"企业能力"概念的经济学家是Richardson G. B. (1972),他认为能力反映了企业积累的知识、经历和技能,是企业活动的基础[2]。在此基础上,国内外学者和专家开始了对高技术企业能力和高技术企业内生能力理论的研究。

高技术企业内生能力理论是以企业成长论为理论渊源,以 Wemerfelt B. (1984[3])的资源基础论为发展始点,经过 Prahalad C. K. 和 Hamel G. (1990)[4]、

---

[1]　Edith Penrose. The Theory of the Growth of the Firm. Oxford University Press,1997. p. 88.

[2]　Richardson G. B. The Organization of Industry. Economic Journal,1972,(82):pp. 883 - 896.

[3]　Wernerfelt B. A Resource-based View of the Firm. Strategy Management Journal,1984,5(2):pp. 171 - 180.

[4]　Prahalad C. K. and Hamel G. The Core Competence of the Corporation. Harvard Business Review,1990,68(3):pp. 79 - 91.

Leonard-Barton D. (1992)①的核心能力理论研究的推动,以 Teece D. J. 等人(1997)②的动态能力理论和企业知识基础理论的研究对内生能力理论进行了丰富和发展。

(一)基于资源基础论的外生能力理论

资源基础论是建立在对于"结构—行为—绩效"(SCP)结构主义的批判和迈克尔·E. 波特的产业分析框架和五要素竞争模型的反思之上,主要研究企业竞争优势维持的问题,而不是内部竞争优势的产生问题。资源基础能力理论是从企业如何获得竞争优势的角度,对组织能力的形成进行分析,主要包括 Wernerfelt B. (1984)的成本优势资源论、Barney J. B. (1986)的竞争优势资源论和 Diericx I. 和 Cool K. (1989)的连贯投资论。

1. 成本优势资源论。Wernerfelt B. (1984)将资源定义为"任何可以被认为是一个给定企业的力量或弱点的东西,更正式地说,一个企业的资源可以被定义为企业半永久性拥有的(有形和无形)资产。资源的例子有:品牌、内部技术如知识、高技能雇员、合作伙伴、设备、高效流程、资本等"。资源"位势障碍"保护了自身的优势资源,并在其被利用过程中将转化为成本优势,从而保证了企业持续竞争优势③。Rumelt R. P. 等人(1991)通过对"不确定模仿力:竞争条件下企业运行效率的差异"分析,强调"如果企业无法有效仿制或复制出优势企业产生特殊能力的源泉,则各企业间的效率差异状态将永远持续下去"④。

---

①　Leonard-Barton D. Core Capabilities and Core Rigidities:A Paradox in Managing New Product Development. Strategic Management Journal,1993,(13):pp. 111 - 125.

②　Teece D. J. , Pisano G. , Shuen A. Dynamic Capabilities and Strategic Management. Strategic Management Journal,1997,18(7):pp. 509 - 533.

③　Wernerfelt B. A Resource-based View of the Firm. Strategy Management Journal,1984,5(2):pp. 171 - 180.

④　Rumelt R. P. How Much does Industry Matter? Strategic Management Journal,1991,12(3):pp. 167 - 185.

2. 竞争优势资源论。Barney J. B. (1986①、1991②)认为,不同的公司对战略资源的未来价值有不同的期望,战略要素市场也存在不完全竞争,在这种情况下,公司就有可能以低成本在不完全竞争的战略要素市场获取战略资源和实现战略,从而获得超常规绩效。假如战略性资源在所有相互竞争的企业中均匀分布且可以自由流动的话,企业不可能利用其获得持续的竞争优势。因此引发竞争优势的"资源"必然具备:(1)有价值;(2)稀缺性;(3)难以完全仿制;(4)无法替代;(5)以低于其价值的价格为企业获得等五个充分条件,那么"资源"可被定义为:"一个企业所控制的并使其能够制定和执行改进效率和效能的战略的所有资产、能力、组织过程、企业特征、信息、知识等",探讨了企业资源与持续竞争优势之间的关系,建立了持续竞争优势的企业资源模型,提出了为获得竞争优势识别所需要的企业资源的特征。

3. 连贯投资论。Diericx I. 和 Cool K. (1989)则在批评 Barney J. B. 竞争优势资源论的基础上,以"资产存量积累"分析框架强调带来竞争优势的资源的内生性质,企业有效竞争的资产存量只能通过连贯性投资才能积累起来,即内生发展起来,而不能通过公开市场交易获得。③ 换句话说,带来持续竞争优势的生产要素不是可交易的资产流量,而是通过在一段时期里所选定时间路径的资产流量所积累起来的战略资产存量。所以,历史上的成功带来了有利的原始资产积累,并进一步为将来的资产积累奠定基础。

基于资源基础论的外生能力理论的核心是对企业持续竞争优势根源的探讨,从企业外部的环境条件以及市场定位转向了企业内部资源。这个理论对企业能力的分析属于静态性分析,强调企业保持持续竞争优势的源泉来自特定的"企业资源",包含有形资源和无形资源(如物质资源、人力资

① Barney J. B. Strategic Factor Markets: Expectations, Luck, and Business Strategy. Management Science,1986a,32(10):pp. 1231－1241.

② Barney J. B. Firm Resource and Sustained Competitive Advantage. Journal of Management, 1991,17(1):pp. 99－120.

③ Dierickx I. and Cool K. Asset Stock Accumulation and Sustainability of Competitive Advantage. Management Science,1989(35):pp. 1504－1511.

源、组织结构资源和市场结构资源等），主要从企业拥有的内部或外部资源来提升企业的竞争能力，赢得竞争优势，强调了企业对具有竞争优势的资源的拥有和使用。这一理论认为，组织能力的形成主要是通过对外生资源依赖，而没有考虑到企业能力内生性因子和企业能力的动态性。

（二）基于核心能力的内生能力理论

在科学技术迅速进步和消费者偏好多变的动态环境中，仅仅依赖于已经拥有的优势地位要获得持续的竞争优势显然是有困难的。企业所拥有的资源多种多样，但并非所有资源都可以成为企业竞争优势之源。基于这些考虑，一些学者提出了基于核心能力的内生能力理论。基于核心能力的内生能力理论是在资源基础能力论强调竞争优势的基础上，运用战略管理理论、经济学理论、知识经济理论和创新理论，从企业如何获得持续竞争优势的角度，对组织能力的形成进行了研究，认为能力与资源不同，能力是以人为载体的，是配置、开发、保护和整合资源的主体能力，企业的本质是"能力的独特集合体"，企业的长期竞争优势来自于企业的核心能力。具有相似资源的企业通常在使用资源的效率方面有差异，这种差异本质上说是企业能力的差异，是产生竞争优势的深层次因素，也就是说，隐藏在企业资源背后的企业配置、开发和保护资源的能力，是企业竞争优势的深层来源。基于核心能力的内生能力理论主要有 Prahalad C. K. 和 Hamel G. 等人（1990）的技术学习论，Sanchez R.、Heene A. 和 Thomas H. 的资源配置论，Leonard-Barton D. 的知识能力论，以及 Meyer M. H. 和 Utterback J. M. 的产品平台论。

1. 技术学习论。Prahalad C. K. 和 Hamel G. （1990）认为，决定企业竞争优势的能力是组织的积累性知识和技能与技术流的有机组合，而不是单纯的企业资源，即核心能力是组织中的积累性学识，特别是关于如何协调不同的生产技能和有机结合多种技术流的学识[1]。核心能力具有三个重要的特

---

[1] Prahalad C. K. and Hamel G. The Core Competence of the Corporation. Harvard Business Review,1990,68(3):pp. 79 - 91.

征:(1)延展性,即核心能力为企业进入多产品市场提供强有力支持,保证企业一系列产品或服务的竞争优势;(2)用户价值,即企业依靠核心能力能为客户提供可识别的根本价值差异,且价值增值;(3)独特性,即竞争对手难以模仿,与其他企业资源相比,受替代品威胁相对最小。核心能力涉及各层次人员和企业所有职能,是对跨组织边界工作的参与、沟通以及积极奉献。难以模仿是核心能力的重要特征与判断标准之一。持相似观点的还有Kesler 和 Casio 等人。

2.资源配置论。Sanchez R.、Heene A. 和 Thomas H.(1996)指出,协调配置资产的能力可以被看作不同性质的资产,因为一个有能力的企业不只是资产、技能与技术诀窍的集合,而更需要某种黏合剂①。Durand(1997)提出,能力不仅包括组织中可以获得的各种资产、才能、知识、技术诀窍、技能与设备,还包括以上资产与技能的协调配置。协调能力是能力的关键要素,协调配置代表具有整合作用的能力元②。Henderson 和 Cockburn(1994)认为,企业能力由元件能力和构架能力构成。元件能力是局部能力与知识,是日常解决问题的基础;而构架能力是运用这些元件能力的能力,以新的灵活方式把它们整合起来,发展新的构架与元件能力。③

3.知识能力论。Leonard-Barton D.(1992)采用企业知识观,认为核心能力是识辨与提供竞争优势的知识集合。其内容蕴藏于员工的知识与技能、技术系统、管理系统指导、价值与规范等四个方面。④ 魏江和许庆瑞等人(1997)也从知识载体的角度,提出了技术能力的概念,认为企业技术能力是指为支持技术创新的实现,附着在内部人员、设备、信息和组织中的所

---

① Sanchez R.,Heene A. and Thomas H. Dynamics of Competence-based Competition:Theory and Practice in the New Strategic Management. London:Pergamon Press,1996.

② Durand,Thomas. Strategizing for Innovation:Competence Analysis in Assessing Strategic Change, In Aime Heene and Ron Sanchez (eds.), Competence-based Strategic Management, Chichester:John Wiey,1997.

③ Henderson,Rebecca,and lain Cockburn. Measuring competence? Exploring firm effects in pharmaceutical research. Strategic Management Journal,Winter Special Issue,1994,(15).

④ Leonard-Barton D. Core capability and core rigidities:A paradox in managing new Product development,Strategic Management Journal,1992,(13):pp. 111 – 125.

有内生化知识存量的总和。①

4. 产品平台论。基于产品族与产品平台,Meyer M. H. 和 Utterback J. M.(1993)把核心能力分解为四个维度:产品技术能力、对用户需求理解能力、分销渠道能力和制造能力。通过从这四个维度对核心能力进行评价,他们发现在企业核心能力和市场绩效之间存在因果关系。平台观是创新能力与核心能力趋同的典型例证之一。他们认为,从能力到市场产品有三个层次,核心能力处于最底层,它是产品平台产生的动力与源泉;中间层次为产品平台,它是联结市场与能力的纽带,它以核心能力为基础,而自身又是各种市场应用产品的核心;处于顶层的是能满足各种市场需要的应用产品。②产品平台观对核心能力与市场如何连接作出了重要贡献。

基于核心能力的内生能力理论从企业的技术、知识、产品、组织结构等内部组织要素来提升企业的竞争能力,从而为企业赢得持续竞争优势。这一理论较多地从企业的内在组织要素来研究组织能力的培育,并且强调产品、知识(包括技术)等要素在增强组织能力中的作用和地位,而没有分析决策要素、制度要素和文化要素等对企业能力的影响。基于核心能力的内生能力理论也存在一些理论的不足:(1)尽管这一理论强调了技术要素在组织核心能力塑造中的价值,其基本出发点或归宿是为了企业获得竞争优势,但是竞争优势并不是对所有高技术企业都具有意义,这是因为,竞争优势对于处于完全竞争或垄断竞争市场的高技术企业是有意义的,而对于独家产品或同类竞争对手极少,甚至对没有竞争对手的高技术企业来说,竞争优势就不具有实际意义,这类高技术企业处于"超竞争"状态,其企业能力的培育与提高是一种自我超越。(2)这个没有分析技术优势因素与其他组织要素之间的关系,更没有研究技术要素与其他组织要素对组织能力产生的影响。(3)这一理论也没有考虑到技术的性质差异和技术演化,尤其是高技术与传统技术的差别。另外,组织核心能力一旦形成,企业在快速发展

① 魏江、许庆瑞:《企业技术能力作用于创新效益的经济控制模型研究》,《数量经济技术经济研究》1997 年第 9 期,第 42—45 页。

② Meyer M. H. and Utterback J. M. The Product Family and the Dynamics of Core Capability. Sloan Management Review,1993,(Spring):pp. 29 – 47.

的社会经济环境中往往难以及时对核心能力进行更新,从而使企业发展对组织能力产生"路径依赖",从而在一定程度上束缚了企业的发展。

(三)基于动态能力的内生能力理论

随着技术、经济和社会的快速发展和国际市场竞争的加剧,组织环境处于高度的不确定性和快速变化之中,企业的核心能力很容易表现出某种抗拒变化的惰性即"路径依赖",一些企业在获得核心能力的同时,会因为核心能力的固化和刚性而丧失竞争优势,因此,基于核心能力的内生能力理论逐渐丧失了理论优势,而产生了基于企业动态能力的内生能力理论。基于企业动态能力的内生能力理论主要包括 Teece D. J.、Pisano G. 和 Shuen A. 等人的资源能力整合论,Kathleen M. 和 France Christoph Zott 的规范管理论,P. N. Subba Narasimha 的多元业务生成论,以及董俊武、黄江圳和陈震红的竞争优势保持论。

1. 资源能力整合论。资源能力整合论认为,动态能力是整合、建立和再配置内外部资源和能力的能力。Teece D. J.、Pisano G. 和 Shuen A.(1997)认为,在全球市场上的胜利者是这样一类企业:具有有效协调、配置内外部资源的能力,并显示出及时、快速与灵活的产品创新能力的企业。他们认为,动态能力是指企业组织在长期形成的学习、适应、变化、变革的能力,强调以往的能力理论忽视两个关键方面:即"动态"和"能力"。他们认为,"动态"指的是与环境变化保持一致而更新企业的能力,"能力"强调的是整合和配置内部和外部资源的能力,以此来使企业适应环境变化的需要。因此,动态能力是企业整合、建立和再配置内外部能力以适应环境快速变化的能力,是更新企业能力的能力。动态能力是企业整合、建立和再配置内外部能力以适应快速变化环境的能力。[①] 动态能力理论是在动态环境下,挖掘竞争优势新来源的一种逐渐显现出来和潜在的综合理论。

2. 规范管理论。规范管理论认为,动态能力是可以确认的明确流程或

---

① Teece D. J., Pisano G. and Shuen A. Dynamic Capabilities and Strategic Management. Strategic Management Journal,1997,18(7):pp. 509 - 533.

者常规惯例。Kathleen M. 等人（2000）认为动态能力是可以确认的明确的常规惯例或者流程①。France Christoph Zott（2003）认为在一段时期内每个企业都通过模仿或试验来改变、选择和保持一个独特的资源配置，动态能力是一系列指导公司资源建构发展的常规程序，是融入在指导企业资源重构、演进和运营常规中的日常组织程序②。

3. 多元业务生成论。多元业务生成论认为，动态能力是一种产生多样化业务的知识特性。P. N. Subba Narasimha（2001）借鉴生物学的基本原理，即免疫系统具有一种识别多种抗原多样性并在需要时产生相应抗体的能力，从而使人体有能力应对生物环境，提出动态能力是产生多样化的业务的知识特性。知识的有用性来源于头脑的抽象能力，抽象能力帮助人们融会贯通，也就是知识具有跨越时空转移的特性③。这样，产生多样化的能力和知识是一致的，动态能力帮助公司具有先动优势，并及时适应动态环境。

4. 竞争优势保持论。竞争优势保持论认为，动态能力是高技术企业保持或者改变其作为竞争优势基础的能力。董俊武、黄江圳和陈震红（2004年）认为，能力可以被当做企业知识的集合，能够改变能力的背后是技术知识。企业改变能力的过程就是企业追寻新知识的过程。改变能力的结果是高技术企业建立了一套新的知识结构④。

基于企业动态能力的内生能力理论从组织惯例、技能和互补资产等三个角度，强调企业必须努力应对不断变化的环境，更新发展自己的能力，而提高和更新能力的方法主要是通过技能的获取、知识和诀窍的管理与学习。

① Kathleen M, Eisenhardt and Jeffrey A. Martin Dynamic Capabilities: What Are They? Strategic Management Journal Strat. 2000, (21): pp. 1105 – 1121.

② France Christoph Zott. Dynamic Capabilities And The Emergence OF Infra industry Differential Firm Performance: Insights From: A Simulation Study strategic Management Journal Strat. Mgmt. 2003, (24): pp. 97 – 125.

③ P. N. Subba Narasimha. Strategy in Turbulent Environments: The Role of Dynamic Competence. Managerial And Decision Economics Manage. Dects. Econ 2001, (22): pp. 201 – 202.

④ 董俊武、黄江圳、陈震红：《基于知识的动态能力演化模型研究》，《中国工业经济》2004 年第 2 期，第 77—85 页；黄江圳、谭力文：《从能力到动态能力：企业战略观的转变》，《经济管理》2002 年第 22 期，第 32—36 页。

组织动态能力理论是对组织核心能力理论的发展,将外部环境的不确定性和快速变化性作为组织能力理论研究的前提。但是这一理论主要是分析和处理企业与环境之间的关系,而对于企业内部如何进行有效运行来提高企业能力没有做太多的分析。同时,基于企业动态能力的内生能力理论没有考虑到企业的技术特点和企业对资源的消耗,没有分析企业的技术性差异对企业能力的影响。在自然资源和能源较为短缺的经济背景下,企业动态能力理论难以指导和帮助企业(特别是高技术企业)来处理组织与环境之间的生态关系。另外,这一理论的研究相对比较抽象,不仅没有考虑到组织层面和组织特征的差异性,而且没有形成具体的能力结构和能力体系,缺乏可操作性。①

(四)基于知识的内生能力理论

随着对知识经济和企业能力理论研究的不断深入,一些学者开始认识到隐藏在企业能力背后并决定企业竞争优势的关键是企业掌握的知识,尤其是很难被竞争对手所模仿的内隐性知识以及与知识密切相关的认知学习。在此基础上形成了基于知识的内生能力理论,认为企业是知识的集合体,组织知识尤其是内隐性知识,是企业核心能力基础,核心能力是使企业独具特色并为企业带来竞争优势的知识体系,而且要随着环境的变化不断更新和提升。这一理论主要有三个观点,即 Grant R. M. 等人的知识整合论、Spender J. C. 等人的行为管理论和 Nonaka I. 和 Takeuchi H. 等人的知识管理论。

1. 知识整合论。知识整合论认为,企业知识获取与储存的专业化能够盈利的假设以及生产需要大范围地投入和各种专业知识的假设,明确地重申了一个对所有企业理论都是根本性的前提。Grant R. M.(1996)认为,他将企业视为知识协调机构,认为企业所扮演的主要角色是将存在于许多个人中的专业知识进行整合,然后将整合的知识转化成产品或劳务;而管理的

① 李兴旺、王迎军:《企业动态能力理论综述与前瞻》,《当代财经》2004 年第 10 期,第 103—106 页。

主要任务是建立知识整合所必须的协调机制。① Feigenbaum 和 Corduck
（1983）提出运用技术手段管理明晰知识，强调运用电子邮件、群件及其他
工具从人、计算机知识库以及计算机网络获取明晰知识。②

　　2. 行为管理论。行为管理论认为，人是知识的载体，知识管理就是对人
的管理。Spender J. C.（1996）从哲学认识论的角度，强调员工的知识和学
习的作用，认为自上而下进行权力分配的企业中，组织学习不可能是有效率
的；企业中需要一种发散式、非官僚的管理模式，认为企业是一种动态的、演
变的和半自治的知识生产和使用的系统，是一种基于知识的活动系统。他
认为，组织知识不能以实证方式定义为企业资产，并指出认知是一种参与使
知识显现意义的过程，甚至参与的只是对知识的陈述而不是知识本身，因为
绩效，特别是在未预料到的不确定性和挑战面前，才是对知识的真正
考验。③

　　3. 知识管理论。Nonaka I. 和 Takeuchi H.（1995）从知识管理的角度强
调知识对情境的依赖，坚持认知与行动相统一，认为企业是知识创造的机
构。一个组织不是许多个体的知识的总和，它可以通过个体在组织内的互
动学习来创造知识。他特别强调内隐性知识和知识环境对于企业知识创新
和知识共享的重要性，认为新的知识总是来源于个体，知识创新企业的核心
活动就是将个人的知识传播给其他人。④ Wiig K. M.（1995）认为，企业知
识不但要对信息和人进行管理，还要将信息和人连接起来进行管理；知识管
理就是要将信息处理能力和人的创新能力相互结合，增强组织对环境的适
应能力。⑤

---

　　①　Grant R. M. Toward a Knowledge-based Theory of the Firm. Strategic Management Journal,
1996,（17）:pp. 109 - 122.

　　②　Feigenbaum and Corduck. The Fifth Generation,Reading. MA:Addison-Wesley,1983.

　　③　Spender J. C. Making Knowledge the Basis of Dynamic Theory of the Firm. Strategic
Management Journal,1996,（17）:pp. 45 - 62.

　　④　Nonaka I. and Tackeuchi H. The Knowledge Creating Company:How Japanese Company
Create the Dynamics of Innovation. NewYork:Oxford University Press,1995.

　　⑤　Wiig K. M. Knowledge Management Methods:Practical Approach to Managing Knowledge.
Arlingtom,TX:Schema Press. 1995.

基于知识的内生能力理论是对内生能力理论的发展,强调了知识在企业能力发展和提升中的重要性,有助于解释与企业边界和与企业内部组织相关的问题。基于知识的内生能力理论强调了企业知识的高度情境化、意会性(即知识的不可完全表达性,意识着企业知识是通过特定实践而形成的惯例,并且它的使用对企业内部环境具有高度的依赖性)和离散分布性(即企业知识不可能以集中的形式存在于某一个人头脑里,而只能由那些处于特定情境中的个人或团队分散化地掌握)的特征,将企业知识的掌握和运用视为企业竞争优势的来源。但是这一理论对针对一般企业进行的知识管理,没有区分高技术企业与传统技术企业的知识管理的差异,同时,将企业知识主要表现为企业制度、组织惯例、技术等多个方面,是一种泛化的知识,并且对实际应用中知识和知识员工的界定、知识的度量、知识对剩余索取以及知识的交易等问题缺乏分析,有待进一步研究解决。

(五)基于组织要素的内生能力理论

基于组织要素的内生能力理论主要从企业的决策、激励、制度安排和组织文化等角度对高技术企业的内生能力理论进行分析。

1. 基于决策的内生能力理论。基于决策的内生能力理论从组织决策维度,分析了组织决策与企业能力之间的关系,强调通过组织决策的科学性来增强企业能力,主要包括古典组织理论的决策能力观、行为科学理论的决策能力观、社会系统学派的决策能力观、决策学派的决策能力观和经验学派的决策能力观。

(1)古典组织理论的决策能力观。泰罗(Taylor F. W.,1911[1])、法约尔(Henri Fayol,1916[2])、韦伯(Max Weber,1920[3])等人从提高组织效率的角度出发,认为组织决策权来源于制度和职位,强调决策权的集中性,一方面

---

[1]　泰罗:《科学管理原理》,中国社会科学出版社 1984 年版,第 21—37 页。

[2]　Henri Fayol. General and Industrial Management. Trans. Constance Storrs, London Pitman Publishing, Ltd., 1949.

[3]　Max Weber. The Theory of Social and Economic Organization. NewYork: Free Press, 1947.

要求决策权尽可能地集中;另一方面希望决策权适当地按专业原则予以分配,决策权从高层到基层呈梯度辐射。

(2)行为科学理论的决策能力观。梅奥(George Elton Mayo,1945[①])和利克特(Rensis Likert,1967[②])在承认古典组织理论的基本框架和原理、原则的基础上,研究人的行为规律及其对组织的影响,明确了组织命令的"非人格化",强调权威与信息的密切联系。同时倡导"参与制",提出群体决策模式。

(3)社会系统学派的决策能力观。切斯特·巴纳德(Chester I. Barnard[③])等人认为,决策权来源于权威接受,而权威不仅取决于职位,而且来自下属的认可;在决策权的分配上他基本同意决策按组织职位分配并集中的观点,认为专业分工不仅能提高工作效率,而且能增强决策的合理性。

(4)决策学派的决策能力观。赫伯特·西蒙(Herbert A. Simon,1977[④])等人把决策专业化与集权化等同起来,认为随着计算机集中处理信息和运筹学等决策技术的发展,决策自动化就可能得到推进,决策系统将具有处理复杂系统运行的能力。在集中或分权的论战中,他倾向于集权。

(5)经验学派的决策能力观。彼得·德鲁克(Peter F. Drucker,1974[⑤])等人提倡分权的等级制决策结构,分权主要反映在目标的确定上,是面向未来作出的决定;组织结构要使管理工作层次尽可能少,建立尽可能简单的指挥系统,在具体形式上提出了"联合分权制"即事业部制。

(6)我国学者的决策能力观。王元(1993)等人认为,决策是一种有组

①　George Elton Mayo. The Human Problems of an Industrial Civilzation. NewYork: The Macmillan Company,1933; George Elton Mayo. The Social Problems of an Industrial Civilization. Boston,1945.

②　Rensis Likert. The Human Organization. New York: McGraw-Hill,1967.

③　Chester I. Barnard. The Functions of the Executive. Cambridge, Mass, Harvard University Press,1968.

④　Herbert A. Simon. Administrative Behavior: Study of Decision-making Processes in Administrative Organization. NewYork: Macmillan,1947.

⑤　Peter F. Drucker. Management: Tasks, Responsibileities, Practices. Harper & Publishers Inc.1974.

织的过程,强调不同的决策要由不同的决策者承担,即不同性质的决策在组织内部可能由不同的层次负责;同时,决策活动与一定的权力关系相对应,主张决策权分配采取民主集中制,实行内部经济责任制。①

基于决策的内生能力理论主要针对决策权来源、决策权分配等问题进行分析,其中部分观点还考虑到专业化分工和组织效率等问题。但是,这些观点均没有考虑到高技术对组织决策的影响以及组织决策模式的选择对技术创新和组织能力的影响。

2. 基于激励的内生能力理论。基于激励的内生能力理论从组织动力维度,分析了组织激励与企业能力之间的关系,强调通过有效的组织激励来提高企业能力。组织激励能力理论主要包括内在动力说、目标动力说、条件满足说和多因素作用说。

(1)内在动力说。这种观点认为人的行为发端于动机,行为持续程度也取决于动机对人作用力的大小,强调人的内在动机是激励的本质所在。弗里蒙特·E. 卡斯特(Fremont E. Kast, 1979)和詹姆斯·E. 罗森茨韦克(James E. Rosenzwig, 1979)认为,激励是涉及需要、需求、紧张、不安和期待,在行为背后有一种趋向行为的推力和拉力。② 这意味着在个人与周围环境之间存在着某些不平衡或不满意的情况。小詹姆斯·H. 唐纳利等人(1982)认为,一切内心要争取的条件、希望、愿望、动力等都构成了对人的激励。③ 孙立莉(2000)认为,激励从心理学角度讲,就是指持续激发人的工作动机的心理过程,亦即调动人的积极性的心理过程,从而促使个体有效地完成组织目标。④

(2)目标动力说。这种观点认为,人的行为是受特定目标的作用,为了

---

① 王元:《关于不确定条件下的企业决策问题》,《中国工业经济研究》1993 年第 4 期,第 66—71 页。

② 弗里蒙特·E. 卡斯特、詹姆斯·E. 罗森茨韦克著,李柱流等译:《组织与管理——系统方法与权变方法》,中国社会科学出版社 1985 年版。

③ 小詹姆斯·H. 唐纳利等著,李柱流等译:《管理学基础》,中国人民大学出版社 1982 年版。

④ 孙立莉:《激励理论述评》,《山东经济》2000 年第 2 期,第 73—78 页。

完成某一特定的目标而采取相应的行动,强调目标是人的行为的驱动力。沙托提出,激励是被人们所感知的从而导致人们朝着某个特定的方向或者为完成某个目标而采取行动的驱动力或紧张状态。①

　　(3)条件满足说。这种观点激励的关键在于能够创造出满足人需要的外在条件,从而激发相应的行为。法约尔认为,报酬是组织掌握的一个重要的动机诱导因素,人员的报酬是其服务的价格,应该合理,并尽量使企业同其所属人员(雇主和雇员)都满意。② 坎农和赫尔提出,个体的一切活动皆起于有机体因需求失去内部平衡所产生的驱力,驱力推动个体做出某种行为去满足需求,谋取新的平衡。③

　　(4)多因素作用说。这种观点认为,激励是受目标、努力、需要等多种因素共同作用的结果。阿沃斯(Ashworth B. E.)认为,强烈的动机和心理需要不可能离开与心理相联系的工作或工作环境,通常人们关注的是工作绩效和期望值。④ 斯蒂芬·P. 罗宾斯把激励定义为,通过高水平的努力实现组织目标的意愿,而这种努力以能够满足个体的某些需要为条件。激励的关键因素是:努力、组织目标和需要。⑤ 哈罗德·孔茨等人认为,激励是一个通用名词,应用于动力、愿望、需要、祝愿以及类似力量的整个类别。⑥ 孙俊岭(2000)将激励分为内激励和外激励两种:内激励的内容包括报酬、工作条件、政策等;外激励的内容包括社会、心理特征的因素,如认可、人际关

---

　　① 约瑟夫·M.普蒂等著,何畏、易家祥译:《管理学精要·亚洲篇》,机械工业出版社1999年版,第298页。

　　② Henri Fayol. General and Industrial Management. Trans. Constance Storrs, London Pitman Publishing, Ltd. ,1949.

　　③ 刘颂:《关于现代激励理论发展困境的几点分析》,《南京社会科学》1998年第4期,第31页。

　　④ Ashworth B. E. Emotion in the Workplace: A Reappraisal. Human Relations. 1995, 48(2): p. 97.

　　⑤ 斯蒂芬·P. 罗宾斯著,孙建敏、李原等译:《组织行为学》,中国人民大学出版社1997年版,第166页。

　　⑥ 哈罗德·孔茨、海因茨·韦里克著、郝国华等译:《管理学》,经济科学出版社1993年版,第465页。

系等。①

从组织动力维度,高技术企业的能力理论对组织激励理论进行分析。在分析企业能力时,这些从激励的本质探讨了组织动力和企业能力的形成,着重分析了组织动力对员工个体的影响,从而对组织行为产生的影响。在此分析中没有考虑高技术企业的特殊性,也没有考虑整个企业的层面组织动力的形成及其演化的问题。

3. 基于组织制度的内生能力理论。基于组织制度的内生能力理论从制度维度,对组织制度的内涵、新经济、企业间组织和制度演化等方面进行研究,分析了组织制度对企业能力的影响,从规范组织行为来提高企业能力。组织制度能力理论主要包括:基于内涵分析的制度观、新经济制度观、产业组织制度观和组织制度演化观。

(1)基于内涵分析的制度观。对于组织制度的激励价值存在不同观点,是由于人们对"组织制度"的基本内涵理解上存在的分歧。托尔斯坦·凡勃伦(1964)将"制度"看成一种习惯或者是一种习俗,认为制度实质上就是个人或社会对有关的某些关系或某些作用的一般思想习惯。② J. R. 康芒斯(1942)将"制度"等同于"规则"或者是"机构",认为制度是多种类型的交易合在一起成为经济研究上的一个较大的单位,是集体行动控制个人的一系列行为准则或标准。③ T. W. 舒尔茨(1964)认为,制度是一种行为规则,这些规则涉及社会、政治及经济行为。④ 道格拉斯·C. 诺斯(1983)认为,制度是一个社会的游戏规则,更规范地说,它们是为决定人们的相互关系而人为设定的一些制约。⑤ V. W. 拉坦(1971)认为,制度通常被定义

①　孙俊岭:《西方激励理论探析》,《学术交流》2000 年第 3 期,第 111 页。

②　托尔斯坦·凡勃伦著,蔡受百译:《有闲阶级论》,商务印书馆 1964 年版,第 138—141 页。

③　J. R. 康芒斯著,于树生译:《制度经济学》(上),商务印书馆 1962 年版,第 86—90 页。

④　T. W. 舒尔茨:《制度与人的经济价值的不断提高》,R. 科斯、A. 阿尔钦、D. 诺斯等著,刘守英译:《财产权利与制度变迁——产权学派与新制度学派译文集》,上海三联书店、上海人民出版社 1994 年版,第 253 页。

⑤　道格拉斯·C. 诺斯著,刘守英译:《制度、制度变迁与经济绩效》,上海三联书店 1994 年版,第 1—65 页。

为一套行为规则,它们被用于支配特定的行为模式与相互关系。制度创新或制度发展是指一种特定组织的行为的变化,是组织与其环境之间的相互关系的变化,也是在一种组织的环境中支配行为与相互关系的规则的变化。① 由此可见,组织制度的本质是特定组织的行为规则,用于调节企业组织行为方式和相互关系。组织制度不包括"组织"或"组织机构"的概念,制度安排的定义是管束特定行动模型和关系的一套行为规则(林毅夫,1994②)。

(2)新经济制度观。新经济的制度观主要包括产权制度论和资本市场制度论。A. 产权制度论。刘诗白(2000)认为,在新经济中,知识产权有两个新变化:一是对知识产权的保护进一步加强;二是知识产权流动性成为常规。③ 汪丁丁(2000)认为,新经济的产权制度特征指知识人的产权。④ 温世仁(2001)认为,新经济的产权就是知识产权。B. 资本市场制度论。⑤ 吴晓求(2001)认为,风险投资是一种金融制度创新。⑥ 张树中(2001)以美国创业资本市场为例,运用委托—代理理论分析了创业资本市场的制度创新,指出创业资本市场的制度包括创业企业组织制度、创业资本融资制度、投资制度和退出制度。⑦

(3)产业组织制度观。产业组织制度观主要从中间组织的特性和俱乐部规范两个角度对组织制度进行了分析。

——中间组织的特性。Richardson G. B. (1972)认为,虽然把合作和交

---

① 　V. W. 拉坦:《诱致性制度变迁理论》,R. 科斯、A. 阿尔钦、D. 诺斯等著,刘守英译:《财务权利与制度变迁——产权学派与新制度学派译文集》,上海三联书店、上海人民出版社1994年版,第329页。

② 　林毅夫:《关于制度变迁的经济学理论:诱致性变迁与强制性变迁》,R. 科斯、A. 阿尔钦、D. 诺斯等著,刘守英译:《财务权利与制度变迁——产权学派与新制度学派译文集》,上海三联书店、上海人民出版社1994年版,第373页。

③ 　刘诗白:《简论新经济》,《光明日报》2000年8月22日。

④ 　汪丁丁:《新经济的制度特征是什么》,《财经》2000年第6期。

⑤ 　温世仁:《新经济与中国》,生活·读书·新知三联书店2001年版。

⑥ 　李振玉:《风险投资是金融制度的创新》,《中国信息报》2001年7月18日。

⑦ 　张树中:《美国创业资本市场的制度分析》,中国社会科学出版社2001年版。

易作为协调经济活动的两种不同的替代模式,但不能就此认为在现实世界中两者有明确的区分界限,它是一个连续的交易形态,从有组织的商品市场上的交易开始,穿过中间领域,最后到了那些复杂的和相互关联的集团和联盟,合作的出现只是个程度问题。①。

　　——俱乐部规范。俱乐部规范作为一种市场治理制度,其意义就在于有利于信息在这样的组织内部交流,加深参与人相互识别和相互信任的程度,以有效地惩罚俱乐部内部的违规行为。机制不仅被描述为一种准永久性的双边关系,而且将之复制到某个集团内部时便成为了维系共有信念的"俱乐部规范"(青木昌彦,2001②)。

　　(4)组织制度演化观。约瑟夫·熊彼特(1990)认为,创新利润是组织制度演化的动力,创新利润包括创新要素报酬和创新劳动报酬。新熊彼特学派以熊彼特的创新范式为研究指针,认为制度是组织及组织的行为规则,强调配置规则和协合规则是经济体制的基本规则。③

　　基于组织制度的内生能力理论从组织制度的内涵、新经济、企业间组织和制度演化等方面加以分析,主要从宏观经济层面分析了组织制度在组织能力形成和演化,没有联系到高技术的特性来分析组织制度与高技术企业的组织能力的关系。

　　4. 基于组织文化的内生能力理论。组织文化作为一种管理理论在20世纪70、80年代被纳入人们的研究视野,并在激发员工积极性,改善高技术企业的经营业绩,实现企业目标等方面表现出的良好效果,形成企业的文化力,构成了组织能力的特殊形式。组织文化能力理论从组织文化维度,分析了组织文化对企业运行的影响,强调通过组织文化建设来提高企业能力,主要包括基于人性假设的文化观和基于内涵界定的文化观。

　　一是基于人性假设的文化观。基于人性假设的文化观理论主要包括

---

　　① Richardson G. B. The Organization of Industry. Economic Journal,1972,(82):pp. 883 – 896.

　　② 青木昌彦著,周黎安译:《比较制度分析》,上海远东出版社2001年版。

　　③ 约瑟夫·熊彼特著,何畏、易家祥译:《经济发展理论》,商务印书馆1990年版,第149—151页。

"性恶人"、"自我实现人"、"经济人"、"社会人"、"组织人"、"决策人"和"复杂人"等人性假设。

（1）"性恶人"假设。Douglas McGrogor(1957)认为人天生是好逸恶劳，没有责任心和进取心。一般人的天性都是好逸恶劳的，是以自我为中心，不顾组织的要求；习惯于守旧，反对变革，把个人安全看得高于一切，缺乏理性，不能控制自己，只有少数人才具有解决组织问题所需要的想象力和创造力。①

（2）"自我实现人"假设。Douglas McGrogor(1957)提出了"自我实现人"的基本假设，认为人们不是天生就厌恶工作，而是一种需要；对自己所参与的目标，能实现自我指挥与自我控制；对目标的参与是同获得成就的报酬直接相关的，这种报酬中最重要的是自我实现的满足；大多数人具有相当高程度的想象力和创造力，因而能够解决组织的问题。在现代工业社会的条件下，一般人的智慧潜能只是部分地得到了发挥。②

（3）"经济人"假设。法约尔(Henri Fayol,1920③)、韦伯(Max Weber,1916④)等人将人视为天性懒惰、自私、贪图享乐、唯利是图、不愿负责任、需要命令监督的"经济人"。在"经济人"假设盛行的年代里，人只是机器的附属物，根本没有意识到人的重要性，企业只重视人的物质方面需要的满足，无视人类的社会性需要，在管理方式上主要是"胡萝卜+大棒"的任务管理，企业文化也无从谈起。马斯洛的需要层次理论认为，人的需要是多方面的，并不断由低向高依次发展，当低层次的需要逐渐得到满足之后，就会产生更高层次的需要。随着生产技术的进步，人在生产中的地位也得到了提高，只能满足少数基本"物质"需求的经济，正转变为也力求满足永无止境的各种"精神"需求的经济。

---

① Douglas McGrogor. The Human Side of Enterprise. NewYork：McGraw-Hill,1960.

② Douglas McGrogor. The Human Side of Enterprise. Management Review,1957,(11).

③ Henri Fayol. General and Industrial Management. Trans. Constance Storrs,London Pitman Publishing,Ltd. ,1949.

④ Max Weber. The Theory of Social and Economic Organization. NewYork：Free Press，1947.

(4)"社会人"假设。梅奥(George Elton Mayo,1945①)等人认为企业员工是"社会人",必须从社会系统的角度来对待员工,企业中的工人并不单纯追求高工资和良好的物质条件,还有社会和心理方面的需要,还有追求人与人之间的友情、安全感和受人尊重等。企业中除了正式组织之外,在企业员工之间还存在着"非正式组织"。

(5)"组织人"假设。威廉·怀特(Whyte W. H.,1956)认为,在当代西方社会中人们通过组织的形式进行社会活动愈来愈普遍,个人的作用却相对地越来越小。组织上过分一致,使人丧失了能动性;增加了个人与组织目标完全一致的幻觉。在不理解协作的最终目标的情况下,社会道德在促进协作中是不成熟的;组织人是自我毁灭的②。

(6)"决策人"假设。赫伯特·西蒙(Herbert A. Simon,1977)等人认为,组织成员都是为实现一定的目的而合理地选择手段和决策,把追求组织决策的合理性作为主要目标;把学习、记忆和习惯等决策方面的心理因素作为其行动的基础;在现实中受到许多制约只是抽象的合理模式,只有决策人模式才是更现实的合理模式。③

(7)"复杂人"假设。埃德加·沙因(Edgar Schein,1985)对人性理论进行了归纳和分类,认为每个人都有不同的需要和能力,人的工作动机不但是复杂的,而且变动性很大;一个人在组织中可以学到新的需求和动机,个人在组织中表现的动机模式是他原来的动机与组织经验相互作用的结果;个人是否感到心满意足,肯为组织尽力,取决于他本身的动机结构同组织之间的相互关系;个人可以根据自己的动机、能力以及工作性质对不同的管理方式作出不同的反应。④

二是基于内涵界定的文化观。威廉·大内(William Ouchi,1981)认为,

① George Elton Mayo. The Human Problems of an Industrial Civilzation. NewYork:The Macmillan Company,1933.

② Whyte W. H. Jr. Organization Man. NewYork:Simon and Schuster,1956.

③ Herbert A. Simon. Administrative Behavior:Study of Decision-making Processes in Administrative Organization. NewYork:Macmillan,1947.

④ Edgar Schein. Organizational Culture and Leadership. San Franciso:Jossey-Bass,1985.

组织文化是传统和气氛构成的公司文化,它意味着公司的价值观,诸如进取、守势或是灵活……这些价值观构成公司员工活力、意见和行为的规范。管理人员身体力行,把这些规范灌输给员工并代代相传。① Terrence E. Deel 和 Allen A. Kennedy(1982)从组织文化的构成要素的角度对组织文化进行了分析,认为构成组织文化的要素有五项,即价值观、英雄人物、习俗仪式、文化网络和企业环境。他们的研究减少了组织文化神秘色彩,使组织文化成为人们更容易理解的东西,为组织文化建设提供了重要依据。② J. P. Kotter、J. L. Hesket(1992)认为组织文化是一个企业中各个部门,至少是企业高层管理者们所共同拥有的那些企业价值观念和经营实践,是企业中一个分部的各个职能部门或地处不同地理环境的部门所拥有的那种共同的文化现象。③ 谭伟东(2001)认为,组织文化是企业文化共同体在一定的文化大背景下,由共同体内部创新为主,外部文化刺激、输入为辅,内、外生文化交互作用所形成的多层次的复合体系。它以企业精神、公司灵魂为核心,以企业理念群、企业价值准则、企业伦理道德、企业文化心态、企业亚文化为主要内容,以企业物质文化、企业制度文化为支撑,以企业文化符号为外部记载、传播和输出工具,融企业宗旨、行为规范、伦理体系、价值准则、习俗、信仰和制度规定为一体,是企业赖以存在的精神支柱,有形和无形的行为法典,具有维系、约束、激励和阻抑等多种功能。④

　　基于组织文化的内生能力理论主要从人性假设和组织文化构成的角度分析了组织文化对组织能力的影响,但是没有考虑到组织技术对组织文化的关系,也没有分析组织文化与其他四个维度之间的内在联系。

　　综上所述,高技术企业的组织能力理论主要是从产业经济学和制度经济学等角度对企业的运行机理进行了研究。这些理论研究主要从宏观经济和中观经济层面,没有深入研究微观经济层面的高技术企业组织运行;没有

---

①　William Ouchi. The Theory Z. Reading. Massachusetts:Addison-Wesley,1981.

②　Terrence E. Deal and Allen A. Kennedy. Corporate Culture. Reading, Massachusetts:Addison-Weley,1982.

③　J. P. Kotter and J. L. Hesket. Culture and Performance. NewYork:The Free Press,1992.

④　谭伟东:《西方企业管理思想》,北京大学出版社 2001 年版,第 1—9 页。

系统地分析高技术的特性及其演化规律与组织分工、组织决策、组织动力、组织制度和组织文化等组织维度的关系,并且没有涉及这些组织维度在高技术企业的组织选择对企业能力的影响。更为重要的是,这些高技术企业的能力理论主要是从组织能力的外生性进行研究的,即认为从外生组织变量(如环境、资源、市场、产业组织和制度等方面)分析组织能力,其基本的假设前提是组织能力的边际收益递减、技术创新不具可持续性等等。

五、高技术企业内生能力理论的评析

通过对基于资源基础论的外生能力理论、基于核心能力的内生能力理论、基于企业动态能力的内生能力理论、基于知识的内生能力理论和基于组织要素的内生能力理论的综述,它们在能力理论的研究中具有以下几个方面的共同点。

1. 能力理论主要是针对一般技术企业,没有考虑到企业的技术特性。从核心能力理论和企业动态能力理论到知识能力理论和组织要素能力理论,它们没有严格区分传统技术企业与高技术企业在能力价值及其运用上的差别,将企业的技术特性视为一个"黑箱",普遍认为技术特性不会影响到企业能力的形成及其作用机理。这些理论在高技术企业经营管理中难以发挥理想的效果。这是因为,作为高技术企业与传统技术企业的核心性区别就在于企业的技术特性,而对于这一点上述这些理论却没有考虑。因此,这些理论尽管对高技术企业的运行与发展具有一定的指导意义,但是缺乏企业性质的针对性,因而束缚了它们在高技术企业中的广泛运用。

2. 能力理论主要是强调了企业的外在生态。核心能力理论、企业动态能力理论、知识能力理论和组织要素能力理论主要是强调了企业如何通过自身能力的提高来适应外部环境的变化,研究侧重于企业与环境之间的关系。这种关系实质上是高技术企业的外在生态系统。高技术企业具有一个完整的生态体系,不仅要包括企业与环境之间的外在生态系统,还具有一个内部要素相互影响和相互作用而形成的内在生态。它们研究的着眼点主要是外在生态系统,而忽视内在生态系统对企业能力形成和发展的影响。从我国目前强调建设创新型国家和注重技术自主创新,这更重要的是突出企业的内在生态中的能力关系与能力体系的形成。因此,上述这些理论从目前技术和经济发展趋势来看,在一定程度上缺乏了现实性。

3. 能力理论主要服务于企业赢得竞争优势的能力目标。核心能力理论、企业动态能力理论到知识能力理论都有一个共同的理论前提,即企业能力培育和提高的目标在于企业能够赢得竞争优势,或者是为了维持持续的竞争优势。赢得竞争优势对于企业的发展来说,确实具有很大的实践意义,但是对于高技术企业来说却不一定具有同样的价值。这是因为,高技术企业总体存在两种类型,一是具有竞争性的企业;二是不具有竞争性的企业。对于具有竞争性的企业来说,赢得竞争优势无疑具有十分重要的实践价值,但是对于不具有竞争性的企业来说,却失去了其实践意义。在现实中许多高技术企业在某一技术领域甚至在某一新技术产品功能上通常是独家品种,在市场上是唯一的,不存在同类竞争企业。特别是在强调技术原创的今天,不存在同类竞争高技术企业更为常见。因此,高技术企业的存在与发展并不是完全为了实现竞争优势这一企业目标,因而这些能力理论丧失了其理论优势。

4. 能力理论没有考虑到企业的演化。核心能力理论、企业动态能力理论、知识能力理论和组织要素能力理论都是在一定的时期内企业为研究情境,没有考虑到能力的发展与演化。尽管动态能力理论涉及能力的发展变化问题,但是它的理论重心并不是能力的演化,而是根据环境变化对能力进行发展,侧重于能力发展的外生性,而没有考虑到企业能力本身的演化与发展。高技术企业能力是具有自我协调、自我发展和自我演化的客体。这些能力理论没有关注到能力发展的演化性,在某种意义上说是能力研究的"近视症",是一种短期行为意义上的能力研究。

综合上述理论之不足,核心能力理论、企业动态能力理论、知识能力理论和组织要素能力理论,对高技术企业而言,理论价值和实践意义尚感欠缺。但是,在本书的研究中,仍然以这些企业能力理论成果为基础,对高技术企业的内生能力理论作深入地研究。

六、本章小结

本章主要对高技术、高技术企业及内生能力理论进行了理论综述,共分三个部分展开。

第一部分主要是对高技术的内涵和外延的相关理论进行了综述。通过综述可以看出目前理论界对高技术没有形成完全统一的观点和看法,但是对高技术的特征形成了具有较为相同的认识。鉴于这些特征的概述,本书将高技术主要界定为:高技术是建立在综合科学研究基础上,处于当代科技前沿的,对发展生产力、促进社会文明和增强国家实力起先导作用的新技术群,是前沿知识技术化、产品化和市场化的产物。

第二部分主要是对高技术企业的内涵与外延的理论进行了综述。对于高技术企业的界定,理论界通常是根据企业所处的产业来划分,即如果企业处于高技术产业,该企业就是高技术企业。由于世界各国对高技术产业的界定存在明显的差异,因此根据高技术产业划分的一般特征和内在规律,高技术企业必须具备的本质性特征:(1)高技术企业是将所在时代的前沿知识和理论的综合运用,体现出知识高度密集的特点,突出了前沿知识成为企业运用的关键性生产要素。(2)前沿知识实现技术化,通过两个方面加以体现:一是企业的工艺过程技术;二是企业的产品技术,并且这种技术化结果更新速度较快。(3)前沿知识的产品化,具有高附加值,能有较高的市场收益。(4)企业需要大量的科技开发人员和富有创新精神的经营管理人员。(5)企业的技术、产品、销售和服务能够获得较高的社会认同,取得较高的社会效益。根据这些本质特征,本书概括出高技术企业的基本内涵,即高技术企业是运用当代前沿知识和理论进行技术、产品和服务创新,并能够获得较高的经济效益和社会效益,具有法人资格的机构。

第三部分主要是对高技术企业内生能力理论进行了综述。从企业能力的形成与发展以及对企业能力理论的综述可以看出,无论是基于资源基础论的外生能力理论、基于核心能力的内生能力理论、基于企业动态能力的内生能力理论,还是基于知识的内生能力理论和基于组织要素的内生能力理论,它们并没有真正提出"内生能力"的概念,也没有对内生能力的相关问题展开实质性研究。但是对于高技术企业内生能力的研究提供了十分重要的理论成果,准备了必要的理论研究条件。

第三章　高技术企业的内生因子

一、高技术企业的生态系统及其构成

(一)生态系统的结构与生态演替

生态学是研究"生活所在地"的生物,即研究生物和它所在地关系的一门科学,是研究生物有机体与其周围环境(包括生物环境和非生物环境)相互关系的科学。现代生态学主要从生物组织水平进行划分,将生态系统分为分子、个体、种群、群落、生态系统、景观、直到全球。[①] 现代生态学对分子、个体、种群、群落、生态系统等方面的不同研究形成了相应的生态研究范畴。其中,分子生态主要包括生物活性分子显示其生命活动有关的分子环境条件的规律性;生理生态主要包括有机体和其环境相互作用的科学,包括有机体对环境反应的描述性研究和生态学相关的生理机制的原因分析,即有机体的一般生理学原理、有机体如何与其环境相互作用等等(Weible E. R. et al. [②]);种群是指生活在一定空间内、同属一个物种的个体的集合,种群生态主要包括种群数量动态与环境相互作用,涉及种群的时空动态、种群之间的相互作用过程和种群的调节机制等方面(Rees M. [③]; Thompson

---

① 戈峰:《现代生态学》,科学出版社 2002 年版,第1—3 页。

② Weible E. R. et al. , Diversity in Biological Design. Cambridge University Press, Cambridge ,1997.

③ Rees M. Trede-off among Dispersal Strategies in the British Floara. Nature ,1993 ,(366) : pp. 150 - 152.

K.①）；生物群落是指在特定时间聚集在一定地域或生境中所有生物种群的集合，主要包括群落的组成与结构、群落的性质与功能、群落的发展及演替、群落内的种间关系、群落的丰富度、多样性与稳定性、群落的分类与排序等方面（Loreau M.、Naeem P.②, Raymond B., Darby A. C., Douglas A. E.③）。

1. 生态系统的基本构成

生态系统是在一定时间和空间内，由生物群落与其环境组成的一个整体，各组成要素间借助物种、能量流动、物质循环、信息传递和价值流动，而相互联系、相互制约，并形成具有自调节功能的复合体，主要包括生态系统的组成要素、结构与功能、发展与演替，以及人为影响与调控机制的系统（Kerr R. A.④）。生态系统一方面包括了生物有机体与环境之间的关系，即需要处理分子与环境之间、个体与环境之间、种群与环境之间、群落与环境之间等方面的关系，对于这些方面关系共同构成了外在的生态系统；另一方面生态系统也包括了分子与分子之间、个体与个体之间、种群与种群之间、群落与群落之间的关系，并且还涉及分子、个体、种群和群落之间存在的相互影响和作用，这些方面的关系共同构成了内在的生态系统。外在的生态系统和内在的生态系统共同构成了一个生态系统整体。

2. 生态系统的演替

在生态学中，生态系统演替一个重要的理论基础是选择中性理论。Kimura 在 20 世纪 60 年代末提出了"分子进化的中性理论"，简称为"中性理论"⑤。经过 30 多年的发展和完善，现在已经成为被国际学术界广泛接

---

① Thompson K. The Functional Ecology of Seed Bandks, Seeds-the Ecology of Regeration in Plant Communiries(Edited by Michael Fenner). Car International. 1992.

② Loreau M., Naeem P. et al. Biodiversity and Ecosystem Functioning: Current Knowledge and Future Chanllenges. Science, 2001, (294): pp. 804－808.

③ Raymond B., Darby A. C., Douglas A. E. Intraguild Predators and the Spatial Distribution of a Parasitoid. Oecologia, 2000, (124): pp. 367－372.

④ Kerr R. A. No Longer Willful, Gaia Bicomes Respectable. Science, 1988, (240): pp. 393－395.

⑤ Kimura M. Evolutionary Rate at the Molecular Level. Nature, 1968, (217): pp. 624－626.

受的 20 世纪最为重要的进化理论。中性理论认为,分子水平上的绝大多数突变或演替在选择上是中性的,因而它们在进化中的命运是由随机遗传漂变,而不是由自然选择所决定的。所谓"选择上的中性",是一个新出现的遗传变异(新等位基因),与其他已经存在的等位基因相比,在选择上是等同的,或几乎等同的,因而不同的类型所承受的选择压力几乎是一样的。中性理论在新达尔文进化学派的进化理论的基础上承认了自然选择的存在,认为自然选择是适应性进化的主导力量,但它不是分子进化的主要力量(Kimura M. ,1968、1983①)。

选择中性是分子水平上大多数变异的共同特征。根据中性理论,外在的生态系统和内在的生态系统对生态系统的发展与演替具有同等重要的作用和地位。外在的生态系统的重要性在某种程度上反映出环境的变化对有机体的影响,是一种自然选择的表现,揭示了生态系统发展与演替的外部因素。中性理论承认了外在的生态系统对整个生态系统在发展与演替中的价值,但是内在的生态系统同样对整个生态系统产生作用和影响:一方面内在的生态系统将外在的生态系统的变化进行内化,促进生态系统的发展与演替;另一方面内在的生态系统本身也是处于不断的发展变化之中,并且这种发展变化并不是由于外在的生态系统所导致,它对生态系统的发展与演替的作用具有同等的意义和价值。

(二)高技术企业的生态体系

企业是一个存在于大环境中的有生命力的系统,组织依靠这个环境满足各种需求,它是一个"开放系统",具有特定的生命周期,与外部环境发生各种关系,并且不断地适应环境的变化与发展(Gareth Morgan,1997②)。国内外许多学者在研究和探讨中达成了一些共识,高技术企业视为一种有机体,组织理论成为一种生物学,生物学中的分子、细胞、复合有机体、种群和

---

① 　Kimura M. The Neutral Theory of Molecular Evolution. Cambridge University Press ,1983.

② 　Gareth Morgan. Images of Organization (2nd Edition). Berrett-Koehler Publishers ,Inc. , and Sage Publications ,Inc. ,1997. pp. 10 – 40.

生态系统之间的区别和联系与个人、集体、组织、组织种类以及其社会生态系统之间的区别和联系是类似的（Gareth Morgan，1997①）。因此，作为一种组织形式，高技术企业是一个有机体，与外部环境共同形成一个生态系统。

从现代生态学的视野，高技术企业具有类似的生态系统结构，同样具有外在生态和内在生态的两个组成部分。从生态学视角来看，高技术需要有效地处理环境与企业、企业内部要素之间等两个层面的关系。目前理论界侧重于对企业与环境之间关系的研究，认为环境变化是主导性因素，强调企业对于外部环境的适应性的价值和意义，即关注的焦点是"企业外在生态"，很少重视企业外在生态对企业自身运行的内在要求。从生态学的中性理论出发，外在生态和内在生态对于高技术企业的运行和发展都具有同等重要的地位和作用。

1. 高技术企业的外在生态

根据普里高津的耗散结构理论，作为社会系统中的组织不仅是一个开放系统，而且还是一种耗散结构。从组织生态角度来看，一个处于远离热力学平衡的开放系统，必须能够从外部环境获得必要的负熵流，以抵消系统内部由于热力学第二定律的作用所自发产生的熵。组织内部存在着多种元素，它们之间的相干效应与协同运作，形成系统的整体行为和有序结果（赵玲，2001②）。

高技术企业的外在生态主要分析和处理是企业与外部环境之间的关系，高技术企业是在遵循新达尔文学派所提倡的"自然选择"，而不承认高技术企业内部要素对企业发展的影响。从现代生态学的理论发展来看，这种观点具有明显的理论不足。外在生态在一定程度上揭示了高技术企业运行与发展的外因。

2. 高技术企业的内在生态

高技术企业的内在生态是企业内部要素之间建立的生态关系。高技术

---

① Gareth Morgan. Images of Organization（2nd Edition）. Berrett-Koehler Publishers，Inc.，and Sage Publications，Inc.，1997. pp. 10 – 40.

② 赵玲：《自然观的现代形态——自组织生态自然观》，《吉林大学社会科学学报》2001年第2期，第13—18页。

企业的内在生态从两个角度对高技术企业生态系统产生作用和影响。（1）内在生态实现了外在生态的内化过程。企业外在生态需要企业组织通过生态内化过程，才能实现的企业内在生态，从而使内在生态与外在生态形成有机的企业生态[①]。这是以外在生态为自变量形成的高技术企业内在生态系统，这直接体现了新达尔文进化学派的自然选择思想。（2）以内在生态为自变量形成的高技术企业的内在生态系统。高技术企业的内部要素是处于一个不断发展变化的过程之中。内在生态的变化对高技术企业生态系统的运行和发展形成相互作用和相互制约的关系，形成了高技术企业发展的内在动力。

二、高技术企业的内在生态系统

（一）基于现代生态学的高技术企业

作为一种生态系统，高技术企业内在生态具有不同层次的组织要素和组织物种等，不同的组织要素和组织物种之间具有不同的生态关系和联系。从现代生态学角度，高技术企业的内在生态与群落生态具有类似的系统结构（见图3－1）。现代生态学对生态系统划分了不同的生态层次，即分子层面、物种层面、种群层面和群落层面，高技术企业的内在生态与对应的企业层面，即生产要素层面、因子层面、部门层面和内在生态层面。

在高技术企业的内在生态中，要素层面主要表现为高技术企业的基本生产要素或功能要素（如知识要素、人才要素、成本要素和收益要素、决策要素和组织要素等），是高技术企业人、财、物、知识、信息和管理等要素的总称。高技术企业的要素层面类似于生态学意义上的分子层面，是高技术企业运行与发展的基础性层面。

因子层面是企业的各种要素的集合，形成一定的高技术企业能力。高技术企业的内在生态因子主要是对各个生态要素进行共因子分析，影响生

---

① 李金生、贾利军：《基于企业内在生态的学习型组织模型研究》，《南京师范大学学报（社会科学版）》2006年第3期，第68—73页。

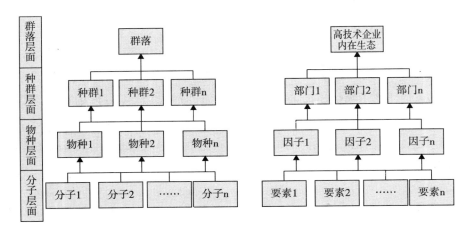

图3－1　高技术企业的内在生态结构图

态系统的共因子,对生产要素和功能要素进行归并,区分出它们在高技术企业生态系统中的价值差异,类似于生态学的不同生态位势的物种。

部门层面是对企业各种因子的集合,形成高技术企业的职能部门,如研究与开发部门、生产与制造部门、营销与服务部门等。部门层面将不同的影响企业能力的因子进行整合,从而促进各个职能部门能够有效地运行。它类似于生态学意义上的种群层面,是对具有物种意义的能力因子的聚集。

内在生态层面是对企业的职能部门层面的集合,形成高技术企业的内在生态系统。生物群落是在特定时间聚集在一定地域或生境中所在生物种群的集合。高技术企业的内在生态系统类似于生态学意义上的群落,是对具有种群意义的职能部门的整合。高技术企业的要素层面、因子层面、部门层面和内在生态层面之间相互影响、相互作用,不同的内在生态层面之间、同一生态层面的要素之间均两两存在着一定的交互关系,形成一个有机的整体。

(二)高技术企业内在生态系统的内涵分析

高技术企业的内在生态系统是高技术企业不同生态层面的内部要素、内部要素与内部要素之间、内部要素与企业之间相互影响和相互作用及其发展变化的过程,它具有内源性、自发性、传递性和前沿知识性等基本特征。

1. 内源性。高技术企业内在生态的内源性是指内在生态系统的构成要素对高技术企业内在生态的运行与发展起到决定性作用。这种内源性主要体现在两个方面:(1)内在生态系统的构成要素对高技术企业的内在生态的作用程度。尽管外部环境要素在一定程度上会影响着企业的生存和发展,但是相比而言,内在生态系统的构成对高技术企业内在生态作用程度更大。从生态学的视野来看,内源性因子对种群的平衡与发展起到决定性的调节作用。无论是行为调节学说(Wyune-Edwards,1962)和内分泌调节学说(Christian,1950)还是遗传调节学说(Chitty,1960①),都是说明了这一点。(2)内在生态系统不同的构成要素对内在生态的作用程度是有差异的。内在生态系统的构成要素是异质的,在生态层次和生态价值等方面存在着明显的差异,因而它们对高技术企业内在生态系统的作用程度并不完全相同。

2. 自发性。高技术企业内在生态的自发性是指内在生态系统的构成要素的变化是一种具有自变量性质的要素。在没有任何外部环境因素影响的情况下,内在生态系统的构成要素同样能够对生态系统进行自我干预和自我调节,一方面促进实现内在生态的平衡;另一方面它们可以实现内在生态的随机遗传漂变或突变。这种自我干预和自我调节的功能并不是由内在生态系统以外的因素所引致的,而是完全受内在生态系统构成要素的影响和作用。

3. 传递性。高技术企业内在生态的传递性是指内在生态系统的构成要素能够将外部环境要素的变化反馈到内在生态系统之中,并且促进内在生态及其构成要素调节与变化,使内在生态能够更好地适应外部环境的变化。内在生态系统的构成要素能够对外部环境的变化进行学习,并且将这种变化进行内化,变为一种内在生态的内在反应。在此基础上,再通过内源性和自发性的作用机制对整个企业生态产生作用,从而形成了外部因素变化与发展的内在传导机制。

---

① 戈峰:《现代生态学》,科学出版社 2002 年版,第188—192 页。

4. 前沿知识性。前沿知识性是高技术企业内在生态具有较高知识含量,是以前沿知识实现为中心的生态体系。这种前沿知识性主要表现在两个方面:(1)高技术是前沿知识的直接表现。高技术是前沿知识技术化、产品化和市场化的产物,是高技术企业区别于传统技术企业的本质性特征,因此,高技术企业内在生态具有较高的知识性。(2)前沿知识的技术化、产品化和市场化具有较强的生态特性。人才是前沿知识及其高技术化的直接载体,人才是高技术企业内在生态系统中一支核心的组织要素,人才个体和人才群体的活动及其相互关系本身就是一种生态现象。因此,高技术企业内在生态具有显著的前沿知识性。

内源性、自发性、传递性和前沿知识性等特性反映了高技术企业内在生态系统的深刻内涵和外延,揭示了内在生态的内在运行和调节机理。

(三)高技术企业内在生态的构成要素

根据高技术企业内在生态的内涵和特性,高技术企业内在生态主要由知识要素、决策要素、利益要素、组织要素和道德要素等要素构成。

1. 知识要素(Knowledge Element)。知识要素是指高技术企业内在生态对科学理论、信息及相关技术的广泛运用。由于高技术具有明显的战略性、国际性、增值性和渗透性,是知识、人才和投资密集的新技术群,赖以存在的基础是人类前沿的科学理论和相关信息。科学是反映客观世界本质联系及其规律的知识体系,技术是科学的具体运用和实现。高技术则是对前沿性知识的运用或前沿性知识的现实化过程的产物。因此,知识要素成为高技术企业内在生态的基本要素之一。

2. 决策要素(Decision Element)。决策要素是指高技术企业内在生态对高技术研究和开发的方向和目标的战略性选择。高技术具有显著的战略性。这种战略性不仅表现为高技术对企业、产业乃至整个国家的重大而深远的影响,而且是人们对"机会知识"的选择,反映了人们对于高技术的类型、发展方向和发展水平等方面的选择,从而表现为高技术企业内在生态进行决策的标准、程序和方法等内容。

3. 利益要素(Benefit Element)。利益要素是指高技术企业内在生态对于高技术的投入与收益的综合比较,主要包括成本和市场收益。成本是指人们对高技术研究、开发和运用的资金投入。研发成本是一种不可逆成本,可以随机产生新的生产函数。市场是指高技术研究与开发成果为社会接受和运用的程度和范围,进而表现为高技术所带来的效用和预期收益,即高技术的使用价值和价值。高技术的价值实现是通过高技术及其转化的产品在市场上接受程度来衡量的,并且受到众多市场因素的影响,甚至可以出现同一技术和产品在不同的市场环境中会不同的经济效益。利益要素是维系高技术企业内在生态存在和发展的经济基础。

4. 组织要素(Organization Element)。组织要素是指高技术企业内在生态对科技人才在高技术开发和运用中所形成的组织体系和工作关系,表现为一种制度安排。由于高技术研究和开发需要一定规模的人才进行协作,人才协作方式和协作程度影响技术开发的效率和水平。围绕人才协作而产生的组织因素直接影响到高技术的研发过程。因此,组织要素是高技术企业内在生态的组织设计和制度安排。

5. 道德要素(Ethics Element)。道德要素是高技术企业内在生态对高技术成果进行伦理判断的行为规范和准则。高技术研究与开发不仅体现了人与自然的关系,同时也反映出高技术与社会的关系和高技术与人的关系的新特点,即体现出高技术的伦理因素。从现代伦理学来看,伦理关系包括四个方面:人与社会的关系、人与人(他人)的关系、人与自我的关系和人与自然的关系。高技术的研究与开发均会对这些伦理关系产生影响,从而形成了高技术企业内在生态的道德因素。

知识要素、决策要素、利益要素、组织要素和道德要素共同作用于高技术企业的内在生态的运行方式和发展趋势,这种生态作用关系用公式可以表示为:

$$HTIE = E(E_K, E_D, E_B, E_O, E_E, \varepsilon) \tag{3.1}$$

式 3.1 中,$HTIE$ 为高技术企业的内在生态,E_K 为知识要素,E_D 为决策要素,E_B 为利益要素,E_O 为组织要素,E_E 为道德要素,ε 为其他内在生态要素。

三、高技术企业生态系统的内生因子

从生态学的视野,高技术企业的生态系统类似于生态学中的群落生态,主要由企业要素、企业因子、职能部门等层面组成。在这三个企业层面中,企业因子层面具有更为重要的价值和意义,具体表现为三个方面。(1)企业因子是对企业各个构成要素的综合,是对复杂多样的构成要素的归纳。企业要素是构成企业的最基本单元,具有复杂性和多样性的特点。企业因子是对企业要素多样性的减维,揭示了高技术企业生态系统的主因子,能够体现高技术企业内源性(或内生性)的基本特征。(2)企业因子是部门层面的直接载体。职能部门是运用企业要素的一种能力性的结果,它并不能真正揭示高技术企业能力形成机理和内在本质,是运用现象解释现象。(3)企业因子有助于揭示高技术企业能力的内生性。从生态学视野来看,内生性也称为"内源性",强调种群和群落的密度调节的动因是在种群的内部。对于高技术企业来说,企业因子体现了企业能力形成生态基础,从内在生态的角度反映出企业能力的内生性。因此,企业因子在高技术企业生态系统中具有内生性意义,构成了高技术企业生态系统的内生因子。[1]

根据群落生态学,不同的物种居于不同的生态位,在决定整个群落生态的性质和功能上并不具有相同的地位和作用。根据物种在群落生态中的地位和作用不同,可以分为关键种、优势种、从属种和冗余种。关键种是指在群落中对维护生物多样性和生态系统稳定具有重要作用的物种,它们的消失或削弱,整个生态系统就可能为此要发生根本性变化。优势种是指在群落中能够大量控制能流的物种,其数量、大小以及在食物链中的地位,强烈影响着其他生物的种类。在关键种和优势种以外,群落中存在的其他物种被称为从属种,从属种紧密地依赖于优势种所提供的条件。冗余种是指关键种、优势种和从属种有过多的剩余,这种对整个系统的功能不会造成太大

---

[1] 庄亚明、李金生、何建敏:《企业成长的内生能力模型与实证研究》,《科研管理》2008年第5期,第155—166页。

的影响,冗余种的去除并不会使群落发生改变。但是这并不意味着冗余种因子是不必要的,冗余种是对于生态系统功能丧失的一种保险和缓冲。增加冗余种是很重要的,它不但能抵御不良环境,而且它还为未来提供了进一步发展的机会。所以它是物种进化和生态系统继续进化的基础。在一个生态系统中,短时间看,冗余种似乎是多余的,但经过在变化的环境中长期发展,那些次要种和冗余种就可能在新环境中变为优势种或关键种,从而改变和充实了原来的整个生态系统(Walker J. E. ,1992①)。

根据上述分析,具有研究意义的主要是关键种、优势种和冗余种。与前三种因子相比,从属种对高技术企业的影响较小,故本书不作研究,这将在今后的研究中进行探讨。

(一)高技术企业的关键种因子

高技术企业的关键种因子是对高技术企业的能力形成和提升具有根本性影响的企业要素,它对于高技术企业的内在生态系统的运行与发展具有决定性意义。高技术企业的关键种具有显著的特征:关键种因子对于维持高技术企业的内在生态系统的稳定和发展具有决定性意义;关键种因子对高技术企业的其他内生因子具有强烈的影响作用;关键种因子的概念表明,只有少数因子具有强烈影响高技术企业内在生态系统的作用;关键种因子是高技术企业优先保护和发展的对象。

1. 技术性知识是高技术企业的关键种因子

通过综合分析高技术企业内在生态系统的构成要素,即知识要素、决策要素、利益要素、组织要素和道德要素之间的要素关系和生态位势,根据关键种因子的基本内涵和特征,结合高技术企业运行和发展的内在机理,技术性知识要素具有高技术企业的关键种因子的性质和特征,成为高技术企业的关键种因子。这是因为:

(1)技术性知识是高技术企业的核心内涵。理论界对于高技术企业的

---

① Walker J. E. Biological Degradation of Explosive and Chemical Agents. Bidegradation, 1992,3(3):pp. 369 − 385.

界定是根据企业所在的产业特性来划分,而高技术产业的核心内涵就在于它的高技术。尽管理论界对于高技术产业的内涵和外延没有达到一致的认识,但是人们对高技术产业的本质特征已经达到了共识,即高技术产业的高技术性。高技术产业就是围绕高技术的研究与开发、高技术产品的生产和销售等方面而形成的企业集合。因此,从高技术企业核心内涵的界定角度来说,技术性知识成为高技术企业的关键种因子。

（2）技术性知识决定了高技术企业运行与发展的基本特点。在传统技术企业中,技术性知识不居于核心和关键地位。这是因为,在传统技术企业之间,技术性知识已经为所有企业所熟知,而且技术处于相对稳定之中,对企业发展形不成带动和引导作用;而传统技术企业主要依赖资源禀赋、经营战略、管理技术和市场拓展等的差异来赢得企业的竞争优势,并进而培育企业的核心能力。与传统企业相比,高技术企业的技术性知识在企业之间具有明显的区别,技术处于不断发展变化之中,而且发展变化的速度极为迅猛,技术性成为高技术企业的重要的增长点。因此,高技术是高技术企业的本质性特征。高技术企业就是以高技术的研究与开发和高技术产品的生产、销售与服务等方面而展开相关的一系列性。理论界均认为高技术企业具有高知识附加值、高投入、高收益、高风险、高知识密集等特性,均是由高技术企业的技术性知识所决定的。

（3）技术性知识体现了演化经济学对高技术企业的界定。演化经济学认为,经济演化的本体就在于通类思想的现实化,实际的现象是通类思想携带者的表现。通类思想是实践上的,在经济学中是与生产性知识的概念相关①。从经济演化的角度看,演化经济学不仅揭示了传统技术企业的内在规律,而且说明了技术性知识对于高技术企业的决定性价值。

（4）与其他企业要素相比,技术性知识对高技术企业能够产生根本性影响。创新是社会过程。人类创新活动的强度及其方向受制于影响人类激励及能力的法律、制度、风俗及管制所起的作用。它影响了人们从新知识中

---

① 　库尔特·多普菲著,贾根良、刘辉锋、崔学锋译:《演化经济学——纲领与范围》,高等教育出版社 2004 年版,第7—11 页。

获得租金、从相互的经验中学习、进行组织和融资、寻求科学职业、进入当前被强有力的集团占据的市场以及接受新技术的激励及能力(菲利普·阿吉翁、彼得·霍依特①)。从这种意义上,与其他企业要素相比,技术性知识要素对高技术企业具有根本性的作用和影响。

综上所述,技术性知识在高技术企业中具有关键的生态位。这种关键的生态位意义主要表现在两个方面:一是它与其他内生因子在高技术企业的竞争中,尤其是高技术企业注重技术竞争和自主创新的过程中,产生内生因子的生态位的性状替换(即竞争产生的生态收缩导致形态性状变化),居于组织运行的核心地位,是高技术企业演化方向和发展要求的反映。二是技术性知识影响和决定着其他内生因子的运行方式,并要求其他内生因子能够服务于知识因子的运用和发展。这种特殊的组织生态位,充分说明了内生组织知识因子是高技术企业的关键种内生因子。

2. 高技术企业关键种因子的不确定性分析

高技术企业的关键种因子是在当代科学技术成就基础上大规模的创新,具有更高的科学输入与知识含量。根据关键种因子对知识运用的方式不同,技术的开发与创新表现为对知识复制、知识通用、知识转移和知识组合。因此,关键种因子具有知识的前沿性、先进性、密集性和综合性的特点,也就是说,是对各种前沿性和先进性的科学理论、信息和技术的"知识聚合效应(Cluster Effect of Knowledge,简称为 CE_K ,下同)"。

关键种因子对前沿知识的聚合效应受到知识本身的属性的限制,这是因为前沿知识具有五个基本特性,即知识的复杂性、知识的丰富性、知识的积累性、知识的创新和知识的共享。这五个方面分别从不同的角度规定了知识特性:(1)知识的复杂性属于知识的质的范畴,体现于科学知识认识对象的复杂性,即沿量子阶梯上行、下行和扩展;(2)知识的丰富性属于知识的量的范畴;(3)知识的积累性和创新属于知识的动态特征,其中,积累性强调了知识的连续性,知识创新强调了知识的中断和跳跃;(4)知识只有在

---

① 菲利普·阿吉翁、彼得·霍依特著,陶然、倪彬华、汪柏林译:《内生增长理论》,北京大学出版社 2004 年版,第1—2 页。

知识共享中才能实现经济和社会的进步①。这五个特性对关键种因子的研究和开发形成"知识极限效应（Limit Effect of Knowledge，简称为 LE_K，下同）"，即束缚关键种因子进行无限创新与发展的可能性，对技术研发形成的知识壁垒，对知识发挥聚合效应产生阻碍作用。

因此，关键种因子的形成是前沿性科学知识的"知识聚合效应（CE_K）"与"知识极限效应（LE_K）"的合力，用数学公式可以表示为：

$$F_{KS} = n_1 CE_K + n_2 LE_K \tag{3.2}$$

其中，$n_1 + n_2 = 1$，$n_1 \in [0,1]$，$n_2 \in [0,1]$。F_{KS} 为关键种因子，n_1 为知识聚合效应发生作用的程度，n_2 为知识极限效应发生作用的程度。

（二）高技术企业的优势种因子

高技术企业的优势种因子是对高技术企业能力形成和提升具有明显控制作用的内在因子。在高技术企业内在生态系统中，优势种因子具有这样一些特征：①优势种因子在高技术企业的所有因子具有优势地位，影响着企业的组织运行与发展；②优势种因子是对关键种因子的生成与发展具有价值评估的功能，对关键种因子的经济利益、社会效益和技术可行性等方面进行评价，最终决定关键种因子的取舍和运用程度；③优势种因子会受到关键种因子的决定性影响，优势种因子会产生适应性的变化与发展；④优势种因子在适应关键种因子变化的过程中作用于从属种因子，控制着从属种因子的规模与水平。

1. 高技术企业优势种因子的范畴

通过对高技术企业内在生态系统的构成要素（即知识要素、决策要素、利益要素、组织要素和道德要素等）进行综合比较，根据优势种因子的基本内涵和特征，结合高技术企业运行和发展的内在机理，决策要素、利益要素、组织要素、道德要素和非技术性知识要素共同影响高技术企业能力的形成与提升，分别形成了决策因子、组织因子、激励因子和文化因子，共同构成了高技术企业的优势种因子。这是因为：

① 吕乃基：《论高技术的极限》，《科学技术与辩证法》2003 年第 4 期，第 40—46 页。

（1）决策因子符合优势种因子的基本特征。决策因子是基于信息不对称的非技术性知识要素,在对关键种因子进行成本—收益要素分析和道德要素分析的基础上,通过对高技术企业的分工协作的组织关系对关键种因子进行评价,从而对关键种因子的取舍和运用程度作出选择,并且控制着企业未来的行为模式和活动内容。因此,决策因子具有明显的控制作用,是一个重要的优势种因子。

（2）组织因子对高技术企业的内在生态系统具有显著的控制作用。组织因子根据高技术企业内在生态的技术特性和非技术性知识要素的特点,对技术开发和运用过程中的规则、职能、权利和协作关系进行制度安排,在关键种因子的影响和作用下,对决策因子、激励因子和文化因子施加影响,从而形成一定的组织模式和行为规则,对高技术企业内在生态系统和企业能力表现为较强的控制作用。

（3）激励因子对高技术企业的内在生态系统产生重要的调节作用。激励因子根据关键种因子的特性和组织因子对组织行为的规定,使不同层面的组织目标进行利益协调,对不同的组织层面进行相应的组织动力,充分地调动高技术企业内在生态系统的工作意愿,激发企业的内在潜能,构成了高技术企业的组织动力机制,从利益角度影响和调节着高技术企业的能力和行为。

（4）文化因子对高技术企业能力形成道德规范与约束。道德要素和非技术性知识要素在关键种因子的影响下,在高技术企业内在生态系统中内化形成了企业文化因子。企业文化因子从价值取向将个人愿景、群体愿景和组织愿景形成一致化,从而确立高技术企业的共同愿景,并对个人愿景、群体愿景进行价值规范和精神调节,从精神文化层面对高技术企业内在生态系统和企业能力进行显著性控制。

2.高技术企业优势种因子的不确定性分析

根据高技术企业优势种因子的内涵和特征,不同的优势种因子具有不同的不确定性,具体地表现为决策因子的不确定性、组织因子的不确定性、激励因子的不确定性和文化因子的不确定性。

（1）决策因子的不确定性

关键种因子的研发方向和类型的确定,是企业进行的技术研发决策。

作为一种战略选择行为和过程,决策因子的不确定性主要包括主观不确定性和客观不确定性。

——决策因子的主观不确定性。主观不确定性是由于决策者知识和信息的不充分,对必然发生的事物不知道而产生的不确定性。这种不确定性是可以通过信息的收集来减少。另一方面,不同的决策者由于掌握的信息不同,从而对同一选择后果的不确定性的判断也不同,也就是说,不同决策者之间掌握的信息是不对称的。这种不确定性可以通过决策者之间的信息交流来减少。总之,主观不确定性主要是信息不对称而导致的。

——决策因子的客观不确定性。客观不确定性是由于高技术研发本身所具有的偶然性而产生的不确定性。高技术研发存在着成功和失败的偶然性。许多决策结果取决于这种偶然性。这种偶然性在给定的选择条件下是主观上不能消除或减少的。

对于决策结果的不确定性是由主观因素所造成的,信息的获取可直接减少或消除决策结果的不确定性,因为结果客观上是确定的,只不过决策者不知道。对于选择结果的不确定性是由客观因素造成的,信息的获取只能减少或消除决策者关于结果客观概率分布的特征的不确定性,也就是说,让决策者了解"真正"的选择结果的概率分布是什么。

如果把选择结果的主观不确定性看成是一种客观不确定性——某一个结果的客观概率是1。那么,主观不确定性就是决策者关于高技术研发的客观不确定性概率分布特征的不了解。信息的获取只是使决策者了解这些概率分布的特征。当决策结果是随机的,在给定的选择条件下,信息的获取并不能消除结果的不确定性;当决策结果是确定的,信息的获取可以消除不确定性。

技术研发决策结果是有条件的判断,是随机的。这是因为,技术研发决策是在"机会知识"比较中进行选择。这一选择过程是处于信息不对称状态,主要包括两个方面:一方面,决策者对某一时间从事某项技术的研发信息不完全,难以确保研发成果的优势性;另一方面,决策者对某项技术研发成果的期望收益的信息不完全,往往会使技术不一定具有高收益。这些信息不对称状况使技术研发决策难以达到完全理想的状态,是有条件的判断,从而形成了技术研发决策的风险效应。

（2）组织因子的不确定性

关键种因子不仅是某一单项技术，而且是处于科学、技术和工程前沿的科技群落。关键种因子的研发是由一定规模的科技人才围绕特定的目标而形成一个相对稳定的工作关系和组织体系，才能有效地开展技术研发。技术的生成和发展离不开一定的组织条件和组织保障。这种组织条件和组织保障集中体现为组织结构。技术是以制度为条件的经济演化的主要原因。纳尔逊把技术进步看作是关键动力，认为技术进步缺乏制度变迁就会无效。新技术的发展当然是主要的推动力，但制度结构也在不断地演化以使新技术相对有效率地发挥作用。[①]

对于组织结构包括两种层面，一是组织治理结构；二是组织职能结构。由于组织治理结构所涉及的资金运营和委托—代理关系，分别在成本因子和决策因子中加以论述，这里不再赘述。这里分析的主要是组织职能结构。技术的生成与发展离不开一定的组织创造力。组织创造力由三个因素决定，一是组织内个体的创造力；二是各种社交过程；三是塑造组织内个体相互作用和行为方式的环境因素。一个组织的总体创造力，并不是组织内个体创造能力的简单相加，组织的结构、惯例以及激励都能阻碍或增强组织内个体的创造力。[②]

"组织的基本问题是要根据所确定的目标来认识其对系统各个因素及其相互关系提出的要求，并选择与之相应的控制形式，或者说结构形式。"[③]组织结构是企业实现战略目标、完成企业使命的基本组织条件，组织结构既对组织目标进行内部职能分工，同时构建了组织内部的权力和责任划分，是企业的一种制度安排。组织者在获得有效的组织结构的努力中一般总要面

---

①　库尔特·多普菲著，贾根良、刘辉锋、崔学锋译：《演化经济学——纲领与范围》，高等教育出版社 2004 年版，第 35 页。

②　R. W. Woodman, J. E. Sawyer and R. W. Griffin. Toward a Theory of Organizational Creativity. Academy of Management Reivew, 1993, (18): pp. 293 - 321；梅丽莎·A. 希林著，谢伟、王毅译：《技术创新的战略》，清华大学出版社 2005 年版，第 14 页。

③　埃尔文·格罗赫拉：《企业组织》，经济管理出版社 1991 年版，第 2 页。

临着这样的问题:一方面,为了达到对组织结构能够进行顺利协调和稳定性的目标,他必须使组织中的各种活动受到尽可能广泛地控制;而另一方面,过于严格的控制又会降低组织系统的适应能力和革新能力。因此,组织因子对于技术的生成和发展具有重要影响,但是两者的关系具有不确定性。组织因子的不确定性主要表现在三个方面:

——不同组织层面的目标不确定性。从影响技术研发的角度来看,高技术企业存在三个组织层面:个体层面是以个体研发人员为主要的员工层面;群体层面是以职能部门或团队形式存在的群体层面;组织层面是从整个企业发展的角度而存在的组织层面。这三个层面尽管是围绕着共同的组织目标而形成的,具有组织目标的相对一致性,但是也存在组织目标矛盾性的一面,即这三个组织层面在相对统一的组织目标下,在技术研发过程中各自存在不同的组织期望,并对企业产生不同的组织需要。这些具有矛盾性的组织目标较少地表现为外显的,更多的则表现为内隐的。这些组织需要满足的程度都将影响技术研发的效率乃至最终的成败。因此,不同组织层面存在着目标的不确定性。

——技术研发对组织协作的需要不确定性。技术研发是一种多个体、群体(或团队)进行协作的组织活动。柔性组织使组织性质柔性化,即在组织结构上,要求灵活性与多样性,在操作上主要是借助于"工作团队"的设立,以群体和协作优势赢得竞争主导地位。柔性组织对于应对适应信息革命和市场环境的变化具有明显的效果,但是对技术研发并非绝对有效。这是因为,这种柔性组织主要是借助于工作团队来实现的。工作团队有两类:一类是临时性的,即为完成某项特殊性任务而组成的临时"突击队";另一类是长期性的,虽然成员不断流动,使团队框架相对稳定。无论是工作团队的临时性还是其长期性,都是在一定条件下强调了组织结构的刚性,这种组织刚性是难以满足技术研发过程中对技术人员的瞬息万变的协作要求。

——研发人员技术水平的不确定性。技术是前沿知识技术化和产品化的结果。但是,无论是前沿知识,还是技术化和产品化的过程,技术的研发活动均离不开特定的人,即技术人才。技术的生成与技术人才的现实技术水平或者是潜在的研发能力倾向存在着密切的联系。当技术人才的现实技术水平或潜在的研发能力倾向不能满足技术创新的需要时,技术研发会面临着失败的可能;反之亦然。而这种技术水平并不是以某个技术人员的技术能力或能力倾向来衡量的,而是以研发组织整体的技术能力或能力倾向来衡量的。因此,尽管强调了研发的组织协作,但是最终的协作产生的研发能力或能力倾向能否满足研发的需要,则存在着较大的不确定性。这是因为,此时的整体研发能力或能力倾向不再是简单的个体能力或能力倾向的相加,而是存在着复杂的组合关系。

因此,当技术研发组织存在着这三种不确定性因素时,高技术企业的组织因子明显具有不确定性。

3.激励因子的不确定性

研发成本和研发收益是直接影响技术生成和发展的经济因子。高技术企业的成本要素和市场要素分别从技术研发投入和研发收益两个角度构成技术生成与发展的利益要素。这两个利益要素一方面使高技术企业的技术研发区别于非营利性组织(如专门的科研机构),突出高技术企业的利益要求;另一方面成为内生组织知识因子进行机会知识比较与选择的重要标杆之一,从而共同形成了高技术企业的激励因子。

——技术的研发成本。根据成本的显现度,技术的研发成本可以分为显现成本和内隐成本。显现成本是企业会计账上作为成本项目记入账上的费用,包括支付给研发人员的工资薪金、原料、材料、燃料、动力和运输等所支付的费用,以及借入资本支付的利息。内隐成本是企业自己提供的资源所必须支付的费用,主要包括作为成本项目记入账上的研发场所、设备等固定设备的折旧费用和企业自己投入的资金的利息等。由于关键种因子不仅指某一单项技术,而且是指处于科学、技术和工程前沿的科技群落,高技术企业在技术研发的资金投入方面具有较大的不确定性。成本因子的不确定性主要表现在两个方面:一方面是资金规模的不确定性。由于技术研发所需的人才、原辅材料和设备等方面的资金投入会根据研发的需要进行调整,但是技术研发过程中究竟需要多少人、财、物,没有一个确定的数目,因而企业也难以确定资金规模和现金流量,从而表现出资金规模的不确定性。另一方面是资金成本的不确定性。技术研发资金成本主要表现为两种形式:

一是负债筹资成本,资金成本主要通过利息形式来反映;二是权益筹资成本,资金成本主要通过分红形式来反映。无论是负债筹资还是权益筹资,其资金成本都具有不确定性。这是因为,负债筹资成本会受到银行利息变动的影响,权益筹资成本会受到未来收益的影响;而这两种影响因素均处于变动之中。所以,技术的资金成本具有不确定性。

对于高技术企业来说,这种研发成本的投入并不是无止境的,而是存在一个上限。这个上限受到企业期望收益和成本平摊方面的限制,不仅是财务和税收等政策进行限制,而且还包括了企业的研发实力。这些限制共同决定了研发成本的投入上限,形成了"成本极限效应"。研发成本投入的下限并不是没有资金投入,而是一定资金投入所产生的"内部规模经济效应",也就是生成一项技术的资金成本的最小化。

实际上,高技术企业的研发资金成本既不会出现成本极限效应,也不会出现内部规模效应,而是介于这两种效应之间,是这两种效应的概率表现。

——技术的研究收益。前沿性知识的技术化和产品化是技术研发的直接目标,市场化是技术研发的价值衡量的间接目标。在前沿性知识完成技术化和产品化的过程之中,能否成功地实现市场化具有较大的不确定性。市场因子的不确定性主要体现在产品使用价值认同的不确定性、技术产品价值实现的不确定性和高技术企业产品生命周期的不确定性。

产品使用价值认同的不确定性。商品是使用价值和价值的统一体。使用价值是高技术商品价值的物质载体。高技术企业产品要成功地实现本身价值,首先要求其使用价值能够得到市场认同,也就是说,高技术企业的产品能否满足消费者的某种需要。这种需要的满足是受多种因素影响,例如消费动机、心理预期、消费行为方式、替代品的效用、互补品的使用成本等。这些因素决定了技术的市场化具有不确定性。

高技术产品价值实现的不确定性。高技术企业的产品价值是在商品交换中实现的。商品交换受到三类因素的影响:一是消费者的购买能力,即消费者是否具有一定的收入水平来购买某种产品;二是商品的使用成本,即消费者购买高技术商品的货币支出、使用高技术企业产品的成本、替代品的价格等;三是价值实现的规模,即具有消费欲望和购买能力的有效需求的规模。这三个因素均存在较大的不确定性,因而高技术企业产品的价值实现也是不确定的。

高技术企业产品生命周期的不确定性。产品生命周期是决定其市场化水平的另一重要因素。产品生命周期越长,企业就能获得越多的市场回报;反之,则相反。高技术企业产品的生命周期受到两个因素的影响:一是市场竞争程度。如果市场竞争激烈,高技术企业的产品要面临诸多同类品种、替代品和潜在竞争对手的压力,市场风险就会增大。二是技术发展。随着技术进步与技术创新,某种产品会很容易被另一更新的品种所替代,失去市场竞争优势,会缩短产品生命周期。

高技术企业技术研发成本和研发收益不仅是技术研发本身的效益评估,而且还会转化为高技术企业内在的激励机制,即高技术企业不同组织层面在参与技术研发和运用中所形成的利益关系和激励体系,主要表现为三个方面:员工个体层面、群体层面(或团队层面)和组织层面。这三个组织层面在技术生成与发展过程中,分别考虑知识因子的选择与决策,同时也成为他们参与技术研发及其相关组织活动的基本动力。也就是说,高技术企业技术研发成本和研发收益的不确定性最终会转化为激励因子的不确定性。

4. 文化因子的不确定性

技术的生成和发展未必会产生理想的经济效益和社会财富。这种情况除了涉及技术的市场因子以外,还关系到技术的道德要素。这种道德要素具有外在性,在高技术企业内在生态中内化为企业的文化因子。"从本质上看,高技术本身是正负效应的矛盾统一体,它既对于人和社会有积极作用,又同时具有消极作用。一般来说,技术的应用会产生自然后果和社会后果,人也具有自然和社会双重属性,所以对技术发挥的作用,既可从自然方面,也可从社会方面分析其利弊关系,但不论技术后果对人产生哪一方面的影响,最终都会导致社会方面的问题。"[1]从道德伦理角度来看,在技术的生成和发展中道德要素会内化为文化因子的正效应和负效应。

---

[1]　孙华林、孙雷:《高技术负效应的哲学反思》,《东北大学学报(社会科学版)》2001 年第 3 期,第 181—183 页。

——文化因子的正效应。技术的生成和发展首先是对传统的、落后的价值观念、价值标准和价值规范等形成强烈的冲击,使技术与自然、人与自然、人与人、人与社会之间关系更好地顺应人类社会的发展趋势,从而表现出技术生成和发展所形成的储德性(即技术活动个体通过技术活动积蓄生成德性所具有的潜能过程)、塑德性(技术活动对道德选择的产生多种可能性,进而能引发技术活动个体的探索感、使命感和责任感)和达德性(具有高风险性的技术活动能够使技术活动主体注重协调技术与文化的关系,以保证技术成果应用的至善性)。① 因此,技术生成和发展表现出文化因子的正效应。

——文化因子的负效应。与文化因子的正效应相反,技术生成与发展中的文化因子负效应对人类优秀的价值观念、价值标准和价值规范等产生负面影响。技术创新与进步破坏了人与自然、人与人、人与社会的积极的伦理关系,使伦理道德违背了人类社会的发展潮流。

界于文化因子的正效应和负效应之间,技术生成和发展在文化因子上存在着不确定性。为了便于研究,假定 F_{SS} 为优势种因子, F_D 为决策因子, F_O 为组织因子, F_I 为激励因子, F_C 为文化因子; q_1、q_2、q_3 和 q_4 分别为决策因子、组织因子、激励因子和文化因子发生作用的程度,且 $q_1 + q_2 + q_3 + q_4 = 1$。优势种因子的不确定性是由决策因子、组织因子、激励因子和文化因子的不确定性所共同构成的,将它们之间的内在关系表述为:

$$F_{SS} = q_1 \cdot F_D + q_2 \cdot F_O + q_3 \cdot F_I + q_4 \cdot F_C \qquad (3.3)$$

优势种因子是决策因子、组织因子、激励因子和文化因子综合作用下形成的。

(三)高技术企业的冗余种因子

高技术企业的冗余种因子是高技术企业在实现内生生态平衡时出现关键种因子、优势种因子和从属种因子的相对过剩而形成的因子集合。具体来说,冗余种因子主要包括高技术企业达到内生生态平衡时,知识要素、决策要素、利益要素、组织要素或道德要素等冗余企业要素所形成的内生因

---

① 陈爱华:《略论高技术的伦理价值》,《学海》2004 年第 5 期,第 136—141 页。

子。冗余种因子在高技术企业内在生态中具有三个方面的特征：

（1）冗余种因子对整个系统的功能不会造成太大的影响，冗余种因子的去除并不会使高技术企业内在生态发生改变。

（2）冗余种因子在高技术企业内在生态中并不是不必要的，冗余种对于高技术企业能力的减弱或丧失是一种保险和缓冲。

（3）冗余种因子的增加会对高技术企业产生双重效应：一方面增加冗余种因子能够有助于高技术企业增强能力，抵御企业内部和外部的各种变化，并且能够提供了未来企业能力进一步发展的机会，是高技术企业能力演化和提升的基础；另一方面增加冗余种因子会增加高技术企业的内在运行效率和效益，提高组织成本，降低组织收益。

（4）冗余种因子是处于不断的发展变化之中。随着高技术企业内在生态和外在生态系统的变化，冗余种因子可以变为优势种因子或关键种因子，从而改变和充实了原来的企业生态系统。

从对冗余种因子的内涵和特征的分析，可以得出高技术企业的冗余种因子在特定时期对企业内在生态系统的作用和地位是确定的，但是随着高技术企业外在生态和内在生态的变化，冗余种因子的位势会相应发生变化，具有一定的不确定性。

四、高技术企业内生因子的实证分析

为了验证高技术企业内生能力模型的合理性和科学性，于 2006 年 3 月至 5 月对我国高技术企业在"十五"期间（2001—2005 年）的运行与发展状况进行了调查。根据高技术企业经营与管理的特点，对调查对象、调查内容、调查方式与方法和数据整理与分析等方面进行系统设计，构建实证分析所需要的样本数据库。

（一）样本选择依据与样本数据库的建立

1. 调查对象与调查内容

国家科技部对高技术企业规定具体的认定条件，即：从事 11 类高技术产业规定范围内的一种或多种高新技术及其产品的研究、开发、生产、服务和经营等业务;具有大专以上学历的科技人员占企业职工总数的 20%—30% 以上,其中从事高新技术产品研究开发的科技人员应占企业职工总数的 10% 以上;企业每年用于高新技术及其产品研究开发的经费应占本企业当年总销售额的 4%—5% 以上;高新技术企业的技术性收入与高新技术产品销售收入的总和应占本企业当年总收入的 60%—70% 以上等。

根据国家科技部对高技术企业划分的具体规定和认定条件,调查重点选择了国内目前发展较快的高技术产业及其相关企业,调查对象的产业类型主要包括电子信息产业、医药产业、现代制造业、新能源产业、新材料产业以及传统产业中高技术研发与运用比重较大的行业,如石油机械、纺织和精细化工等行业。

为了比较全面分析高技术企业能力的指标,调查内容的设计反映企业能力的变量和子变量。

(1)人力资源变量。人力资源变量主要包括五项子变量,即人力资源投资、人力资源素质、人力资源管理、人力资源激励和人力资源效率。其中,反映人力资源投资的指标主要有:人力资源投资水平和投资维持能力;反映人力资源素质的具体指标主要:经营者受教育程度、经营者管理工作经验、技术人员比例、员工受教育程度、员工专业工作经验水平和员工平均年龄等;反映人力资源管理的指标主要有:员工职业发展水平、员工满意度和专业人员流失率;反映人力资源激励的指标主要有:群体凝聚力、公平感、员工对组织目标的认同感、工作满意度和人际冲突频度与强度;反映人力资源效率的指标主要有员工创利能力和劳动生产率。

(2)技术变量。技术变量主要由三项子变量构成,即技术投入水平、知识产权、技术创新能力。其中,反映技术投入水平的指标主要有 R&D 资金投入强度、R&D 人员强度和非 R&D 投入强度;反映知识产权的具体指标主要有:企业专利拥有数、企业注册的设计权数和企业注册商标数;反映企业创新能力的具体指标主要有:①潜在技术创新资源指标,包括企业工程技术人员数、企业工业增加值、企业产品销售收入等项。② 技术创新活动评价指标,包括科技活动经费占产品销售收入比重、研究和试验发展(R&D)活动经费投入占产品销售收入比重等项。③技术创新产出能力指标,包括申请专利数量占全国专利申请量比例、拥有发明专利数量占全国拥有发明专利量比重、新产品销售收入占产品销售收入比重等项。④技术创新环境指标,包括财政资金在科技活动经费筹集额中的比重、金融机构贷款在科技活动经费筹集额中的比重等项。

(3)组织运行变量。组织运行主要包括组织文化、企业制度和信息技术系统等三个子变量。反映企业组织文化的指标主要有:经营理念符合市场变化的程度和内部沟通状况两项;反映企业制度的指标主要有:管理制度、治理结构和组织结构三项;反映企业信息系统状况的指标主要有:信息技术系统先进适用程度和信息技术系统利用情况两项。

(4)社会资本变量。社会资本变量主要有三项子变量,即营销投入、客户关系和社会关系。反映企业营销投入能力的具体指标主要有:销售渠道投入水平和客户投资水平两项;反映企业客户资本的具体指标主要有:忠诚客户比率和市场占有率两项;反映企业社会关系状况的指标主要有:银行对企业的信用评级、供应商按时供货率、政企关系指数、研究合作关系指数、同行关系密切程度等五项。

(5)财务变量。财务变量主要有四项子变量,即财务效益状况、资产运营状况、偿债能力状况和成长状况。反映企业财务效益状况的具体指标主要有:净资产收益率、销售利润率和总资产报酬率三项。反映企业资产营运状况的具体指标主要有:总资产周转率和流动资产周转率两项。反映企业偿债能力状况的指标主要有:资产负债率、已获利息倍数和速动比率三项。反映企业成长状况的指标主要有:销售增长率、总资产增长率、净资产增长率和资本积累率四项。

由于部分调查变量、子变量或调查指标之间在内容上存在交叉的方面,在调查表或调查问卷设计时则减少这些内容存在交叉,即一个调查指标可能会反映两个或更多的调查变量、子变量或调查指标。

2.调查方式与调查方法

在调查方式上,调查主要采取了抽样调查、典型调查和重点调查相结合的方式。对于高技术产业特征比较明显的企业主要采取了抽样调查,以提高样本的代表性。对于传统产业进行技术改造与技术创新比较突出、高技术研发和运用比重较大的传统技术企业则采取了典型调查,选择具有一般代表性企业作为调查对象。对于某些高技术行业(如通讯行业)采取了重点调查,选择个别发展规模较大的企业来提高样本的代表性。通过抽样调查、典型调查和重点调查方式相结合,以样本反映总体的代表性。

在调查方法上,调查采取了调查表、调查问卷和次级资料整理相结合的方法。对于数值型的调查指标主要通过设计调查表来完成;对于非数值型指标主要通过设计调查问卷,在调查问卷中主要采取了李克特量表,以提高定性指标的量化分析要求;调查表和调查表格主要用于江苏省高技术企业的调查,而对于江苏省以外高技术企业的主要是通过对国家发展与改革委员会、国家统计局、国家科技部、省市统计局网站公布的数据以及统计年鉴等次级资料进行整理和分析。

调查表和调查问卷的运用主要是运用了走访法进行调查,其中调查表主要是调查高技术企业能力与业绩方面运行变量和指标,调查问卷主要对高技术企业的中高级管理人员和技术人员进行调查。次级资料整理主要是通过文案法、网络查询法和文献检索法来完成。

3. 调查数据整理与分析

对于获得的原始数据和次级数据的整理主要是通过 SPSS 统计分析软件来完成。首先对获得的原始调查数据和次级调查数据进行编码,并以 SPSS 统计分析编制统计分析模板,再将编码后的调查数据录入样本分析数据库。其次是对样本分析数据库的录入数据运用 SPSS 统计分析软件进行逻辑性检验、描述性检验和平衡性检验,并对调查数据进行净化处理。再次是对调查数据进行分析预处理,即对调查数据进行变量转换和加权分析,从而获得数据分析所需要的变量和指标。

调查数据的分析采用多种分析方法相结合运用,主要运用了描述统计分析、聚类分析、因子分析、相关分析、回归分析等方法。其中,描述统计分析主要是运用于对样本数据特征的归纳和描述,分析调查数据的集中程度和离散状况以及数据的总体特征进行归纳和描述;聚类分析是根据调查数据特征的相似性和一定规则对调查数据进行分类,从而分析出高技术企业内部要素所具有大的类别,揭示内部要素的类别特征;因子分析是多个变量化为少数几个综合变量的多元分析方法,其目的是用有限个不可观测的隐变量来解释原始变量之间的相关关系,从而将复杂多样的高技术企业内部要素归纳出影响高技术企业能力的主成分因子,即内生因子;相关与回归分析主要是对内生因子之间的相关关系程度分析,并运用回归分析来探讨关键种因子、优势种因子和冗余种因子之间的影响程度。

(二)样本数据与样本特征

1. 样本数据

样本数据主要包括原始调查数据和次级调查数据,其中原始调查数据主要通过调查表和调查问卷获得,次级调查数据主要通过文案法、网络查询法和文献检索法来完成。

原始资料的调查主要针对江苏省高技术企业进行调查,共发放调查表220份,共调查了187家高技术企业2001年至2005年在"十五"期间的运行数据,回收了187份调查表,调查表回收率85%,其中有效调查表170份,调查表有效率为91%;调查问卷共发放800份,共调查了高技术企业的中高层管理人员和技术人员等630人,回收调查问卷610份,问卷回收率为76.25%,其中有效调查问卷573份,调查问卷有效率为93.93%。

次级资料的调查主要在弥补原始资料的局限于江苏省调查的不足,对国家和其他部分省、直辖市的高技术企业情况进行了调查。其中,次级资料调查共检索各类统计年鉴24部,查询国家部委网站5个,省和直辖市网站18个,检索高技术产业和高技术企业发展研究报告14部,获得大量关于高技术企业能力、企业运行与发展方面的数据。通过对这些样本数据的统计整理,获得高技术企业在发展规模、研发投入、新技术产品和经营业绩等方面的基本情况。

(1)高技术企业的发展规模

通过对这些样本数据的统计整理,对高技术企业在2001—2005年的年均总资产、产值、增加值、销售收入和出口总额情况进行描述统计(Descriptive Statistics),获得高技术企业在发展规模上的集中趋势和离散程度(见表3-1)。

从表3-1中可以看出,2001—2005年被调查的每家高技术企业年均总资产额为14744.62万元,年产值实现6369.03万元,其中工业增加值为3422.19万元,销售收入为6058.61万元,出口总额为4498.57万元。而这些被调查的方差(Variance)均比较大,反映出高技术企业在发展规模上存在较大的差异,也说明了样本数据在企业规模上的代表性。

(2)高技术企业的研发投入

在被调查的高技术企业中,它们在2001—2005年的年均投资总额、固定投资额和研发投资总额情况见表3-2。

从表3-2中可以看出,高技术企业在2001—2005年的每年平均投资为2226.98万元,其中研发方面的平均投资总额为190.75万元。最高的企业的研发投入占到年投资总额的46.83%,而平均研发投入仅为8.58%。研发投入总额在各个企业之间存在较大的不平衡性,体现出不同规模水平的高技术企业在研发投入上的差异。

表3-1 高技术企业2001—2005年发展规模的样本特征

(单位:万元)

	总资产	年产值	年增加值	销售收入	出口总额
N (样本个数)	510	510	510	510	510
Mean (均值)	14744.6202	6369.0289	3422.1858	6058.6061	4498.5690
Median (中位数)	2624.0000	2677.0000	845.0000	2616.6300	1610.0000
Mode (众数)	800.00	700.00	400.00①	3000.00	0.00
Std. Deviation (标准差)	42483.119	8739.3480	15974.974	9396.191	5687.892
Variance (方差)	1804815369	76376204	255199777	88288410	32352120

① Multiple modes exist. The smallest value is shown.

	总资产	年产值	年增加值	销售收入	出口总额
Skewness（偏度系数）	4.456	2.289	9.937	3.768	1.167
Kurtosis（峰度系数）	19.344	5.447	101.947	18.605	0.235
Range（极差）	244945.00	45795.00	166397.00	68170.00	20842.00
Minimum（最小值）	55.00	15.00	3.00	0.00	0.00
Maximum（最大值）	245000.00	45810.00	166400.00	68170.00	20842.00
Sum（和）	2359139.23	999937.54	376440.44	1005728.6	260917.00

表 3 - 2 高技术企业 2001—2005 年研发投入的样本特征（单位：万元）

	投资总额	固定资产投资总额	研发投资总额
N	510	510	510
Mean	2226.9747	737.5517	190.7477
Std. Error of Mean（均值的标准误差）	1081.37990	135.67148	31.02980
Median	388.0000	302.5000	70.0000
Mode	300.00①	30.00	20.00①
Std. Deviation	9969.83006	1243.44968	250.17027
Variance	99397511.46	1546167.10	62585.16
Skewness	8.367	3.588	1.915
Std. Error of Skewness（偏度系数误差）	0.261	0.263	0.297
Kurtosis	73.771	16.556	3.258
Std. Error of Kurtosis（峰度系数误差）	0.517	0.520	0.586
Range	89999.20	8237.00	1043.00
Minimum	0.80	−21.00	0.00
Maximum	90000.00	8216.00	1043.00

———————

① Multiple modes exist. The smallest value is shown.

		投资总额	固定资产投资总额	研发投资总额
Sum		189292.85	61954.34	12398.60
Percentiles	25	117.5000	87.0000	20.9000
	50	388.0000	302.5000	70.0000
	75	888.5000	808.2500	282.5000

(3)高技术企业的研发收益

在被调查的高技术企业中,它们在2001—2005年的研发收益情况见表3-3。研发收益主要通过新产品、专利产品和自有知识产权产品的销售收入来反映。

表3-3　高技术企业2001—2005年研发收益的样本特征

(单位:万元)

	新产品销售收入	专利产品销售收入	自有知识产权产品销售收入	销售收入
N	510	510	510	510
Mean	2434.9315	3654.2000	2500.1143	6121.3693
Std. Error of Mean	418.18341	594.00615	465.88663	736.84618
Median	654.0000	1566.0000	1900.0000	2647.5000
Mode	50.00①	7800.00	1000.00①	3000.00
Std. Deviation	3945.13439	4200.25775	2756.22249	9436.23528
Variance	15564085.37	17642165.14	7596762.39	89042536.27
Skewness	2.403	1.302	2.046	3.748
Std. Error of Skewness	0.255	0.337	0.398	0.190
Kurtosis	5.779	0.785	4.996	18.406
Std. Error of Kurtosis	0.506	0.662	0.778	0.377
Range	19800.00	15059.00	12600.00	68170.00
Minimum	0.00	0.00	0.00	0.00

---

① Multiple modes exist. The smallest value is shown.

		新产品 销售收入	专利产品 销售收入	自有知识产权 产品销售收入	销售收入
Maximum		19800.00	15059.00	12600.00	68170.00
Sum		216708.90	182710.00	87504.00	1003904.56
Percentiles	25	115.0000	555.2500	491.0000	841.5000
	50	654.0000	1566.0000	1900.0000	2647.5000
	75	2871.5000	6570.2500	3266.0000	7665.7500

从表3-3中可以看出,作为调查样本的高技术企业在2001—2005年的研发收益在新产品、专利产品和自有知识产权产品的销售收入中得到体现。这三种产品的销售收入年均达到2434.93万元、3654.20万元和2500.11万元,分别占到企业销售收入的39.78%、59.70%和40.84%。尽管在新产品、专利产品和自有知识产权产品的销售收入存在部分重复计算的情况,但是从总体的发展水平上充分说明了这些企业在研发成果运用所取得的突出收益,同时也说明了这些样本数据符合了高技术企业的基本特征。

2.样本特征

样本数据在高技术产业的类别和高技术企业人员类型上进行合理的分布,具有较高的行业代表性、企业代表性和人员代表性。

(1)样本企业的行业分布

在原始数据的调查中,样本企业主要包括电子信息产业、医药产业、现代制造业、新能源产业、新材料产业以及传统产业中高技术研发与运用比重较大的行业,如石油机械、纺织和精细化工等行业。样本企业在行业分布的比率见表3-4。

表3-4　样本企业的行业分布

行业分布	样本企业个数	占总体比率(%)
电子信息产业	17	10.00%
医药产业	19	11.18%
现代制造业	36	21.18%

行业分布	样本企业个数	占总体比率(%)
新能源产业	5	2.94%
新材料产业	25	14.71%
石油机械	18	10.59%
汽车配件	18	10.59%
纺　织	13	7.65%
精细化工	17	10.00%
其他行业	2	1.18%
合　计	170	100.00%

（2）样本企业的规模分布

样本企业的员工人数在一定程度上反映了企业的规模大小,高技术企业的原始资料调查在大、中和小型企业均有分布,具体样本企业在规模分布情况见表3-5。

表3-5　样本企业的规模分布

员工人数	样本企业个数	占总体比率(%)
200 人以下	36	21.18%
200—500 人	41	24.11%
500—1000 人	21	12.35%
1000—2000 人	22	12.94%
2000—5000 人	29	17.06%
5000 人以上	21	12.35%
合　计	170	100.00%

（3）样本数据的人员分布

在对高技术企业人员调查中,高层经营人员、中层管理人员、技术人员和其他人员均不同分布,主要是通过对他们的调查,了解高技术企业的经营管理状况和技术创新与运行情况。人员样本分布情况见表3-6。

表3-6　样本企业的人员类型分布

员工类型	员工人数	占总体比率(%)
高层经营人员	181	31.59%
中层管理人员	203	35.43%
技术人员	178	31.06%
其他人员	11	1.92%
合　计	573	100.00%

通过样本数据在高技术行业、企业以及人员中的代表性,以提高样本数据库的可靠性,从而更好地反映高技术企业运行与发展、企业能力及其演化情况。

(三)实证研究的可靠性分析

在原始资料的调查中,主要采取了李克特量表来设计调查问卷。在变量以及量表的运用上存在着量表变量、量表结构以及指标取值的可信程度等,因此对调查问卷的可靠性运用 SPSS11.5 统计分析软件中"Reliability Analysis"(即可靠性分析)工具进行分析。

1.调查变量和变量结构的可靠性程度

通过 SPSS 统计分析软件的 Scale 对调查变量和变量结构的可靠性程度进行了分析,分析结果见表3-7。

表3-7　调查变量的可靠性程度分析

	均值	最小值	最大值	极差	最大值与最小值之比	方差
变量均值	65.5880	41.6532	79.0323	37.3790	1.8974	48.4212
变量方差	576.9366	324.5641	1159.6040	835.0398	3.5728	37951.2710
变量内协方差	264.3023	17.6064	946.8166	929.2102	53.7767	10629.9260
变量内相关系数	0.4680	0.0280	0.8389	0.8109	29.9794	0.0169
可靠性系数2　　54 items Alpha =0.9786		标准化的量表可靠性系数2=0.9794				

从表3-7中,分别显示了 Item Means(变量均值)、Item Variances(变量方差)、Inter-item Covariances(变量内协方差)和 Inter-item Correlations(变量内相关系数)对应的均值(Mean)、最小值(Minimum)、最大值(Maximum)、极差(Range)、最大值与最小值之比(Max/Min)和方差值(Variance)。同时也获得了对于 54 变量的可靠性系数(Reliability Coefficients)。

由于变量的可靠性具有标准化的可靠性系数,因此,可以直接根据可靠性系数进行评价变量及其结构的可靠性程度。变量的可靠性系数 Alpha 为 0.9786,标准化的变量可靠性系数(Standardized item alpha)为 0.9794,两者比较接近,因此,原始资料调查中的变量及其结构可靠性程度较高。

2. 调查量表的可靠性程度分析

通过 SPSS 统计分析软件的 Scale 对调查量表的一致性程度进行了分析,分析结果见表3-8。

表3-8 调查量表的可靠性程度分析

	均值	最小值	最大值	极差	最大值与最小值之比	方差
项目均值	65.5880	41.6532	79.0323	37.3790	1.8974	48.4212
变量方差	576.9366	324.5641	1159.6040	835.0398	3.5728	37951.2710
变量内协方差	264.3023	17.6064	946.8166	929.2102	53.7767	10629.9260
变量内相关系数	0.4680	0.0280	0.8389	0.8109	29.9794	0.0169
可靠性系数 2 54 items Alpha =0.9786			标准化的量表可靠性系数 2 = 0.9794			

从表3-8中,分别显示了 Item Means(变量均值)、Item Variances(变量方差)、Inter-item Covariances(变量内协方差)和 Inter-item Correlations(变量内相关系数)对应的均值(Mean)、最小值(Minimum)、最大值(Maximum)、极差(Range)、最大值与最小值之比(Max/Min)和方差值(Variance)。同时也获得了对于 54 变量的可靠性系数(Reliability Coefficients)。

由于量表的可靠性具有标准化的可靠性系数，因此可以直接根据可靠性系数进行评价量表的一致性程度。量表的可靠性系数 Alpha 为 0.9786，标准化的量表可靠性系数（Standardized item alpha）为 0.9794，两者比较接近，因此，原始资料调查中的量表的可靠性程度较高。

通过对调查变量及其结构的可信程度和量表的一致性程度进行可靠性程度分析，得出调查中所采用的调查问卷的设计具有较高的可靠性。

（四）高技术企业内生因子的实证研究

高技术企业内生能力模型的实证分析需要从两个层面展开，一个层面是关于内生因子的实证分析，证明高技术企业能力的要素层与因子层（即关键种因子、优势种因子和冗余种因子）的关系；另一层面是证明关键种因子内生能力、优势种因子内生能力和冗余种因子内生能力之间的生态关系。

根据调查设计中的各个变量、子变量和相关指标获得的大量原始数据，对于它们进行因子分析，以从复杂多样的变量指标中抽象出影响高技术企业的内生因子。因子分析（Factor Analysis）主要是通过李克特量表获得的大量反映高技术企业运行与发展的基本要素进行变量减维，找出反映每一类变量的公共因子。通过对 54 个变量的因子分析，共获得 8 个公共因子（见表 3－9）。

表 3－9　高技术企业内部要素的因子分析：Component Matrix[1]

变量名称[2]	因　子							
	1	2	3	4	5	6	7	8
效率高	0.699	0.119	−0.348	−0.101	−0.152	−0.072	0.054	0.031
关注需求	0.675	0.126	−0.450	0.116	0.117	0.047	0.019	−0.078
有伙伴	0.553	−0.425	0.070	0.261	−0.090	−0.028	−0.100	0.042
归属感强	0.770	−0.229	−0.285	0.170	−0.037	0.023	0.010	0.049
了解企业	0.766	0.056	−0.332	−0.127	0.240	0.033	0.000	0.067

[1]　8 components extracted.

[2]　由于 SPSS11.5 对变量名称限定在 4 个汉字以内，故变量名称为缩写，并不是变量名称的完整表达。Extraction Method：Principal Component Analysis.

变量名称	因　子							
	1	2	3	4	5	6	7	8
参与计划	0.636	−0.570	0.177	0.073	0.027	−0.107	0.092	0.110
参与决策	0.647	−0.561	0.139	0.156	−0.052	−0.083	0.053	0.053
授权改进	0.740	−0.255	0.053	0.139	−0.116	0.050	0.178	−0.027
鼓励合作	0.614	−0.393	0.097	0.097	0.089	0.098	−3.94	0.086
解决问题	0.767	0.013	−0.081	0.141	−0.146	−0.095	−0.083	−0.217
经常学习	0.557	0.252	0.170	0.234	0.230	−0.049	0.308	−0.294
技术共享	0.808	−0.067	−0.266	−0.132	0.035	−0.011	0.017	−0.145
解释决策	0.799	−0.209	−0.108	−0.121	−0.001	0.177	0.015	0.115
鼓励创造	0.756	−0.135	−0.119	0.103	−0.059	0.128	0.105	−0.162
满意薪酬	0.755	−0.326	0.002	0.201	−0.213	−0.043	−0.028	−0.163
答复建议	0.782	−0.390	−0.054	0.044	−0.111	0.062	−0.030	−0.059
技术创新	0.812	−0.131	−0.169	−0.106	−0.095	−0.078	−0.114	0.014
看好评估	0.797	−0.063	−0.198	−0.267	0.177	−0.049	−0.052	−0.045
自评互评	0.720	−0.219	−0.038	−0.232	0.128	−0.026	−0.024	−0.256
高工高薪	0.489	0.326	0.200	0.386	0.142	−0.273	0.091	0.075
行业技术	0.830	−0.070	−0.115	−0.047	0.067	−0.104	−0.031	0.030
执行标准	0.639	0.127	−0.008	0.359	0.174	0.061	0.068	−0.255
工作能力	0.807	−0.157	−0.093	0.175	−0.122	−0.055	0.076	−0.020
产品领先	0.674	−0.137	−0.081	0.227	0.328	0.130	0.138	0.208
遇新问题	0.742	−0.196	−0.066	0.039	−0.100	−0.362	0.060	−0.057
了解他部	0.772	−0.181	−0.139	−0.179	0.147	−0.318	−0.063	0.013
技术培训	0.822	0.074	−0.230	0.009	0.083	0.060	0.134	0.011
参加合作	0.582	−0.416	0.367	−0.184	0.210	−0.056	0.113	0.081
忠于本职	0.452	0.402	0.064	−0.103	−0.363	0.075	0.463	0.200
明确职责	0.725	0.298	−0.208	−0.112	−0.129	0.026	−0.076	0.333
政府支持	0.558	0.374	0.051	0.122	0.278	0.244	−0.219	0.019
明晰角色	0.789	0.217	−0.216	−0.194	−0.089	0.011	−0.142	0.141
信息充分	0.665	0.265	0.330	0.004	−0.117	−0.239	−0.026	0.053
来自领导	0.711	0.162	0.104	−0.079	−0.035	−0.249	−0.124	0.199
来自同事	0.529	0.210	0.453	−0.090	−0.043	−0.380	−0.047	0.055
指导改进	0.765	0.232	−0.016	0.049	−0.262	−0.028	−0.139	0.054
机会平等	0.789	−0.088	−0.003	−0.134	−0.108	0.227	−0.047	0.140

变量 名称	因　子							
	1	2	3	4	5	6	7	8
产品更新	0.774	0.294	0.007	0.168	0.163	−0.085	0.053	0.159
行业认知	0.712	0.307	−0.014	0.304	0.159	0.013	0.005	0.020
客户满意	0.725	0.057	−0.079	0.227	0.187	0.106	−0.074	0.316
限定尝试	0.640	−0.016	0.215	−0.288	−0.105	−0.111	−0.028	−0.019
各展其能	0.764	0.187	0.086	−0.092	−0.255	−0.099	−0.213	−0.100
研究变化	0.751	0.237	0.087	0.120	0.032	−0.059	−0.072	−0.044
不限尝试	0.575	−0.037	0.126	−0.319	−0.118	0.015	0.421	0.083
庆祝成功	0.428	−0.209	0.536	0.088	−0.138	0.415	−0.086	0.011
合理提议	0.738	−0.115	0.177	−0.262	0.006	0.215	−0.101	−0.179
工作请示	0.425	0.191	0.089	−0.473	0.275	0.082	0.384	−0.099
鼓励员工	0.732	0.322	−0.010	0.029	−0.092	0.110	−0.116	−0.234
持续进步	0.749	0.328	0.003	−0.170	−0.126	0.142	0.038	−0.148
团队合作	0.795	0.234	0.098	−0.037	−0.216	0.092	−0.051	−0.203
专业分工	0.546	0.329	0.278	0.335	−0.074	0.078	0.096	0.000
管理标杆	0.678	0.061	0.280	−0.273	0.310	0.092	−0.178	−0.013
研发标杆	0.658	0.037	0.367	−0.159	0.320	0.002	−0.215	0.015
文体活动	0.619	0.025	0.129	0.043	−0.199	0.379	−0.032	0.158

表 3 - 10　KMO 检验和 Barlett 球度检验结果

KMO 检验值		0.958
Bartlett 球度检验	近似卡方值	12470. 43
	自由度	1431
	检验的显著性概率	0.000

　　表 3 - 10 为因子分析的 KMO 检验和 Bartlett 球度检验结果。从表 3 -
10 中可以看出，KMO 检验值为 0.958，非常接近于 1，样本量比较充分。
Bartlett 球度检验结果显示，近似卡方值(Approx. Chi-Square) 为 12470. 43，
自由度(df) 为 1431，检验的显著性概率为 0.000。因此，通过了显著性检
验，因子分析获得的 8 个共因子是有效的。

　　根据变量的内涵,将 8 个共因子命名为:技术因子、组织因子、决策因子、激励因子、文化因子、行为因子、绩效因子和外部因子。对于行业和政府等因素决策的外部因子不在高技术企业内在生态的范围之列,所以不作考虑。因此,高技术企业的关键种因子(即技术性知识因子)和优势种因子(包括决策因子、组织因子、激励因子和文化因子)均在公共因子范围之列。而对于行为因子在本书被列为从属种因子,由于它们对相关系数较低,故本书未作分析。对于绩效因子,本书将作为高技术企业内生能力效果的评价因子。

五、本章小结

　　本章主要从四个部分对高技术企业的内在生态系统及其内生因子进行研究。

　　第一部分先对运用现代生态学理论和研究方法对高技术企业生态系统进行研究,将高技术企业的生态系统分为两个组成部分:即高技术企业的外在生态系统和高技术企业的内在生态系统。高技术企业的外在生态系统主要分析和协调是其与外部环境之间的关系,高技术企业的内在生态系统主要分析和协调其内部要素之间的相互关系。

　　第二部分着重分析高技术企业的内在生态系统的内涵和特征,探析了高技术企业内在生态的构成要素,即知识要素、决策要素、利益要素、组织要素和道德要素等要素构成,并分析这些构成要素之间的关系。

　　第三部分基于生态学群落生态的基本理论,对高技术企业的构成要素进行物种层面的生态归并,形成了高技术企业内在生态系统的构成因子,即关键种因子(即技术性知识要素)、优势种因子(包括决策因子、组织因子、激励因子和文化因子)和冗余种因子。同时,分别对关键种因子、优势种因子和冗余种因子的特征和不确定性进行了分析。

　　第四部分主要根据我国高技术企业经营与管理的特点,对调查对象、调查内容、调查方式与方法和数据整理与分析等方面进行系统设计,构建实证分析所需要的样本数据库,获得大量关于高技术企业能力、企业运行与发展方面的数据。通过对这些样本数据的统计整理,掌握了高技术企业在发展规模、研发投入、新技术产品和经营业绩等方面的基本情况。同时,通过对调查变量及其结构的可信程度和量表的一致性程度进行可靠性程度分析,得出调查中所采用的调查问卷的设计具有较高的可靠性。高技术企业内生能力模型的实证分析需要从两个层面展开,一个层面是关于内生因子的实证分析,证明高技术企业能力的要素层与因子层(即关键种因子、优势种因子和冗余种因子)的关系;另一层面是证明关键种因子内生能力、优势种因子内生能力和冗余种因子内生能力之间的生态关系。

这四个部分的研究内容为探讨高技术企业内生能力准备了理论基础。

第四章　高技术企业内生因子的形成机理

一、高技术企业关键种因子的形成机理

高技术企业的技术生成是一个相对概念,是相对于普通技术而言的,并且可以转化为普通技术,即技术是一个特定历史时期的范畴。在一个动态的、不确定性的技术环境中,新生成的技术在内外部系统要素的综合作用下,处于不断演变和发展的状态之中。

(一)关键种因子的形成过程

在高技术企业中,关键种因子是技术性知识要素。若技术是某一历史时期(t)前沿知识在优势种因子的作用下实现技术化的产物,T_t为t时期高技术企业对前沿知识的技术化所获得的研发技术,K_t为t时期的前沿知识,F_{SS}为高技术企业的优势种因子,则有:

$$T_t = T(K_t, F_{SS}) \tag{4.1}$$

在前沿知识技术化的基础上,所进行产品化获得的产品可以表示为:

$$P_t = P(T_t) \tag{4.2}$$

其中,P_t为t时期高技术企业对研发技术进行产品化所获得的研发产品。在此基础上,进行市场化可以表示为:

$$M_t = M(P_t) \tag{4.3}$$

其中,M_t为t时期高技术企业对研发产品进行市场化所获得的产物。将式4.1和式4.2代入式4.3中,可以得到:

$$M_t = M(P_t) = M[P(T_t)] = M\{P[T(K_t, F_{SS})]\} \tag{4.4}$$

式 4.4 为在 t 时期的前沿知识产业化的生成过程。在 t 时期之后（即 $t+1$ 时期），发展后的前沿知识（K_{t+1}）对 t 时期的 M_t 产生作用，在 M_t 的基础上向 M_{t+1} 演化，得到

$$M_t = M\{P[T(K_t, F_{SS})]\} \rightarrow M_{t+1} = M\{P[T(K_{t+1}, F_{SS})]\} \qquad (4.5)$$

由此可以看出，关键种因子的形成是对前沿知识的技术化、产品化和市场化的结果。一项成熟的新技术具有一个稳定的前沿知识结构，是 t 时期前沿知识技术化、产品化和市场化的结果，是一个具有确定性的知识状态。在新技术形成过程中，原技术的知识结构被打破，研发主体将原有的知识与新的前沿知识相结合，推动新技术的形成。

新技术（M_{t+1}）的形成过程中，新技术在 $t+1$ 时期将新的前沿知识和创新思想相结合，实现技术化的活动过程。新的前沿知识和创新思想促进新技术的形成，并不是一个创新思想和前沿知识的结合就可以获得相应的研发成果，而是经历一个对创新思想和前沿知识进行多样性选择的演化过程，需要经历一个创新隧道（见图 4 - 1）[①]。据一项综合先前创新研究成果和基于专利、投资及调研数据的研究显示，发现 3000 个初始思想当中，仅仅有 1 个能够最终在商业上获得成功。新技术正是这个创新隧道中完成了对新的前沿知识的技术化。

3000　　　提出　　125 个　　　　　　　　　　　　1 个
初始思想　300 个　小项目　4 个研发项目　2 个发起项目　成功产品

图 4 - 1　实证研究获得的创新隧道模型

新技术的形成是技术实现创新的过程。技术创新从根本性创新到增量性创新两端之间连续分布，这是区分不同类型创新的主要维度。关于根本

---

① G. Stevens and J. Burley. 3000 Raw Ideas Equals 1 Commercial Success! Research Technology Management 1997, 40(3): pp. 16 - 27.

性创新和增量性创新已经有许多定义,但是大都以创新所表现的脱离原有技术基础的程度为依据①②③,而没有分析新技术形成的内在机理。在 $t+1$ 时期,新技术的形成是将 t 时期的前沿知识、创新思想与 $t+1$ 时期的前沿知识相结合,从而出现知识组合的多样性。研发主体对知识多样性进行比较与选择(即进行不确定性分析与决策),使这种多样性进行减维,出现了较少的不确定性,从而使知识的多样性组合逐步减少,获得相对稳定的知识结构,形成了知识的稳定性,即新技术的知识结构化过程,最终一项前沿知识组合得到研发主体的确认,最终一项新的新技术得以生成。生成后的新技术在其他因子的影响下发生变化,出现了在原有新技术(结构化)的基础上,增加新技术的知识不确定性,形成了更高层次的知识多样性选择,原技术的知识结构被打破,并在多样性选择中减少了多样性,形成了新的知识结构,即生成一项更新的技术。这就是技术的不断发展的过程。

　　新技术的形成是自身进行技术演化的过程,是对前沿知识进行不确定性分析和选择的结果。在新技术的形成过程中,前沿知识起到基础性和决定性作用。而前沿知识的更新是日新月异,变化与发展的速度极快,从而一方面决定了新技术形成具有高度的前沿性,反映了人类最新的创新思想和前沿知识积累的结晶;另一方面新技术的形成具有高度的不确定性,使新技术的生成与发展表现出高风险性。

(二)关键种因子的形成方式

　　高技术企业关键种因子形成于前沿知识的技术化、产品化和市场化之中。由于高技术企业对前沿知识运用的程度不同,关键种因子具有四种不同的形成方式,即新技术与旧技术的共存、纯粹的前沿知识的转化、旧技术与前沿知识的结合和前沿知识的技术创新。这些生态关系综合表现为新技

　　①　R. L. Daft and S. W. Backer. Innovation in Organizations. New York:Elsevier,1978.

　　②　T. D. Duchesneau, S. Cohn and J. Dutton. A Study of Innovation in Manufacturing: Determination, Processes and Methodological Issues, vol. 1 (Social Science Research Institute, University of Maine) ,1979.

　　③　J. Hage. Theories of Organization. New York:Wiley Interscience,1980.

术物种与旧技术物种之间的竞争关系。

新技术与旧技术的竞争是指高技术企业的关键种因子在新技术物种与旧技术物种相互干扰或抑制的过程中形成的。当新技术物种与旧技术物种单独存在时,符合逻辑斯谛增长规律。因此,运用洛特卡—沃尔泰勒(Lotka-Volterra)的种间竞争模型[1][2][3],新技术物种和旧技术物种的竞争关系就可以表示为:

$$\frac{dT_N}{dt} = r_N \cdot T_N \cdot \frac{K_N - T_N}{K_N} \tag{4.6}$$

$$\frac{dT_O}{dt} = r_O \cdot T_O \cdot \frac{K_O - T_O}{K_O} \tag{4.7}$$

其中,r_N 和 r_O 分别为新技术物种和旧技术物种的瞬时增长率,K_N 和 K_O 分别为新技术物种和旧技术物种在企业内在生态中的容纳量,T_N 和 T_O 分别为新技术物种和旧技术物种。

当新技术物种与旧技术物种在相互竞争中共存时,假定两种技术物种的竞争系数为 α 和 β。α 表示在新技术物种的环境中,每存在一个旧技术物种的个体,对新技术物种的效应;β 表示在旧技术物种的环境中,每存在一个新技术物种的个体,对旧技术物种的效应,其数学模型为:

$$\frac{dT_N}{dt} = r_N \cdot T_N \cdot \frac{K_N - T_N - \alpha T_O}{K_N} \tag{4.8}$$

$$\frac{dT_O}{dt} = r_O \cdot T_O \cdot \frac{K_O - T_O - \beta T_N}{K_O} \tag{4.9}$$

式4.8和式4.9分别表示新技术物种的竞争方程和旧技术物种的竞争方程。

①　Goldberg D. E. , Barton A. M. Patterns and Consequences of Interspecific Competition in Natural Communities:a Review of Field Experiments with Plants. Averican Naturalist,1992(139): pp. 771 − 801.

②　Connell J. H. On the Prevalence and Relative Importance of Interspecific Competition: Evidence from Field Experiments. Averican Naturalist,1983,(122):pp. 661 − 696.

③　Gurevitch,Morrow L. and Mistry S. A Meta-analysis of Competition in Field Experiments. Averican Naturalist,1992,(140):pp. 539 − 572.

当 $\dfrac{dT_N}{dt} = \dfrac{dT_O}{dt} = 0$ 时，$K_N - T_N - \alpha T_O = 0$，$K_O - T_O - \beta T_N = 0$。即对于新技术物种来说，当 $T_N = 0$ 时，$T_O = \dfrac{K_N}{\alpha}$；当 $T_O = 0$ 时，$T_N = K_N$；对于旧技术物种来说，当 $T_N = 0$ 时，$T_O = K_O$；当 $T_O = 0$ 时，$T_N = \dfrac{K_O}{\beta}$，由此将上述两个模型合并，即可得到四种结局（图4－2）。

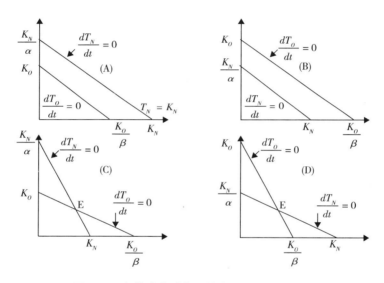

图4－2　新技术物种与旧技术物种竞争关系

（1）当 $K_N > \dfrac{K_O}{\beta}$，$K_O > \dfrac{K_N}{\alpha}$ 时，由于在 K_O，$\dfrac{K_O}{\beta}$ 右边这个面积内，旧技术物种已经超过高技术企业的最大容纳量而不能增长，而新技术物种仍能继续增长，因此，新技术物种取胜，旧技术物种被挤掉。

（2）当 $K_N < \dfrac{K_O}{\beta}$，$K_O > \dfrac{K_N}{\alpha}$ 时，在 K_N，$\dfrac{K_O}{\beta}$，K_O，$\dfrac{K_N}{\alpha}$ 这块面积内，新技术物种不能增长，而旧技术物种能继续增长，因此，旧技术物种取胜，新技术物种被挤掉。

（3）当 $K_N < \dfrac{K_O}{\beta}$，$K_O < \dfrac{K_N}{\alpha}$ 时，两条对角线相交其交点 E 即为平衡点。

由于当 $K_N < \dfrac{K_O}{\beta}$，在三角形当 $K_N E \dfrac{K_O}{\beta}$ 中，新技术物种不能增长，而旧技术物种继续增长。同样，因为 $K_O < \dfrac{K_N}{\alpha}$，在三角形 $\dfrac{K_N}{\alpha} E K_O$，旧技术物种不能增长，而新技术物种增长，从而形成稳定的平衡，新旧技术物种并存。

（4）当 $K_N > \dfrac{K_O}{\beta}$，$K_O > \dfrac{K_N}{\alpha}$ 时，两条对角线相交，出现平衡点，但它是不稳定的。因为 $K_N > \dfrac{K_O}{\beta}$，在 $K_N E \dfrac{K_O}{\beta}$ 中，旧技术物种不能增长，新技术物种能增长；同样因为 $K_O > \dfrac{K_N}{\alpha}$，在三角形 $K_O E \dfrac{K_N}{\alpha}$ 中，新技术物种不能增长，旧技术物种能增长。因此，平衡是不稳定的。

在新技术物种的形成过程中，除了与旧技术物种产生生态关系外，还与其他一些要素具有一定的生态联系。由于本书主要研究关键种因子内生能力形成的内在机理及其价值，即如何实现技术创造，所以着重分析新技术物种与旧技术物种的竞争关系，而对于其他影响要素及其生态关系没有考虑，这将在今后的研究中进一步深入研究。

二、高技术企业优势种因子的形成机理

高技术企业的优势种因子是企业要素以关键种因子为自变量，在对关键种因子进行要素评估的基础上，进行适应性变化中形成的。因此，高技术企业的优势种因子的形成主要包括两个阶段：一是对关键种因子的内生性要素评估；二是以关键种因子为自变量进行适应性生成。

（一）关键种因子的内生性要素评估

高技术企业内在生态系统的构成要素对新生成的关键种因子进行要素评估，被称为关键种因子的内生性要素评估。关键种因子的内生性要素评

估主要是指关键种因子是否符合高技术企业的内在生态系统要素的发展需要，从而进行关键种因子的价值评估、组织评估、道德评估和决策评估。

1.关键种因子的价值评估

在关键种因子的形成过程中，对前沿知识选择发生作用，并形成前沿知识固化的经济前提。作为技术的研发主体，新技术的生成并不是非营利行为，而是受到成本要素和市场要素的共同作用和影响。在技术研发之初，研发主体首先对新技术的研发成本和研发收益进行评价，通过衡量两者的关系，才能作出对新技术的研发选择，即对何种前沿知识进行技术化、产品化和市场化。

促使新技术研发得以产生的基本条件是边际研发成本与边际研发收益。从研发成本来看，新技术研发投入是一个不断上升的曲线，随着研发的不断深入，需要不断增加新的投入。从研发收益来看，新技术研发收益是一个未知状态，主要是研发主体对新技术的未来收益的期望值，即边际研发期望收益。由于一项新技术的性能进步和它的市场接受率都表现出一条 S 形的曲线形式：一开始，技术随着投入的进步是缓慢的，接着加速，然后又减慢（见图 4 - 3）①。

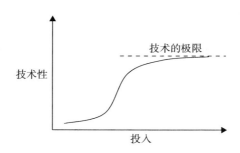

图 4 - 3　技术进步的 S 形曲线

在技术进步的过程中，研发主体在进行是否研发新技术决策时主要依

---

① 　梅丽莎·A.希林著,谢伟、王毅译:《技术创新的战略》,清华大学出版社 2005 年版,第 35 页。

据边际研发成本（Margin Cost of R&D，简称为 $MC_{R\&D}$，下同）和边际研发收益（或边际研发期望收益，即 Margin Expectation Return of R&D，简称为 $MER_{R\&D}$，下同）之间的关系。当 $MER_{R\&D} \geqslant MC_{R\&D}$ 时，研发主体会决定开展某项新技术研发；当 $MER_{R\&D} < MC_{R\&D}$ 时，研发主体会决定放弃某项新技术研发。这形成了新技术研发与发展的基本利益标杆。

当成本要素和市场要素发生变化，导致一项成熟的新技术的边际研发期望收益小于边际研发成本（即 $MER_{R\&D} < MC_{R\&D}$），研发主体与参与者就会放弃对这项新技术的拥有，并试图寻找符合利益标杆的新技术，从而使该项成熟的新技术蕴含的知识结构偏离经济均衡点，形成新技术演化的利益压力和动力。

2. 关键种因子的组织评估

对于一项成熟的新技术来说，组织要素是新技术运用处于相对稳定的组织均衡状态。高技术企业是一个开放的组织系统，随着外部环境（尤其是前沿知识的更新）的发展变化而处于动态的、不稳定的组织状态之中。这种动态的、不稳定的组织状态不断改变高技术企业的组织目标、协作关系、知识和人才结构，从而改变了高技术企业的技术运用和创新的能力结构。对于某项特定的高技术来说，这种能力结构改变的直接结果是降低或提高了对该项新技术运用的范围和程度。

当高技术企业的变化与发展提高了运用该项新技术的范围和程度，从而提高了高技术企业的技术创新能力，为企业开展更高层次的技术创新准备了组织条件，使组织要素偏离了原有的组织均衡点。在这种组织状态下，研发主体或拥有者在考虑市场要素和道德要素的基础上会对原有的新技术进行创新，从而打破了新技术的知识结构。

3. 关键种因子的道德评估

随着新技术研发成功并不断达到成熟，社会对该项新技术形成相对稳定的道德认同，即达到新技术的道德均衡点，使新技术的运用和扩散形成相对稳定的道德空间。在人类社会不断发展的过程中，人们对于某项成熟的新技术会形成新的价值判断，提高了对新技术的道德评价标准。

这种更高的道德评价标准会逐渐打破该项新技术原有的道德均衡，使该项新技术逐步降低社会的道德认同,使技术的运用面临道德危机或道德压力,促使技术进行创新,以寻求新的道德均衡。

4. 关键种因子的决策评估

信息不对称是影响新技术研发主体或拥有者进行决策的重要因素。一项成熟的新技术通常不仅是前沿知识的结构化,同时也是反映了新技术的研发主体或拥有者在特定历史时期(t时期)掌握新技术相关的信息处于一种相对稳定的状态。随着研发主体或拥有者对在新技术运用和经营过程中,新技术信息的数量和质量均在不同程度的增加,使研发主体或拥有者对该项新技术不断进行新的评价和判断。

这种信息增量逐步使研发主体或拥有者的新技术决策趋向于理想决策:一方面重新对新技术进行经济分析(即研发的经济可行性),能够更为准确地评价或预测新技术研发的成本因素和收益因素,使新技术追求最佳收益状态,即追求利润最大化或财富最大化。另一方面从组织因子重新对自身的研发力量进行技术分析(即研发的技术可行性),对该项新技术和更新的前沿知识进行对比评价,使新技术运用达到最佳状态,即新技术得到最大程度的运用。

在前沿知识不断进步与发展的背景下,某项新技术的信息增量会促使研发主体或拥有者能够预测到来自现实竞争者和潜在竞争者带来的竞争威胁,产生技术危机或紧迫感,从而形成技术变革或创新的需要,从而使该项成熟的新技术的知识结构偏离了信息均衡点,形成新技术演化的信息压力和动力。

当关键种因子通过内生性价值要素、组织要素、道德要素和决策要素的评估,关键种因子便在高技术企业内在生态中确立了相应的生态位势,并对这些内生性要素产生根本性影响,从而促进优势种因子的形成。

(二)优势种因子的形成

在关键种因子形成过程中完成对前沿知识的技术化,形成一项新技术。此时的新技术仍然是没有实现产业化的技术,即是完全技术意义的"准新技术",还需要经历产品化和市场化的过程,才实现具有产业意义的新技术。

研发主体在充分考虑决策要素、价值要素、组织要素和道德因子与准新技术的内在关系,对准新技术进行研发决策,完成准新技术的产品化和市场化的过程,从而形成相对稳定的、具有产业意义的一项新技术。

在准新技术实现产业化的同时,新技术对与其相关因素(如决策要素、价值要素、组织要素和道德等)提出了新的发展要求,使研发主体在决策、激励、组织和道德等方面能够适应新技术的运用和扩散的要求。在这种新技术条件下,决策、成本、市场、组织和道德等要素形成了相应的激励因子、组织因子、文化因子和决策因子,并且要求这些内生性因子能够满足关键种因子的发展需要。因此,关键种因子与优势种因子形成了互利共生的物种关系。

关键种因子和优势种因子互相依赖,相互共存,双方获利,形成了两类内生性因子的互利共生关系模型。关键种因子与优势种因子的生态关系符合 May R. M. (1976)[1][2]的种间互利共生模型,假定 F_{KS} 和 F_{SS} 分别为关键种因子和优势种因子,a 和 b 分别为关键种因子和优势种因子之间的共生系数;r_1 和 r_2 分别为关键种因子和优势种因子的瞬时增长率,K_{KS} 和 K_{SS} 分别为关键种因子和优势种因子在企业内在生态中的容纳量。这两者的生态关系可以表示为:

$$\frac{dF_{KS}}{dt} = r_1 \cdot F_{KS} \cdot (1 - \frac{F_{KS}}{K_{KS} + aF_{SS}}) \tag{4.10}$$

$$\frac{dF_{SS}}{dt} = r_2 \cdot F_{SS} \cdot (1 - \frac{F_{SS}}{K_{SS} + bF_{KS}}) \tag{4.11}$$

综上所述,关键种因子和优势种因子的形成过程受到知识、决策、成本、市场、组织和道德等因素的影响,具有多重不稳定性和不确定性,并且处于不断发展变化之中。与传统技术企业相比,高技术企业的关键种因子和优势种因子的生成方向和发展速度具有更高的不确定性,并且对高技术企业

---

[1]　May R. M. Simple Mathematical Model with Very Complicated Dynamics. Nature, 1976, (261): pp. 459 – 467.

[2]　May R. M. 著,孙儒泳等译: Theoretical Ecology, 北京科学出版社 1980 年版。

的运行与发展提出了更高的要求,对高技术企业的内生能力进行了质的规定,使高技术企业的内生能力在本质上区别于传统技术企业。而目前许多关于企业能力理论的研究没有能够针对新技术形成与发展的不确定性。因此,从促进高技术企业乃至高技术产业的发展的角度来说,就有必要在高技术企业的内生能力研究上突出技术形成和发展的特性,从而在促进技术持续进步和创新中促进高技术企业的健康运行和持续发展。

三、高技术企业冗余种因子的形成机理

高技术企业的冗余种因子是关键种因子、优势种因子和从属种因子之间不协调增长时,造成其中某些因子的增长超出内在能力的发展需要的范围,而形成因子冗余。当三类因子形成协调增长时,关键种因子、优势种因子和从属种因子的数量称为适度因子群。冗余种因子与适度因子群共同构成了高技术企业内在生态的因子规模。

根据冗余种因子的内涵和特性,冗余种因子与适度因子群之间形成了寄生关系。冗余种因子与适度因子群的发展是同步的,根据 Nicholson-Bailey[1](1933,1935)的寄生作用模型,冗余种因子的寄生密度与适度因子群密度成正比,则适度因子群的密度和冗余种因子密度可以分别表示为:

$$N_{t+1} = F \cdot N_t \cdot f(G_t) \tag{4.12}$$

$$G_{t+1} = N_t \cdot f(G_t) \tag{4.13}$$

其中,G 为某类冗余种因子的密度,G_{t+1} 和 G_t 分别为冗余种因子在 $t+1$ 代和 t 代的密度,N_{t+1} 和 N_t 分别为适度因子群在 $t+1$ 代和 t 代的密度,F 为适度因子群的增长率,$f(G_t)$ 为冗余种因子的寄生比例。

当适度因子群是均匀分布的,适度因子群分布在高技术企业内在生态系统 A 中,冗余种因子形成的平均范围为常数(以 c 表示),则冗余种因子的寄生率为 c/A,未被寄生的概率为 $1-c/A$。当冗余种因子搜索适度因子群

---

① 　戈峰:《现代生态学》,科学出版社 2002 年版,第146—147 页。

是随机的,根据 Nicholson-Bailey[1] 的寄生作用模型,在高技术企业的内在生态系统内所有该类冗余种因子没有寄生的概率为:

$$f(G) = (1 - c/A)^{GA} \tag{4.14}$$

从式 3.17 中可以得到:

$$f(G) = [(1 - c/A)^{-c/A}]^{-cG} \tag{4.15}$$

当 $A \to \infty$ 时,由极限值可知:$f(P) = e^{-cG}$,从而构建了公式:

$$N_{t+1} = F \cdot N_t \cdot e^{-cG_t} \tag{4.16}$$

$$G_{t+1} = N_t \cdot (1 - e^{-cG_t}) \tag{4.17}$$

由式 4.16 和式 4.17 可知,当 c 值越大时,表明冗余种因子的寄生作用越强。

四、本章小结

本章基于第三章关于高技术企业的内在生态系统及其内生因子的研究,着重探析了高技术企业内生因子的形成机理。

第一部分主要研究了高技术企业关键种因子的形成机理。在新技术形成过程中,原技术的知识结构被打破,研发主体将原有的知识与新的前沿知识相结合,推动新技术的形成。新技术的形成是技术实现创新的过程,是自身进行技术演化的过程,是对前沿知识进行不确定性分析和选择的结果。关键种因子的形成是对前沿知识的技术化、产品化和市场化的结果。由于高技术企业对前沿知识运用的程度不同,关键种因子具有四种不同的形成方式,即新技术与旧技术的共存、纯粹的前沿知识的转化、旧技术与前沿知识的结合和前沿知识的技术创新。这些生态关系综合表现为新技术物种与旧技术物种之间的竞争关系。

第二部分着重分析高技术企业优势种因子的形成机理。高技术企业的优势种因子是企业要素以关键种因子为自变量,在对关键种因子进行要素评估的基础上,进行适应性变化中形成的。高技术企业的优势种因子的形

---

① 戈峰:《现代生态学》,科学出版社 2002 年版,第 145 页。

成主要包括两个阶段：一是对关键种因子的内生性要素评估；关键种因子的内生性要素评估主要是指关键种因子是否符合高技术企业的内在生态系统要素的发展需要，从而进行关键种因子的价值评估、组织评估、道德评估和决策评估。二是优势种因子以关键种因子为自变量进行适应性生成，即在关键种因子发展变化中，激励因子、组织因子、文化因子和决策因子主动适应关键种因子的发展需要，使优势种因子与关键种因子形成了互利共生的物种关系。

　　第三部分研究了高技术企业冗余种因子的形成机理。高技术企业的冗余种因子是关键种因子、优势种因子和从属种因子之间不协调增长时，造成其中某些因子的增长超出内在能力的发展需要的范围，而形成因子冗余。当高技术企业内生因子形成协调增长时，关键种因子、优势种因子和从属种因子的数量称为适度因子群。冗余种因子与适度因子群共同构成了高技术企业内在生态的因子规模。

　　这三个部分的研究内容为探讨高技术企业内生能力及其演化机理准备了理论条件。

第五章 高技术企业内生能力
及其演化机理

高技术企业的内生因子是高技术企业能力生态的载体。高技术企业内生因子的形成与发展机理及其生态属性,决定了高技术企业能力的生态特征、能力构成和演化规律;内生因子(关键种因子、优势种因子和冗余种因子)之间的相互关系和生态位势,形成了高技术企业能力的生态关系。高技术企业内生因子在其内在生态系统中的生态属性、生态结构、生态关系和形成机理对高技术企业形成的价值和发挥的作用,形成了高技术企业的内生能力,并决定了高技术企业内生能力的特征、构成、内在关系和演化机理。

一、高技术企业内生能力的内涵

高技术企业的关键种、优势种和冗余种等内生因子在其内在生态系统中借助于高技术企业要素和因子的互动、能量流动、物质循环、信息传递和价值增值,形成相互联系、交互作用的自调节功能有机体。在此基础上,高技术企业的内生因子促进其生态系统优化内在结构,完善和增强高技术企业功能,推动高技术企业内在生态的发展与演替,形成高技术企业的内生能力,并促进高技术企业内生能力的不断提升与演化。

(一)高技术企业内生能力的内涵分析

高技术企业内生因子的形成、发展与进化,彼此交互作用,使高技术企业具有独特的生态功能,形成了高技术企业的内生能力。高技术企业的内生能力,是指高技术企业内在生态系统的因子流动、发展及其交互作用中形成的具有生态意义的功能体系。这个具有生态意义的功能体系具有内源性、自调节性、功益服务性、演进性和增益性的特征。

（1）内源性。高技术企业内生能力的内源性，是指高技术企业能力的形成与发展并不是由其外部要素所决定的，而是由其内部要素和内生因子所影响和作用的。无论是关键种因子，还是优势种因子和冗余种因子，都是高技术企业内在生态的构成要素，它们各自在形成、发展与进化的过程中，相互联系、相互影响并发生作用，从而完善和提升高技术企业的整体功能和运行效率，显示出内源性的能力特征。

（2）自调节性。高技术企业内生能力的自调节性，是指高技术企业的内生因子自形成、自组织、自进化和自发展中提升其整体功能，使得内生能力具有自我调节的作用机制。作为一个生态系统，高技术企业的内生因子均具有较强的自我调节特征：关键种因子是对前沿知识转化，并在新技术物种与旧技术物种的生态竞争中进行进化，增强高技术企业对前沿知识的研发和运用能力；优势种因子与关键种因子之间存在互利共生的生态关系，并根据关键种因子的变化进行自调节和自适应；冗余种因子与适度因子群之间存在寄生关系。这些生态关系充分显示了内生因子之间的生态功能及其产生高技术企业能力的自调节性。

（3）功益服务性。高技术企业内生能力的功益服务性，是指高技术企业的知识和信息等生产要素在不同内生能力之间流动具有非经济性的生态系统服务。知识和信息等生产要素从高技术企业外输入到其内部以后，在不同内生能力之间进行复杂而有序的要素交换。这种要素的交换和传递过程一旦受到非生态性的人为干扰，会对高技术企业的内生能力产生严重的后果。因此，高技术企业内生能力是一种非经济的生态系统服务体系。

（4）演进性。高技术企业内生能力的演进性，是指高技术企业的内生能力处于不断发展变化之中，并且具有一定的内在演进机理。高技术企业的内生能力是内生因子在其整体上的功能性表现，而内生因子具有生态性的物种形成与进化、种群发展和群落演替等运动特征。内生因子生态性发展与变化，使得高技术企业内生能力具有不断发展与演进的特性，是一个生态性的发生、形成与发展的过程。

（5）增益性。高技术企业内生能力的增益性,是指高技术企业内生能力的有效运用能够实现其价值增值和边际效益递增。由于高技术企业内生能力的发生、形成和发展具有自调节性和功益服务性等特点,这明显不同于传统技术企业对资源、能源或市场等外部要素的依赖性,它一方面能够有助于高技术企业降低能力形成过程中的交易成本,而且包括其内生能力在内在生态的运行过程中形成边际收益递增。这是因为,高技术企业的内生因子的自形成、自评估、自适应与自发展不仅使其内生能力能够持续地适应外部环境的变化,而且在其能力之间的功益服务中形成能力聚集效应,从而形成了其内生能力增益性的基本特征。

根据上述内涵的分析,高技术企业内生能力与高技术企业的核心能力、动态能力和知识能力之间具有一定的联系:这四项能力都是侧重于高技术企业内部,分析高技术企业内部构成要素与其整体能力之间的关系,目的在于通过充分发挥其内部要素的作用来增强自身能力,提高其整体运行效益,赢得更高的运行绩效。但是,这四项能力之间也存在着明显的区别,主要表现在以下几个方面。

（1）假设前提不同。高技术企业的核心能力、动态能力和知识能力均假设高技术企业具有相同的技术特性,相互之间不存在技术差异,即认为高技术企业是一个技术"黑箱"。而高技术企业内生能力则假设高技术企业之间存在技术差异,并且侧重于高技术的特性来分析高技术企业的能力。因此,高技术企业内生能力在假设前提上与其他三项能力不同。另外,核心能力还假设相关高技术企业都是生产相同的产品,具有相同的市场,从而强调从培育核心能力的角度来赢得企业的竞争优势;高技术企业内生能力既假设一部分高技术企业是同类竞争企业,也考虑到高技术企业存在非同类竞争企业的问题;因而两者在能力假设前提上存在差异。

（2）能力塑造的目的不同。高技术企业核心能力的塑造的目的在于为其赢得持续的竞争优势,动态能力的培育目的在于使其能够更好地适应外部环境的变化,知识能力的塑造的目的在于发挥知识要素在其能力培育中的作用。而高技术企业内生能力的塑造目的在于不仅满足具有从竞争中赢得竞争优势的需要,而且对不具有竞争对手的高技术企业如何实现持续创新与发展。因此,这四项能力在培育目的方面存在较大差异。

(3)能力培育与发展的路径不同。由于研究的角度不同,高技术企业核心能力的培育与发展主要通过技术学习、资源配置、知识能力或产品平台等角度来塑造其核心能力;动态能力的塑造主要是通过构建高技术企业的外在生态,即在研究其与环境之间的关系中提升它的动态能力;知识能力的塑造主要是通过知识学习、知识整合和知识运用,其中知识包括技术性知识,还包括非技术性知识,如高技术企业文化、制度、标识等多个方面。高技术企业内生能力的塑造是通过高技术企业的内在生态,从内生因子的生态关系及内生能力演化机理的角度,来分析其内生能力的形成与发展,从而促进自身能力的提升。因此,高技术企业内生能力的塑造路径明显不同于前三项能力。

(4)能力的适用范围不同。由于高技术企业核心能力、动态能力和知识能力没有考虑到相互之间的技术差异,因而不仅适用于高技术企业,还适用于其他类型的企业;而内生能力是针对高技术企业的技术特性进行研究,适用于高技术企业,其适用范围明显小于前三项能力。

(5)能力的运用价值不同。核心能力、动态能力和知识能力的运用价值分别在于赢得竞争优势、适应环境变化与发展和提高知识运用与管理水平,而高技术企业内生能力主要是突出能力的内源性、自调节性、功益服务性、演化性和增益性,实现企业技术的持续创新,追求边际效益递增。

从能力的假设前提、塑造目的、培育路径、适用范围和运用价值等角度来看,高技术企业的内生能力与核心能力、动态能力及知识能力理论存在明显的区别。但是,高技术企业内生能力并不是完全要排斥核心能力、动态能力和知识能力理论,而是在这些能力理论的基础上进一步研究适合于高技术企业发展需要的能力理论。

(二)高技术企业内生能力的价值

1.高技术企业内生能力的形成背景

高技术企业内生能力是社会、经济和技术发展在特定历史时期的产物,顺应了高技术企业和高技术产业的发展需要。

（1）高技术企业能力成为影响国民经济发展的关键因素。随着社会经济的发展，高技术和高技术产业在国民经济体系中的地位日益突出，高技术产业是推动现代生产力发展最活跃的因素，成为各国产业结构升级和综合实力竞争的焦点，高技术产业的发展水平直接影响着一个国家现在和未来的经济增长能力。高技术企业是高技术产业化和高技术产业的主体，高技术企业的能力及其运行质量和发展水平直接关系到高技术产业的发展水平。因此，高技术企业能力成为社会经济发展中备受关注的问题。

（2）高技术企业的发展不能再依赖于资源和能源的消耗。资源和能源短缺已经严重影响到企业发展，发展循环经济成为现代企业面临的新的经济要求。现代企业不能再简单地依靠资源和能源的消耗来提高经济效益，转而追求自身的经营素质和管理水平的提高。也就是说，现代企业从以往依赖外部资源禀赋转变为提高企业的内部能力和素质。如何提高企业的内部能力成为人们普遍关注的问题。循环经济要求高技术企业注重内在能力的培育与发展。

（3）技术性知识成为高技术企业的关键要素。知识经济从抽象的经济概念正转化为具体的经济行为，知识成为现代企业运行中的核心性要素，尤其是技术性知识的地位日益突出。这是因为，一方面提高的技术能力，能够提高企业资源和能源的利用率，大大降低资源和能源消耗在经济发展中的比重；另一方面提高技术能力能够拓展新的市场领域，增强企业的竞争能力，通过生产高附加值的产品获得更多的市场收益。知识经济的发展要求高技术企业发展以技术性知识为主体关键种因子的内生能力。

（4）技术的自主创新成为高技术企业新的发展要求。技术创新可以通过国外技术引进与消化吸引、技术创新外包、技术协作创新、知识产权购买等途径来实现，但是这些途径虽然能够提高技术创新的速度，但是技术创新的成本较高，核心技术的掌握与运用的学习成本较大，而且这些技术创新是离散型的，是非连续的，高技术企业的技术创新需要不断依赖外部智力资源，难以实现技术创新的可持续发展。而技术的自主创新能够帮助企业克服这些途径的不足，而且国家在"十一五"规划和高技术产业的发展要求均明确地提出了技术自主创新的要求，并且要求技术创新具有原创性。技术的自主创新要求高技术企业发展内生技术能力。

（5）动态的经营管理环境要求高技术企业运用内生能力的演化机理。高技术企业不仅技术更新速度较快，而且其内部与外部也是处于快速变化之中。这些快速变化的高技术企业外部环境和内部环境要求其内在生态系统能够开展快速的环境学习，促进内生因子的进化与发展，从而使高技术企业能力在不断演化和提升中，提高对环境变化的适应性。因此，掌握和运用高技术企业能力的演化机理成为其经营管理的新需要。

2. 高技术企业内生能力的价值分析

高技术企业内生能力是适应社会、经济和技术在特定历史时期的发展要求，对于高技术企业的能力培育和企业发展具有重要的价值。

（1）内生能力适应了高技术企业的技术特性。高技术企业内生因子包括关键种因子、优势种因子和冗余种因子。在高技术企业的内在生态系统中，以技术性知识为主的关键种因子起到了根本性的决定意义，并通过关键种因子的生态关系影响优势种因子和冗余种因子，使高技术企业经营管理凸现出高技术的特征。

（2）内生能力促进了高技术企业内在生态的自调节功能。关键种、优势种和冗余种等内生因子不仅对内部构成要素进行自我调节，同时在内生因子之间也产生功益性的生态服务，控制和协调内生因子之间的关系，从而高技术企业能力的形成、运用与发展具有较高的自调节功能。

（3）内生能力增强了高技术企业的自主创新能力。关键种因子的内生能力对高技术企业的整体能力起到决定性作用，优势种因子的内生能力围绕关键种因子的变化进行内生性评估，同时对关键种因子的发展与进化进行适应性变化；冗余种因子的内生能力为关键种因子的内生能力提供能力危机的缓冲与保险，并为关键种因子能力的运用提供能力储备。因此，从整体上说，内生能力是以技术自主创新为中心，并为高技术企业技术自主创新创造能力条件和能力保障。

（4）内生能力实现了高技术企业发展路径的持续创新。高技术企业的核心能力是将其以往能力的经验，形成固定的能力结构，并运用于未来的发展，使其在未来发展中产生"路径依赖"；但是高技术企业未来发展的环境已经发生变化,其核心能力就不能很好地解决新的能力情境中遇到的问题。而高技术企业内生能力能够克服核心能力"路径依赖"的不足,通过内生因子的发展与进化来改变高技术企业的能力结构,实现其能力的不断创新,从而实现其发展路径的持续创新。

（5）内生能力实现了高技术企业的边际收益递增。由于内生能力具有功益服务性和增益性等特征,在高技术企业生态系统服务关系中不仅降低其内在运行成本,并且其在内生能力的聚集效应中实现了边际收益递增。

因此,从高技术企业的经营管理实践来看,内生能力具有较高的应用价值和发展前景,能够满足高技术企业适应环境变化与发展中的能力需要。

（三）高技术企业内生能力的构成

高技术企业的内生能力是内生因子的流动、发展及其交互作用中形成了具有生态意义的功能体系,高技术企业内生因子的形成、发展与进化,彼此交互作用,使高技术企业具有独特的生态功能,形成了高技术企业的内生能力。因此,根据内生因子的不同,高技术企业的内生能力可以分为关键种因子的内生能力、优势种因子的内生能力、从属种因子和冗余种因子的内生能力。

1.关键种因子的内生能力。关键种因子的内生能力是关键种内生因子在高技术企业内在生态系统中活动、发展与进化所形成的高技术企业能力。由于关键种因子是以技术性知识为主,因而关键种因子的内生能力表现为技术性知识能力。

2.优势种因子的内生能力。优势种因子的内生能力是优势种因子在高技术企业内在生态系统中评估、协调、控制与发展中所产生的高技术企业能力。优势种因子主要包括决策因子、激励因子、组织因子和文化因子,因此优势种因子的内生能力主要包括:内生决策能力、内生激励能力、内生组织能力和内生文化能力。

3.从属种因子的内生能力。从属种因子的内生能力是从属种因子在高技术企业内在生态系统中活动、发展与进化所形成的高技术企业能力。从属种因子主要由企业规模、企业性质、治理结构等要素构成。由于这些从属种因子对高技术企业的能力形成影响较小,本文对从属种因子的内生能力不作分析。

4.冗余种因子的内生能力。冗余种因子的内生能力是冗余种因子在高技术企业内在生态系统中缓冲、保险和储备与进化所形成的高技术企业能力。

关键种、优势种和冗余种因子所形成的内生能力,共同构成了高技术企业的内生能力体系。

二、高技术企业关键种因子的内生能力及其演化

(一)关键种因子的内生能力的内涵

高技术企业的关键种因子是技术性知识要素所形成的内生因子,是其对前沿知识进行技术化、产品化和市场化的产物。关键种因子在高技术企业内在生态系统中运动、交换、流动、发展与进化过程中所表现出来的功能,形成了关键种因子的内生能力。高技术企业关键种因子的内生能力是指高技术企业对前沿知识进行技术化、产品化和市场化中所表现出来的知识选择、整合、转化和运用的能力,具有阶段性、过程评价性、跳跃性和根本性等特征。

1.高技术企业关键种因子内生能力的特征分析

根据关键种因子内生能力的内涵,它具有阶段性、过程评价性、跳跃性和根本性等特征。

(1)阶段性。关键种因子内生能力是高技术企业对前沿知识进行技术化、产品化和市场化的产物,因此,前沿知识在高技术企业的内在生态中需要经历技术化阶段、产品化阶段和市场化阶段。关键种因子的内生能力就是通过对前沿知识的三个阶段的转化,形成高技术企业所需要的技术性知识,从而使其内生能力表现出阶段性的特点。

(2)过程评价性。关键种因子的内生能力在对前沿知识进行转化中的每个阶段都接受高技术企业的内在生态系统对阶段性转化行为进行评估,综合评价其研发成本与研发期望收益之间的关系,分析其研发成果能否为

高技术企业的内在生态系统所接受,从而降低研发的高风险性。

（3）跳跃性。从前沿知识到被高技术企业内在生态所接受的成果,需要经过技术化、产品化和市场化等三个阶段。但是并不是每一项都必须经历三个阶段,原因主要有两个:其一,研发成果的起点阶段并不一致,一部分技术创新是以第二阶段或第三阶段为起点,会省去一两个转化阶段;其二,以技术化为起点的技术创新会跳跃过产品化或市场化的阶段,使技术创新表现出跳跃性。

（4）根本性。关键种因子的内生能力在技术创新过程中会对优势种因子和冗余种因子进行质的规定,要求优势种因子能力和冗余种因子能力提供功益服务,以保障技术创新的顺利开展。在这个过程中,从根本上规定优势种和冗余种因子的内生能力的内容和形式。

2. 关键种因子内生能力的结构

根据对关键种因子内生能力的内涵与特征的分析,关键种因子内生能力具有复杂的构成体系,不同的划分标准具有不同的内生能力结构。

（1）从形成阶段来划分,关键种因子的内生能力可以分为前沿知识的技术化功能、产品化功能和市场化功能。其中,技术化功能是关键种因子对前沿知识或理论进行选择和整合,并且转化具有可利用的技术成果的能力;产品化功能是关键种因子在技术化功能的基础上对可利用的技术转化为产品成果的能力;市场化功能是关键种因子在产品功能的基础上对产品成果转化为市场和社会所接受的成果的能力。在这个过程中,关键种因子的内生能力完成对前沿知识的选择、整合、转化和运用。

（2）从前沿知识的选型来划分,关键种因子的内生能力可以分为技术性知识的选择功能、整合功能、转化功能和运用功能。其中,选择功能是指关键种因子对前沿性科学知识和理论进行选择,确定技术创新的前沿知识或理论基础的能力;整合功能是指关键种因子基于确定的前沿知识,促进知识与新旧技术物种进行整合的能力;转化功能是指关键种因子将整合后的知识转化为相应的技术和产品的能力;运用功能是指关键种因子将前沿知识转化后的技术和产品运用于生产、销售和服务,并创造相应价值的能力。

（二）关键种因子内生能力的演化条件

关键种因子的内生能力演化是指一种固定的能力结构向新的能力结构发展与进化的过程，不仅受到外部环境的影响，而且取决于高技术企业的内在要素的综合作用。从高技术企业的内在生态角度来看，关键种因子的内生能力演化需要具备其愿景、信息、价值和智力等方面的条件。

1. 能力演化的愿景条件

关键种因子内生能力的演化是高技术企业的技术性知识学习能力、运用能力和创造能力的综合体现，需要高技术企业具有对技术创新的意识和价值取向和价值判断标准，即高技术企业需要具有促进关键种因子内生能力进化的愿景条件。高技术企业的愿景条件包括三个层次，即高技术企业的共同愿景、团队（或群体愿景）和个人愿景。关键种因子内生能力的演化不仅从高技术企业整体层面进行技术创新的理念，而且在研发人员和团队（或群体）能够对技术性知识形成价值认同，从而创造关键种因子内生能力演化的愿景条件。

2. 能力演化的信息条件

关键种因子内生能力演化涉及技术创新的能力学习、能力模仿和能力提升等阶段。无论是哪个能力阶段，都需要高技术企业不仅能够获得前沿知识的各种信息，而且还需要能够掌握有关技术创新的原理、路径、方式和方法等信息，从而保证关键种因子的能力学习、能力形成和能力提升得以实现。因此，关键种因子内生能力演化需要具备信息条件。

3. 能力演化的价值条件

技术是针对经济社会特定需要，用于控制生产要素以生产产品和提供服务的技能和手段，用来回答做什么和怎么做的问题。技术的产生既有来源于实际经验的，也有建立在科学发现基础之上原技术物种的价值压力——经济价值和社会价值。关键种因子内生能力的演化，一方面需要具有一定的价值压力，即高技术企业如何不进行能力发展与提升，会在失去技术水平中丧失相应的经济价值和社会价值；另一方面能力演化还要能够为高技术企业创造更多的经济价值和社会价值，为促进关键种因子能力提供价值动力。因此，关键种因子内生能力演化需要具有价值条件。

4.能力演化的智力条件

前沿知识的技术化、产品化和市场化是以人才为载体的能力作用行为，技术创造能力的演化不仅涉及研发人员的知识水平，而且关系到研发团队的整体知识结构及其知识互补的方式。这些能动性的知识条件综合表现为能力演化的智力条件。只有具备合理的智力水平和智力结构及其协作方式，才能推动关键种因子内生能力的发展与提高。

愿景条件、信息条件、价值条件和智力条件共同构成了关键种因子内生能力演化的条件体系，也就是说，关键种因子内生能力演化需要同时具备这四个方面条件，而不是具有其中一个或几个条件就能促进能力发展与进化。

（三）关键种因子内生能力的演化机理

高技术企业关键种因子的内生能力的演化是一个能力学习、能力运用和能力创新的螺旋式上升的过程，从而实现高技术企业的技术自主创新能力及其发展的演化轨迹。因此，关键种因子的内生能力演化轨迹包括四个能力发展层级，即创新学习能力层级、创新模仿能力层级、创新—模仿能力层级和自主创新层级。这四个能力层级是一个不断上升与突变的过程（见图5-1）。

1.创新学习能力层级是关键种因子内生能力演化的最初阶段，是高技术企业对技术创新的原理、技术、过程、路途和条件等方面进行学习，并在学习中加以产品生产、销售和服务。创新学习能力的典型表现是高技术企业对前沿知识和新兴技术的引进、消化和吸收的过程。在这个能力层级，高技术企业并不具备对前沿知识的技术化的能力，不具有技术创新能力，是其进行技术创新能力的准备阶段。

2.创新模仿能力层级是在创新学习能力层级的基础上，关键种因子内生能力演化的发展阶段，是高技术企业对技术创新方法、过程和路途等方面进行模仿，并在模仿中将前沿知识进行技术化、产品化和市场化，实现模仿创新的产品生产、销售和服务。创新模仿能力的典型表现是高技术企业对新兴技术进行学习和仿制，如医药产业中的仿制药研发企业。在这个能力层级，高技术企业不具备技术创新能力，但表现出较强的技术转化和技术运用能力,是其进行技术创新的能力发展阶段。

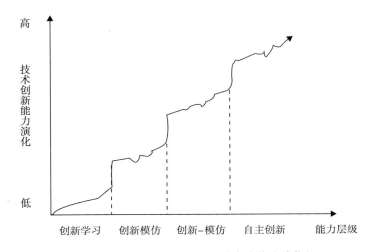

图 5 - 1　高技术企业关键种因子的内生能力演化机理

3. 创新—模仿能力层级是在创新模仿能力层级的基础上,关键种因子的内生能力的提升阶段,是高技术企业在对新兴技术进行模仿,在模仿中进行部分的技术创新尝试及实践,并且通过创新—模仿对前沿知识进行技术化、产品化和市场化,实现对创新—模仿技术的运用。创新—模仿能力的典型表现是高技术企业在产品模仿中进行工艺创新,或在工艺模仿中进行产品创新。在这个能力层级,高技术企业表现出一定的技术创新能力,但是没有实现技术的自主创新。

4. 自主创新能力层级是在创新—模仿能力层级的基础上,关键种因子的内生能力的成熟阶段,是高技术企业能够进行独立地对前沿知识进行分析和运用,并自主地将前沿知识进行技术化、产品化和市场化,即实现企业的技术自主创新。自主创新能力的典型表现是医药企业能够研制和研发专利类药品。在这个能力层级,高技术企业不仅具有创新学习能力、创新模仿能力和创新—模仿能力,而且能够进行自主创新。

关键种因子内生能力的演化机理是高技术企业的技术创新能力不断上升与突变的轨迹。在这个演化轨迹中,后一个能力层级明显要高于前一个能力层级,是对技术性知识学习、运用和创造能力的突变;但是,在同一个能力层级中,高技术企业对知识因子的学习、运用和创造能力具有能力提升和能力下降同时并存的现象,但总体上呈现上升趋势。因此,关键种因子内生能力的演化呈现一个螺旋式上升的轨迹。

三、高技术企业优势种因子的内生能力及其演化

(一)优势种因子的内生能力的内涵

高技术企业的知识要素、决策要素、利益要素、组织要素和道德要素等要素构成高技术企业的优势种因子。优势种因子在内在生态系统中形成、发展和发挥作用的过程中所表现出来的功能,形成了优势种因子的内生能力。因此,高技术企业优势种因子的内生能力是指优势种因子在关键种因子的影响下所形成的决策、激励、分工与协作和文化等能力,具体包括内生决策能力、内生组织能力、内生激励能力和内生文化能力。其中,内生决策能力是指高技术企业对技术研发、运用与发展及其组织运行作出"寻优"选择的能力;内生组织能力是指高技术企业对技术研发、产品生产、销售和服务及其组织运行进行组织分工与协作的能力;内生激励能力是指高技术企业对技术研发、产品生产、销售和服务中合理地调动各个组织层面工作意愿的能力;内生文化能力是指高技术企业对技术开发、产品生产、销售和服务中对各个组织层面的价值观进行沟通以达成价值认同的能力。根据优势种因子内生能力的内涵及其能力构成,优势种因子内生能力具有派生性、协同性、生态服务性和溢出性等特征。

1. 派生性。从关键种因子与优势种因子的关系来看,两者具有决定与被决定的关系。这种物种关系也决定了关键种因子内生能力与优势种因子内生能力之间的关系:关键种因子内生能力在高技术企业内在生态系统中居于根本性地位,而优势种因子则是在关键种因子内生能力的衍生,体现了关键种因子内生能力的本质特征和内在要求,表现出较强的派生性特征。

2. 协同性。尽管优势种因子内生能力具有派生性,但是同时也是一种相对独立的能力体系,内生决策能力、内生组织能力、内生激励能力和内生

文化能力分别体现了在企业信息、制度安排、动力和精神等层面的运行与发展的要求，并且在四项能力之间互为补充、协同共生，形成一个相对独立的有机整体，表现出较强的协同性。

3.生态服务性。由于关键种因子内生能力在高技术企业的内生能力体系中居于核心地位。这种能力地位决定了优势种与关键种内生能力之间是服务与被服务的关系，也就是说，优势种内生能力通过自身的能力发展与提升，来降低技术创新中的阻尼项和阻尼系数。同时，这种服务是一种生态服务，不仅服务行为是非经济性的，而且服务是按需进行智能提供，体现出自调节的特点。

4.溢出性。作为内在生态系统的构成因子，优势种因子内生能力与其他内生能力具有交互影响与交互作用，具有能力溢出性的特征。这种能力特征主要表现在两个方面：一是优势种因子内生能力对关键种因子的发展与能力演化进行评估，作出技术创新和能力发展的选择；二是优势种因子内生能力对从属种因子能力进行影响和控制，在一定程度上决定了从属种因子的能力水平和能力趋向。所以，优势种因子内生能力具有能力的溢出性。

（二）优势种因子内生能力的演化条件

优势种因子内生能力的发展与演化是基于一定的生态条件而发生，只有在一定的演化情境中，优势种因子才能与其他内生因子发生联系，并促进自身能力的发展与进化。优势种因子内生能力的演化条件主要包括：能力反馈机制、内在协同体系和能力突变路径。

1.能力反馈机制。关键种因子与优势种因子之间存在着功益性的生态关系，关键种因子内生能力的发展与突变受到优势种因子的影响和作用，优势种因子内生能力是对关键种因子内生能力的生态性服务。这种生态服务能否实现，取决于高技术企业具有合适的能力反馈和传导机制。通过这种能力反馈和传导机制将优势种因子内生能力效应充分加以发挥。因此，能力反馈机制是优势种因子内生能力演化的一个基本条件。

2.内在协同体系。作为一个相对独立的能力体系，内生决策能力、内生组织能力、内生激励能力和内生文化能力是相互制约和相互作用。在关键种因子内生能力发生变化中,这四项内生能力应当具有一种协同机制,来保障优势种因子内生能力能够从整体对关键种因子产生正反馈,形成积极的能力效应。内在协同体系成为优势种因子内生能力演化的基本条件之一。

3.能力突变路径。具体到每一项优势种因子内生能力,其演化是原有的固定的能力结构进行破坏,并发展到一种新的能力结构的能力自突变过程。因此,优势种因子内生能力需要具有一定的能力突变的机制,为能力演化创造路径条件。

当优势种因子具备了能力反馈机制、内在协同体系和能力突变路径等条件后,其内生能力就能够按照其内在演化机理进行能力发展与提升。

(三)优势种因子内生能力的演化机理

由于优势种因子在高技术企业的生态位势,优势种因子的内生能力发展与演化是以关键种因子内生能力的演化为自变量,对关键种因子内生能力进行评价、自协调、自适应和自控制的过程。

关键种因子的内生能力演化经历了从创新学习能力层级、创新模仿能力层级、模仿—创新能力层级到自主创新能力层级的演化过程,优势种因子的内生决策能力、内生组织能力、内生激励能力和内生文化能力根据关键种因子的决定性影响,在每个能力层级发生相应的能力发展与能力演化,以满足关键种因子内生能力的发展需要。

1.创新学习能力层级的优势种因子内生能力的演化。在关键种因子创新学习能力层级,优势种因子内生能力一方面要评价创新学习能力的效率和水平;另一方面提供相应的信息、制度、动力和精神层面的能力条件,降低对创新学习能力提高的阻尼系数,促进创新学习能力的提高,同时推动关键种因子向模仿或创新能力发展。

2.创新模仿能力层级的优势种因子内生能力的演化。在关键种因子创新模仿能力层级,优势种因子内生能力向关键种因子提供可供模仿的新兴技术和产品,通过组织关系的合理分工与协作,建立有效的创新模仿工作机制,同时通过精神和物质层面的有效激励,为创新模仿提供相应的物质动力和精神动力,并推动关键种因子向创新能力层级发展。

3. 创新—模仿能力层级的优势种因子内生能力的演化。在关键种因子创新—模仿能力层级,优势种因子内生能力向关键种因子提供进行模仿和创新等方面的原则、路径、方式和方法,对技术创新的方向和类型进行评价和选择。在此基础上,优势种因子内生能力向关键种因子提供相应的组织条件、利益保障和精神支持,促进关键种因子创新能力的不断提高,并推动向技术自主创新方向发展。

4. 自主创新能力层级的优势种因子内生能力的演化。在关键种因子自主创新能力层级,优势种因子内生能力向关键种因子提供创新意识和创新观念的价值导向,配备自主创新的智力结构和工作关系,并在创新过程中提供技术研发方向和类型的信息,提高创新决策的科学性和合理性,同时提供相应的动力支持。

由此可见,优势种因子内生能力的发展与演化是一个伴生性协同演化的过程,与关键种因子内生能力存在着功益服务性的生态关系,以实现高技术企业内生能力边际收益递增的演化目标。

四、高技术企业冗余种因子的内生能力及其演化

(一)冗余种因子内生能力的内涵

高技术企业的冗余种因子是关键种因子、优势种因子和从属种因子之间不协调增长时,造成其中某些因子的增长超出内在能力的协调发展需要中形成的。因此,冗余种因子内生能力是由于内生因子过剩而对内在生态系统所形成的能力缓冲、保险、储备和浪费的能力,具有缓冲性、储备性和耗费性等特征。

1. 缓冲性。冗余种因子内生能力在高技术企业内在生态系统受到外部环境危机和破坏时,具有缓冲和保护的能力。技术创新、运用和服务对高技术企业的关键种和优势种因子的能力需求具有较大的不确定性,即使在能力需求明确的情况下,能力的培育与提高具有一定的时滞效应。对于这种能力情境,冗余种因子的内生能力能够为整个内在生态系统的运行及时补充相应能力,起到能力缓冲和保险的作用。

2. 耗费性。冗余种因子内生能力的存在与发展,通常需要消耗一定的物质与能量,尤其是在关键种因子与优势种因子的内生能力在协调发展时,冗余种因子内生能力的存在与演化会需要高技术企业运用一定的关键种因子或优势种因子能力来管理冗余种因子能力,以避免其对高技术企业产生负面效应。因此,冗余种因子的内生能力具有物质、能量和高技术企业能力的耗费性。

3. 储备性。冗余种因子内生能力的储备性主要体现在其为新的关键种和优势种因子能力的生成与发展提供能力准备。关键种、优势种和冗余种等因子的内生能力的差别是在特定的生境下形成的,但是一旦生境发生变化,某个因子能力在生态系统中的生态位势就会发生变化,即冗余种因子能力可以转变为优势种因子能力或关键种因子能力。从高技术企业内在生态系统发展的角度来说,冗余种因子的内生能力具有能力储备的价值和意义。

(二)冗余种因子内生能力的演化条件

高技术企业冗余种因子的内生能力得以发挥是基于一定的演化条件。根据其内涵与特征,冗余种因子内生能力的演化条件主要包括物质与能量条件和合理的能力遴选机制。

1. 物质与能量条件。在特定的内在生态系统条件下,冗余种因子内生能力对高技术企业来说是多余的,但是它的存在与发展会消耗一定的高技术企业资源和能量,即冗余种因子内生能力具有耗费性的特征。因此,只有在高技术企业能够为冗余种因子内生能力提供一定的物质与能量的情况下,才能保证冗余种因子内生能力的存在,并为其内生能力的演化提供可能。

2. 合理的能力遴选机制。冗余种因子内生能力的演化方向或在高技术企业中的价值受到其运行与发展中多种因素的影响和制约,它的取舍需要高技术企业能够根据其内在生态系统的发展需要作出合理的评价和选择。因此,冗余种因子内生能力的演化需要高技术企业建立较为合理的能力遴选机制,以便冗余种因子发挥最优的能力效应。

（三）冗余种因子内生能力的演化机理

冗余种因子内生能力的演化受到高技术企业内在生态系统诸多因素和因子的影响和作用，其能力演化具有较大的不确定性，表现出冗余种因子内生能力的现状维持、能力消亡和价值创造。

1. 冗余种因子内生能力的现状维持。当高技术企业内在生态系统对能力要求没有发生本质性变化时，冗余种因子的生态位势没有发生变化，仍然处于冗余种地位，因而其内生能力仍保持冗余状态。在这种生境中，冗余种因子的内生能力演化是一种现状维持。

2. 冗余种因子内生能力的消亡。当高技术企业对冗余种因子仍然不能发挥任何作用，在高技术企业内在生态系统中逐渐受到排斥，最终直至冗余种因子消失。在这种高技术企业生境中，冗余种因子的内生能力的演化是趋向能力消亡。

3. 冗余种因子内生能力的价值创造。当高技术企业所处的环境、经营目标或运行方式发生了变化，需要对原有能力结构提出新的发展要求，并且原有的能力及其发展难以满足这种需要时，而冗余种因子内生能力恰好能够满足这方面需要时，冗余种因子能力在高技术企业内在生态系统中的位势就会发生变化，会逐步演化为优势种因子能力，甚至会演化为关键种因子能力。

总之，冗余种因子内生能力的演化具有高度的不确定性，会具有不同的演化和发展方向，它在高技术企业的作用和价值取决于其内外部环境的变化。

五、本章小结

本章基于第三章和第四章对高技术企业的内生因子及其形成机理的分析，分析了高技术企业内生能力的内涵，进而分别分析了关键种因子内生能力、优势种因子内生能力和冗余种因子内生能力的内涵及其演化机理。

高技术企业的内生能力是高技术企业内在生态系统的因子流动、发展及其交互作用中形成的具有生态意义的功能体系，主要由高技术企业关键种因子内生能力、优势种因子内生能力和冗余种因子内生能力所构成。这个具有生态意义的功能体系具有内源性、自调节性、功益服务性、演进性和增益性的特征。

高技术企业关键种因子的内生能力是高技术企业对前沿知识进行技术化、产品化和市场化中所表现出来的知识选择、整合、转化和运用的能力,具有阶段性、过程评价性、跳跃性和根本性等特征;在具备高技术企业愿景、信息、价值和智力等方面的条件下,关键种因子的内生能力演化包括四个能力发展层级,即创新学习能力层级、创新模仿能力层级、创新—模仿能力层级和自主创新层级,是一个不断上升与突变的能力发展过程。

优势种因子在关键种因子的影响下所形成的决策、激励、分工与协作和文化等能力,形成了高技术企业优势种因子的内生能力,主要包括内生决策能力、内生组织能力、内生激励能力和内生文化能力。优势种因子内生能力具有派生性、协同性、生态服务性和溢出性等特征,在具有能力反馈机制、内在协同体系和能力突变路径等演化条件的情况下,优势种因子内生能力随着关键种因子的内生能力演化经历了从创新学习能力层级、创新模仿能力层级、创新—模仿能力层级到自主创新能力层级的演化过程,优势种因子的内生决策能力、内生组织能力、内生激励能力和内生文化能力的演化,在每个能力层级发生相应的能力发展与能力演化,以关键种因子内生能力的发展需要,是一个伴生性协同演化的过程,与关键种因子内生能力存在着功益服务性的生态关系,以实现高技术企业内生能力边际收益递增的演化目标。

冗余种因子内生能力是由于内生因子过剩而对内在生态系统形成了能力缓冲、保险、储备和浪费的能力,具有缓冲性、储备性和耗费性等特征,其演化条件主要包括物质与能量条件和合理的能力遴选机制。冗余种因子内生能力的演化具有较大的不确定性,表现出冗余种因子内生能力的现状维持、能力消亡和价值创造等多种演化趋势。

第六章　高技术企业的
内生能力模型

　　根据高技术企业内生能力的内涵、特征、生态关系和演化机理,围绕现代经济发展的要求和高技术企业的发展目标,运用现代生态学、管理学、演化经济学等理论和建模方法,分析内生能力在高技术企业内在生态系统中的作用机理和能力效应,使高技术企业的关键种因子内生能力、优势种因子内生能力和冗余种因子内生能力形成互利共生的生态关系,构建高技术企业内生能力模型,从而发挥内生能力在内在生态系统中的积极作用,促进技术自主创新和运用,实现高技术企业健康、快速和持续发展。

一、高技术企业内生能力的建模目标与条件

　　根据高技术企业构成要素及内生因子的特性,通过对高技术企业内在生态系统及其能力演化的基本机理,来构建高技术企业内生能力模型,探讨高技术企业内生能力结构及其作用方式。这个能力模型的构建是基于一定的建模目标和条件。

(一)高技术企业内生能力的建模目标

　　高技术企业内生能力模型的构建是为了分析高技术企业能力的内生特征,探讨高技术企业内生能力的构成体系及其演化机理,通过研究各内生因子能力之间的生态关系,从而探讨内生能力的作用路径与运行机理。

　　1. 分析高技术企业能力的内生特征。基于高技术企业运行与发展的基本特性和一般规律,从高技术企业的内在生态系统的构成与演替,通过模型

构建来进一步说明高技术企业能力的内源性特征,进而说明内生能力对于技术进步与高技术企业发展的价值与意义。

2. 探讨高技术企业内生能力的构成体系。通过对高技术企业内在生态系统及其能力内源性特征的分析,运用现代生态学的基本理论来分析关键种因子、优势种因子和冗余种因子对高技术企业内在生态系统的影响与作用,从而探析高技术企业内生能力的基本构成。

3. 研究高技术企业内生能力的演化机理。高技术企业的能力具有形成、发展与演化的过程。高技术企业内生能力与传统技术企业能力是否相似,如果两者之间存在差异,高技术企业内生能力是如何进行演化,具有什么演化趋势,并且是怎样作用于高技术企业能力的发展。通过内生能力的构建,进一步说明高技术企业能力内在特性及其演化机理。

4. 分析高技术企业内生能力的作用路径与运行机理。对于企业来说,能力只是企业发展的手段,并不是企业发展的目的。作为高技术企业发展的内在动力,内生能力在内在生态系统中具有什么价值,并且是通过什么路径和方式来发挥它们的作用。通过内生能力模型的构建来探讨内生能力的作用路径与运行机理。

5. 探析高技术企业内生因子能力之间的生态关系。作为一种能力体系,因子能力之间必然存在相互影响、相互作用和相互制约的联系。对于高技术企业来说,各个内生因子能力在内在生态系统中具有什么能力关系,并且是通过什么方式产生交互作用? 探析高技术企业内生因子能力之间的生态关系成为构建内生能力模型一个重要目的。

(二)高技术企业内生能力的建模条件

要实现构建高技术企业内生能力模型的基本目标,需要能够掌握高技术企业的内在生态环境,明确高技术企业内生能力的因子条件,了解内生因子能力之间的反馈机理,同时还需要一定的理论准备和实践支持,以更好地保证模型的合理性。

1. 高技术企业的内在生态环境。由于高技术企业能力具有内生性特征,因此高技术企业内生能力模型是以企业的生态系统为基础的,特别是高技术企业的内在生态系统,成为建模的研究基础条件,而较少考虑到外在生态对高技术企业内生能力的影响与关系。

2. 高技术企业内生能力的因子条件。从高技术企业的内在生态系统出发,建模主要是考虑关键种因子、优势种因子和冗余种因子与内生能力之间的生态关系与内在联系,而对于从属种因子没有加以考虑,以突出内生能力的重点所在。

3. 高技术企业能力反馈机制。根据关键种因子、优势种因子和冗余种因子在内在生态系统中的生态位势,来分析高技术企业能力的演化规律和作用机理。因此,能力反馈机制成为内生能力模型构建的一个基本条件。

4. 模型构建的理论条件。高技术企业内生能力模型的构建是基于企业能力理论、高技术产业理论、高技术理论、管理理论、组织理论等研究成果之上,运用现代生态学、数理经济学、演化经济学等理论作为建模的理论基础,来探讨内生能力模型。

5. 内生能力模型的验证依据。模型的构建离不开实践的分析与验证。我国高技术企业的运行与发展的情况成为内生能力模型进行验证的实践条件。因此,内生能力模型是基于一定的实证研究,并加以实践证明。

二、高技术企业内生能力的建模方法比较

(一)建模方法比较

对于企业能力模型,目前理论界通常用耗散结构理论、产业分析框架、数量统计、制度经济学分析等建模方法。这些建模方法具有模型构建的理论优势,但是对于高技术企业的能力模型来说也存在一些不足。

1. 耗散结构理论建模方法。耗散结构理论建模方法的理论依据是从热力学角度入手,认为企业是一个开放系统,通过与外部环境交换物质和能量以维持自身的存在,并不断地从低级有序向高级有序发展,整个过程是在非线性非平衡区进行,能量就是有序结构赖以生存的负熵。因此,这种建模方法常以熵作为序参量和依据,因熵是被耗的能量且与能量可进行换算,因此通过能量的等价量,将熵的作用来解释企业与外界之间的关系,并运用能力

模型的建模之中。作为社会系统中的企业不仅是一个开放系统,而且还是一种耗散结构。从组织生态角度来看,一个处于远离热力学平衡的开放系统,必须能够从外部环境获得必要的负熵流,以抵消系统内部由于热力学第二定律的作用所自发产生的熵。组织内部存在着多种元素,它们之间的相干效应与协同运作,形成系统的整体行为和有序结果。这个建模方法对于处理企业与环境之间的关系具有较高的理论创新价值。组织学习能力理论和企业动态能力理论的模型构建就运用到这个方法。

但是,高技术企业的能力具有其技术上的特殊性,尤其是在注重技术自主创新的社会发展要求下,高技术企业能力更要关注其内源性,需要分析其内在生态系统。而耗散结构理论的建模方法侧重于企业的外在生态系统,即企业与环境之间的能量与物质交换,而不能很好地说明高技术企业内在生态系统所形成的内生能力。因此,耗散结构理论建模方法不太适合高技术企业内生能力模型的构建之中。

2. 产业分析框架建模。产业分析框架建模是迈克尔·E. 波特在分析竞争优势中提出的一种建模方法。迈克尔·E. 波特认为企业的产业的吸引力,即产业效应的大小主要取决于产业的竞争状况和竞争结构,用"五力模型"来描述产业内部的竞争结构,即进入威胁、替代威胁、现有竞争对手之间的威胁、买方讨价还价能力和卖方讨价还价能力,从而构建了产业分析框架的建模方法。这一建模方法不仅运用企业竞争能力、技术合作能力等理论的分析之中,而且还部分地运用企业核心能力理论和利益相关者理论等模型建构之中。这一建模方法从产业角度将企业的主要利益相关者进行了比较全面的考虑与分析,这对于企业如何提高与利益相关者之间的竞争能力具有较强的说明力。

产业分析框架建模对于处理具有产业关联的企业之间的关系与能力来说,具有重要的理论价值和实践意义,但是高技术企业内生能力主要分析内在生态系统中的能力形成、发展与演化及其作用机理,产业分析框架建模方法难以解决这一方面的问题,因此它不适合于高技术企业内生能力的模型建构。

3. 数理统计建模。数理统计建模主要是运用数理统计与概率论的理论,是研究客观事物总体数量的方法论科学,它强调对客观总体进行大量观察,通过归纳推理以获得总体数量方面的综合性认识。在认识客观事物总体数量特征、数量关系和数量规律中,运用在综合指标法、参数估计与假设检验法、相关分析与回归分析法、指数分析法、聚类分析法等多种统计分析方法,以获得对客观事物的综合认识与评价。

数理统计建模大量运用于能力理论建模的实证分析、假设检验之中,还运用于许多经济、金融和管理理论模型的统计建模之中。

4. 制度经济学分析建模。制度经济学分析建模方法主要运用制度经济学的相关理论,来分析企业能力的形成与特点。从劳动分工理论、交易费用理论到企业边界理论都是对企业理论和能力理论进行逻辑分析与理论推导的重要工具,来说明能力模型的制度特征。由于制度经济主要是对社会经济进行宏观分析,难以分析作为微观企业的能力机理,它们通常将企业的内在运行视为"黑箱",对于能力模型的建构存在一些理论不足。

5. 种群生态学建模。种群生态学建模方法主要运用种群生态的理论来建构企业组织理论。种群生态学理论主要是从生物学的自然淘汰学说演变而来的,分析对象为所有组织的生存如何适应的问题,重点不在于个别组织如何改变,而是整个社群或全种群组织的变化。因此,可以说种群生态学是组织的社会生物学理论,组织就是组织的社会生物学中的"物种"。这一建模理论将企业组织看做是生态系统的一部分,一个组织或许跨越了几个行业,并将在与其他组织的紧密关系网络中确定自己的位置。组织生态系统是由组织的共同体与其环境相互作用而形成的系统,它常常跨越了传统的产业边界,带有宏观经济的生态性研究,带有生态经济学的特点。

6. DIM 结构特征分析法建模。DIM 结构特征分析法是比较宏观经济体制常用的研究方法,一些组织理论将这一建模方法加以运用。组织离不开结构,结构是功能的基础,抓住结构特征,就能弄清不同管理组织的本质的不同。因此,结构特征分析法是非常重要的逻辑分析方法和建模工具。

这些建模方法在模型建构中具有一定的条件和前提,如果背离这些条件和前提,建模方法就难以发挥其应用的理论研究价值和意义。

（二）建模方法选择

对于众多的建模方法,它们既有理论优势,也存在许多不足。因此,本章在构建高技术企业内生能力模型中,根据高技术产业的基本特点,从高技术企业发展的总体要求出发,对高技术企业能力的特征进行综合分析,来选择合适的建模方法。本章关于高技术企业内生能力模型的构建主要运用现代生态学理论为主要建模工具,同时结合运用 DIM 结构特征分析法、突变论、数理统计和演化经济学理论等方法,以提高高技术企业内生能力模型的科学性和合理性。

1. 现代生态学理论建模。现代生态学理论和研究方法进行建模是本章构建高技术企业内生能力的核心方法。将高技术企业视为生命体或生态系统,理论界对此已经形成了共识。本章将一个高技术企业就视为一个生态系统,并将这个生态系统分为内在生态和外在生态。其中,外在生态主要是分析企业与环境之间的关系,内在生态主要考虑企业内部要素与因子之间的相互关系。笔者则侧重于内在生态系统的分析和研究,将分子生态学、种群生态学等多个理论运用于高技术企业内在生态系统的分析,从而形成从内部要素到内生因子、从内生因子到内生能力的分析能力体系。同时将现代生态学中物种关系运用于内生因子之间的生态关系分析,将物种进化运用于内生因子的形成分析,并进而分析内生能力的演化机理。

2. 演化经济学和突变论理论。对于高技术企业内生能力的演化机理的分析,除了运用现代生态学理论之外,还运用演化经济学和突变论的相关观点和方法,以增强现代生态学理论分析中对高技术企业经济特性和演化特征分析的不足。演化经济学和突变论能够较好地弥补这些不足。

3. DIM 结构特征分析法。对于高技术企业的内部要素的分析离不开一定的经济学和企业理论的基础,现代生态学理论难以对这些方面完全加以体现。因此,根据经济学和企业理论,运用 DIM 结构特征分析方法对高技术企业内部要素进行结构特征和功能的研究,有助于完善现代生态学理论在企业经济特性和组织管理功能上的研究。

4. 数理统计理论。高技术企业内生能力模型是否科学与合理,需要通过实践来证明。因此,运用数理统计理论主要是对高技术企业内生能力模型理论进行数量统计和分析,从而来验证模型的科学性。

综上所述,高技术企业内生能力模型的建构是以现代生态学理论为主,并结合运用多种建模方法,实现建模方法的优势互补,提高模型的科学性和合理性。

三、高技术企业内生能力模型的构建

关于高技术企业的自主创新能力的管理与提升方面的研究,国内外理论界主要提出了不同看法。

1. 知识管理模式。Iansiti M.(1998)从企业角度论证了创新失败的关键在于技术变化常常是断裂,并导致企业创新活动的失败。因此他强调通过"技术集成",把外部知识吸引进内部,实现系统知识和通用知识的匹配,才能有效地解决创新中的知识缺陷问题①。Sajjad Haider(2003)分析了高技术企业知识缺口形成的原因及其特征,依据企业知识管理理论,设计出高技术企业知识缺口弥补的一般流程,通过知识缺口识别、分类,弥补策略选择等环节最后实现高技术企业知识缺口的弥补(韩赟、高长元,2009)②。芮明杰和陈娟(2004)认为,面临变化更快的市场环境和更加激烈的竞争空间,高技术企业通常会同时面对多种知识缺口,知识缺口弥补策略的选择通常依据企业的知识存量,即企业当前的知识积累情况来决定,并根据企业成长过程中知识缺口的变化,动态地调整知识缺口弥补策略,可以有效地降低高技术企业的经营和管理风险。③ 于晓宇等人(2007)认为,知识管理与高技术企业技术创新模式具有较强的耦合性。一方面,知识管理水平的提高能够影响高技术企业技术创新模式的选择;另一方面,技术创新模式的演进

---

① Iansiti M. Technology Integration: Making Critical Choices in a Dynamic World. Harvard School Press,1998.

② 韩赟、高长元:《高技术企业知识缺口弥补流程研究》,《科学学研究》2009 年第 9 期,第 1370—1375 页。

③ 芮明杰、陈娟:《高技术企业知识体系概念框架及其内部互动模型———一个解释知识创新过程的新框架》,《上海管理科学》2004 年第 2 期,第 7—10 页。

也会促进高技术企业知识管理水平的提高。因此,应该从两者的耦合性上把握知识管理与技术创新的关系,并将知识管理的重点聚焦在推动技术创新模式的演进上,进而全面提升技术创新绩效[1]。这一观点主要强调了知识管理对于提升高技术企业自主创新能力的重要价值。

2. 企业集聚模式。Malmberg C. 和(2002)认为,提出本地化的知识溢出是高技术企业不断适应、学习、创新以及因此而带来的竞争力提高的驱动力[2]。Nunzia C. (2004)认为,创新能力是高技术产业集群竞争优势的最重要来源,也是集群持续发展的动力[3]。知识溢出是高技术企业集聚成群的主要动因,知识溢出效应是集群中企业提高创新能力的根本原因(Grossman G. ,Helpman E. ,1992)[4]。高闯和潘忠志(2007)分析了高技术企业集群中企业在技术创新中的策略性行为,论证了集群中促进企业创新合作的制度安排[5]。张铁山和赵光(2009)将高技术企业创新能力分为知识创新能力、文化创新能力和要素创新能力,把集群对高技术企业创新能力的影响概括为知识溢出、创新要素资源的获得、根植性的集群创新文化三个方面,论述了集群对高技术企业创新能力的影响[6]。欧光军和李永周(2009)通过阐述产品创新网络化基础理论背景入手,构建基于集群产品创新系统有序集成的集群知识网络平台,并阐述系统平台的创新实现机制[7]。这一观点主

---

① 于晓宇、谢富纪、彭鹏:《知识管理与高技术企业技术创新模式的耦合性机理研究》,《情报科学》2007 年第 2 期,第 302—305 页。

② Malmberg A. The Elusive Concept of Localization Economies:towards a Knowledge-based Theory of Spatial Clustering. Environment and Planning,2002.

③ Nunzia C. Innovation Processes within Geographical Clusters:a Cognitive Approach. Technovation,2004,24(1):pp. 17 - 28.

④ Grossman G. 、Helpman E. Innovation and Growth in the Global Economy. Cambridge:MIT Press,1992.

⑤ 高闯、潘忠志:《高技术集群企业合作创新博弈及其制度分析》,《科技进步与对策》2007 年第 3 期,第 65—67 页。

⑥ 张铁山、赵光:《集群对高技术企业创新能力的影响分析》,《中国科技论坛》2009 年第 1 期,第 31—35 页。

⑦ 欧光军、李永周:《高技术企业集群产品创新知识集成实现研究》,《科技管理研究》2009 年第 10 期,第 404—406 页。

要强调通过高技术企业集聚来提高自主创新能力。

3. 创新环境模式。傅家骥（1998）对自主创新的含义和特点、自主创新的优缺点、自主创新与我国技术创新战略的选择进行了探讨，并从宏观战略和微观战略的视角对进行自主创新的意义进行了分析①。刘俊杰和傅毓维（2007）运用系统动力学对高技术企业创新环境进行研究，绘制因果关系图，构建了流图模型，使用 Vensim 软件对模型进行仿真。通过仿真结果分析，确定了影响高技术企业创新过程的重要环境因素，并提出相应对策②。这一观点主要研究了外部环境对于促进高技术企业自主创新能力的作用机理。

4. 组织行为模式。王步芳（2001）认为，高技术企业的组织结构应该从传统的机械组织向有机式组织演变，创造性地实现网络组织管理③。刘志迎、王伟浩（2003）认为，高新技术企业组织结构可以采用无边界组织、虚拟组织、学习性组织等模式④。张维迎等（2005）利用中关村科技园区的企业数据，发现了企业年规模、技术效率、研发投入和负债率等因素对处于不同增长分位的企业非对性影响⑤。陶长琪（2003）认为，高技术企业由于本身的特点决定着它和传统企业有着不同的成长生命阶段，并通过理论分析揭示出高新技术企业在不同成长阶段的特点⑥。这一观点分析高技术企业的组织形态与自主创新能力的内在联系。

5. 投入融资模式。Landier A.（2002）、Winton A. 和 Yerramilli V.（2004）、Bettignies J. E 和 Brander J.（2006）等人从不完全契约角度研究了

　　①　傅家骥:《技术创新学》,清华大学出版社1998年版。

　　②　刘俊杰、傅毓维:《基于系统动力学的高技术企业创新环境研究》,《科技管理研究》2007年第12期,第24—26、33页。

　　③　王步芳:《新经济与高科技企业创新》,《发展论坛》2001年第10期。

　　④　刘志迎、王伟浩:《高科技企业组织创新理论研究综述》,《太原理工大学学报》2003年第9期。

　　⑤　张维迎、周黎安、顾全林:《高新技术企业的成长及影响因素:分位回归模型的一个应用》,《管理世界》2005年第5期,第94—101页。

　　⑥　陶长琪:《对高新技术企业成长生命周期的探讨》,《科学管理研究》2003年第10期,第55—58页。

高技术企业对于股权融资和债务融资的选择①。David B. Audretsch(2004)认为,具有风险投资背景的企业相对其他融资方式的企业具有较好的绩效②。龙勇和常青华(2008)从企业的产品创新特性出发研究风险投资和债务融资两种不同类型投资者对高新技术企业成长的影响③。王中兴和张弛(2008)针对后发优势理论与中国高技术产业内资企业市场份额不断下降的矛盾,通过实证分析1995—2005年中国高技术产业新产品销售等数据,发现中国高技术产业内资企业技术引进存在着显著的双重效应,即内资企业技术引进费用与其新产品销售收入存在显著的负相关关系,与其新产品出口销售收入却存在显著的正相关关系④。这一观点主要分析了高技术企业研发投入的融资方式与自主创新能力的关系。

　　上述研究成果从知识管理、企业集聚、创新环境、组织行为等角度对提高高技术企业的自主创新能力提供了重要的理论指导。但是,这些研究成果主要从外在因素进行研究,没有考虑高技术企业自主创新能力的内源性因素,没有将技术自主创新纳入高技术企业的内在生态系统中进行系统分析,尤其是没有考虑到高技术企业自主创新的演化机理,使得高技术企业自主创新的管理模式没有充分发挥应有的价值。笔者从高技术企业的内在生态系统为切入点,通过探析高技术企业自主创新能力的演化机理,系统地分析高技术企业自主创新能力及其相关内生因子的生态关系和作用机理,构建促进高技术企业的自主创新能力模型。

　　基于国内外关于高技术企业内生能力的理论综述,根据高技术企业内

　　①　Landier A. Start-up Financing:From Banks to Venture Capital. Working Paper, University of Chicago, 2002. Winto A., Yerramilli V. A Model of Entrepreneurial Finance. Working Paper, University of Minnesota, 2004. Bettignies J. E., Brander J. Financing Entrepreneurship:Bank Finance Versus Venture Capital. Journal of Business Venturing, 2006, doi:10. 1016/j. jbusvent. 2006. 7. 5.

　　②　David B. Audretsch. Financing High-Tech Growth:The Role of Debt and Equity. Working Paper, SSRN, 2004.

　　③　龙勇、常青华:《高技术创业企业创新类型、融资方式与市场策略关系研究》,《科学学与科学技术管理》2008年第1期,第70—74页。

　　④　王中兴、张弛等:《中国高技术产业内资企业技术引进的双重效应分析》,《技术经济》2008年第8期,第18—21、43页。

生因子的特征、构成与形成机理,结合高技术企业内生能力的特征及其演化机理,从而构建了高技术企业的内生能力模型(见图6－1)。

由图6－1可见,高技术企业的内生能力模型是一个内生因子对企业的运行与发展产生作用的能力体系,包括四个基本层面:要素层、因子层、能力层和因子能力模型层。

(1)高技术企业内生能力模型的要素层。要素层是对高技术企业的内部要素进行分析,形成了以知识要素、决策要素、利益要素、组织要素和道德要素为主的要素体系。

(2)高技术企业内生能力模型的因子层。通过对要素层的生态性分析,从而形成了高技术企业内在生态系统的关键种因子、优势种因子和冗余种因子。其中,关键种因子主要是以技术性知识为核心的内生因子,优势种因子主要包括:决策因子、组织因子、激励因子和文化因子,冗余种因子主要是关键种因子、优势种因子和从属种因子的相对过剩所形成的因子冗余。

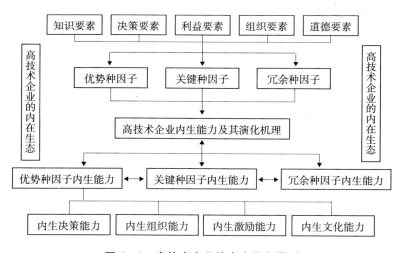

图6－1　高技术企业的内生能力模型

(3)高技术企业内生能力模型的能力层。根据高技术企业的关键种因子、优势种因子和冗余种因子的生态内涵、特征与形成,分析它们在内在生态系统中的功能和价值,形成高技术企业内生能力及其演化机理。内生能力主要包括关键种因子内生能力、优势种因子内生能力和冗余种因子内生能力。其中,优势种因子内生能力主要包括:内生决策能力、内生组织能力、内生激励能力和内生文化能力。

(4)高技术企业内生能力模型的因子能力模型层。根据高技术企业内生能力及其演化机理,从而构建高技术企业内生能力模型。高技术企业内生能力模型包括:关键种因子内生能力模型、优势种因子内生能力模型和冗余种因子内生能力模型。其中,优势种因子内生能力模型主要包括:内生决策能力模型、内生组织能力模型、内生激励能力模型和内生文化能力模型。关键种因子内生能力对高技术企业的内生能力起到决定性作用;优势种因子内生能力对高技术企业内生能力的控制性作用:一方面对关键种因子内生能力起到评价和生态服务作用,同时对其他内生因子起控制作用;冗余种因子内生能力对高技术企业内生能力起缓冲、保险、能力储备和生成新的内生能力的作用,从而构成了内生能力体系。这些内生能力模型将在下文进行详细分析。

四、关键种因子的内生能力模型

从创新学习能力层级演化到创新模仿能力层级,从模仿—创新能力层级演化到自主创新层级,关键种因子内生能力是一个不断将外在技术源转变为内在技术源的过程,最终实现企业对前沿知识能够进行自主技术化、自主产品化和自主市场化的能力目标。

(一)关键种因子运用前沿知识的基本界定

关键种因子对各类前沿知识的综合对比、分析和选择的基础上,实现对前沿知识多样化的减维,从而确定进行技术化、产品化和市场化的前沿知识。

1. 前沿知识投入与知识产出

国内外许多研究表明[1],前沿知识在高技术企业内在生态系统中投入

---

[1] 梅丽莎·A. 希林著,谢伟、王毅译:《技术创新的战略》,清华大学出版社 2005 年版,第 35 页。

与产生呈现 S 形曲线,即在达到一定投入水平之前,内在生态系统的知识边际生产力与投入呈正相关,而超过这一投入水平之后,便开始下降。前沿知识的投入与产出的这种 S 形曲线符合生态学有限空间种群增长的 Logistic 方程,其数学模型可表示如下:

$$KP = \frac{k_m}{1 + e^{c-bx}} \tag{6.1}$$

其中,KP 为高技术企业内在生态系统的知识产出,x 为内在生态系统的知识投入,b 为估算系数,表示知识产出的变化率,k_m 为在知识投入的各内生因子均为合理的条件下内在生态系统能够达到的潜在最大知识产出,c 为估算系数。

2. 关键种因子的知识投入弹性

根据式 6.1,高技术企业内在生态系统的知识转化效率可以用边际知识生产力(MKP)、平均知识生产力(AKP)和知识投入弹性(E_{KP})三项指标来进行评价。

边际知识生产力(MKP)指在任一知识投入水平增加或减少单位知识投入而引起的知识产出的变化量,对式 6.1 求导,可推出其表达式为:

$$MKP = \frac{dKP}{dx} = \frac{k_m \cdot b \cdot e^{c-bx}}{(1 + e^{c-bx})^2} \tag{6.2}$$

由于高技术企业内在生态系统也有一定的外部知识产出,因此,评价辅助知识效率应该只考虑辅助知识投入后产生的知识产出的增加,平均能量生产力(AKP)指内在生态系统单位辅助知识投入所产生的知识产出的增加量,其表达式为:

$$AKP = \frac{KP - KP^0}{x} \tag{6.3}$$

其中,KP^0 指在没有任何辅助知识投入的情况下系统的知识产出。

知识投入弹性(E_{KP})指单位知识投入变化率所引起的知识产出变化率的大小,其表达式如下:

$$E_{KP} = \frac{dKP/(KP - KP^0)}{dx/x} = \frac{dKP/dx}{(KP - KP^0)/x} = \frac{MKP}{AKP} \tag{6.4}$$

由式 6.4 可见,知识投入弹性可以表示为单位知识生产力变化引起的边际知识生产力的变化量。根据 Logistic 方程的数学特征,高技术企业内在生态系统的知识产出(KP)、边际知识生产力(MKP)、平均知识生产力(AKP)和知识投入弹性(E_{KP})曲线如图 6-2 所示。

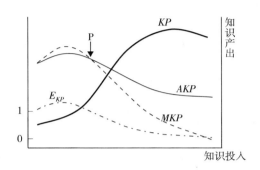

图 6-2　高技术企业内在生态知识投入与产出、MKP、AKP 和 E_{KP}关系

如图 6-2 所示,在初始阶段,$MKP>AKP$,$E_{KP}>1$ 且不断上升;但是当知识投入增加到一定量后,知识投入弹性开始下降。当知识投入达到 P 点时,$MKP=AKP$,$E_{KP}=1$。由此可见:

(1)在低于 P 点的知识投入水平的情况下,高技术企业内在生态系统具有较大的知识投入弹性,完全可以通过从企业外部遴选并吸收更多的前沿知识来增加企业的知识产出,因此可以认为低于 P 点的知识投入水平是不合理的。

(2)当知识总体投入水平高于 P 点的知识投入量时,高技术企业内在生态系统追加的单位知识投入获得的产出呈下降趋势,但是知识总产出仍然继续增加。此时,MKP 趋向于 0,E_{KP}也趋向于 0。这表明在这样高的知识投入水平下,通过从企业外部遴选和吸引前沿知识已经不可能提高高技术企业内在生态系统的知识产出,相反还可能会降低内在生态系统的产出。因此,当 $E_{KP}\in(0,1]$时,知识投入水平是合理的知识投入范围,能够获得理想的知识总产出。

(二)关键种因子的知识转化

从协同学角度,关键种因子的知识转化是高技术企业对知识产出的自技术化、自产品化和自市场化。在这个自组织系统中,使用的基本工具是动力学方程,建立关键种因子内生能力演化方程首先要选取演化方程的状态变化参量。

高技术企业内在生态系统对前沿知识的转化是非线性的,并存在正负反馈机制。设内在生态系统的关键种因子的知识投入弹性系数为 E_{KP},关键种因子受高技术企业内在生态系统中其他内生因子制约关系水平系数为 s,优势种因子内生能力的水平系数用 h 表示。内在生态系统还受到随机"涨落"力的作用,用 ζ 表示。则高技术企业关键种因子内生能力在高技术企业内在生态系统中的演化可以通过 E_{KP}、s 和 h 的关系加以表示为:

$$\dot{h} = f(E_{KP}, s, h, \zeta) \tag{6.5}$$

在高技术企业内在生态系统中,s、E_{KP} 和 h 在式6.5的一阶导数($\dot{h}$)中具有特定的函数关系。s 是知识产出进行技术化、产品化和市场化的正反馈机制的强度因子,当 $s=0$ 时,这种正反馈机制对关键种因子内生能力的演化没有意义;当 $s<0$ 时,这种正反馈机制会导致关键种因子内生能力产生衰退;当 $s>0$ 时,这种正反馈机制促进关键种因子内生能力不断进步。关键种因子内生能力演化存在阻尼项,由于变量 h 对关键种因子内生能力演化影响作用较大,以3次方的形式表示阻尼作用,即在对 $\dot{h}$ 的作用中存在 $-h^3$ 阻尼因子。E_{KP} 是相对于变量 h 构成对关键种因子内生能力演化的相对增长率,可以表示为:

$$E_{KP} = \frac{\dot{h} =}{h} \tag{6.6}$$

因此,忽略随机扰动,式6.5的一阶导数($\dot{h}$)可以表示为:

$$\dot{h} = -4h^3 - 2E_{KP} \cdot h - s \tag{6.7}$$

高技术企业的关键种因子内生能力的形成与作用机理符合托姆突变理论的尖点突变模型①②③,则它的势函数可以表示为:

---

① 凌复华:《突变理论及其应用》,上海交通大学出版社 1987 年版,第 101—106 页。

② 勒内·托姆著,周仲良译:《突变论:思想和应用》,上海译文出版社 1989 年版,第 112—122 页。

③ Liu J. M., Gong C. D. A Justification for the Scaling of the Thom-system. Communication of Theoretical Physis (China),1982,(1):pp.405-412.

$$V(h) = h^4 + E_{KP} \cdot h^2 + s \cdot h \tag{6.8}$$

式 6.8 中,状态变量为 h,控制变量为 E_{KP} 和 s。由式 6.8 得到:

$$\frac{dV(h)}{dh} = 4h^3 + 2E_{KP} \cdot h + s = 0 \tag{6.9}$$

根据式 6.9 有一维相空间即 h 轴,两维变量空间即 E_{KP}-s,构成三维乘积空间 E_{KP}-s-h。E_{KP}、s 和 h 的全部不动点构成乘积空间的一张曲面 M,得到高技术企业的关键种因子内生能力演化图①②③(见图 6-3)。

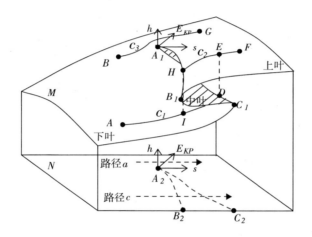

图 6-3　高技术企业的关键种因子内生能力演化图

在图 6-3 中,曲面 M 是光滑曲面,从原点 $(0,0,0)$ 开始,在 $E_{KP} \leqslant 0$ 半空间中,曲面 M 上有一个逐渐扩展的三叶折叠区,关键种因子发生能力突变。上叶和下叶是势函数 $V(h)$ 的极小点,势函数稳定。其中,上叶表示关键种因子处于较高的能力水平,即处于自主创新能力层级;下叶表示关键种因子处于较低的能力水平,即处于创新学习能力层级。中叶是势函数 $V(h)$

①　凌复华:《突变理论及其应用》,上海交通大学出版社 1987 年版,第 101—106 页。

②　勒内·托姆著,周仲良译:《突变论:思想和应用》,上海译文出版社 1989 年版,第 112—122 页。

③　Liu J. M., Gong C. D. A Justification for the Scaling of the Thom-System. Communication of Theoretical Physics (China), 1982, (1): pp. 405-412.

的极大点,势函数不稳定,是关键种因子不可达到的能力状态。折叠曲面的两条棱,即上叶与中叶的分界线(A_1HB_1)、中叶与下叶的分界线(A_1DC_1)。在$E_{KP}>0$的半空间中,在曲面 M 上,关键种因子发生能力渐变,不发生能力突变。

在图 6-3 中,曲线 c_1 和 c_2 是高技术企业关键种因子发生能力突变的任意一条能力演化轨迹,路径 c 是曲线 c_1 和 c_2 在控制变量平面 $E_{KP}-s$ 上的投影,其中 A 点是关键种因子在较低能力水平的任意一个初始能力状态;F 点是关键种因子在较高能力水平的任意一个能力状态;D 点是关键种因子在较低能力水平会发生能力突变的能力状态;E 点是关键种因子在 D 点发生能力突变后达到的较高能力水平的能力状态;H 点是关键种因子在较高能力水平会发生能力突变的能力状态;I 点是关键种因子在 H 点发生能力突变后达到的较低能力水平的能力状态。曲线 c_3 是关键种因子发生能力渐变的任意一条能力演化轨迹,路径 a 是曲线 c_3 在控制变量平面 $E_{KP}-s$ 上的投影,其中 B 点是关键种因子在较低能力水平的任意一个初始能力状态,G 点是关键种因子在较高能力水平的任意一个能力状态。

将式 6.9 两边微分,得到

$$12h^2 + 2E_{KP} = 0 \tag{6.10}$$

求解联立方程组(式 6.9 和式 6.10),得到

$$\begin{cases} E_{KP} = -6h^2 \\ s = 8h^3 \end{cases} \tag{6.11}$$

由式 6.11 可以得到

$$\begin{cases} h = \pm\sqrt{-\dfrac{E_{KP}}{6}} \\ h^3 = \dfrac{s}{8} \end{cases} \tag{6.12}$$

将式 6.12 代入式 6.9 中,消去 h,得

$$4 \times \frac{s}{8} + 2 \times E_{KP} \cdot \left(\pm\sqrt{-\frac{E_{KP}}{6}} \right) + s = 0 \tag{6.13}$$

对式 6.13 整理变形可以得到

$$8E_{KP}^3 + 27s^2 = 0 \qquad (6.14)$$

式 6.14 解的集合表示曲面 M 上两条棱 A_1HB_1 和 A_1DC_1 在控制变量平面 E_{KP}-s 上的投影,即曲线 A_2B_2 和 A_2C_2(见图 6-3)。A_2B_2 为关键种因子内生能力的不稳定边界,A_2C_2 为关键种因子内生能力的跳跃边界。当控制变量 E_{KP} 和 s 的变化没有到达此曲线 A_2B_2 或 A_2C_2 时,关键种因子内生只发生能力的量变,不发生能力的质变;一旦到达曲线 A_2B_2 或 A_2C_2 时,关键种因子内生能力就会出现质变。

关键种因子内生能力突变存在理想滞后。在图 6-3 中,当关键种因子内生能力沿着路径 c 作反向演化时,即从 F 点沿 c_3 和 c_1 向 A 点演化时,先碰到分岔曲线 A_2C_2,但不出现能力突跳,而是须到分岔曲线 A_2B_2 的 J 点时才发生能力突跳;同理,当关键种因子内生能力沿着路径 c 进行演化时,首先碰到分岔曲线 A_2B_2,但不发生能力突跳,而是须到分岔曲线 A_2C_2 的 K 点时才发生能力突跳。这两种现象均为关键种因子内生能力的突跳滞后性,反映能力突变的发生与控制变量 E_{KP} 和 s 变化的方向有关。

(三)关键种因子内生能力模型

根据新技术物种与旧技术物种的竞争关系、内在生态的知识投入与产出关系和关键种因子内生能力的演化机理,建立高技术企业关键种因子的内生能力模型。

1. 创新学习能力层级。当 E_{KP}、s 和 h 沿着 c_1 由 A 点向 D 点方向连续变化(即沿着路径 c),且没有到达 D 点时,知识投入弹性系数 $E_{KP} \leqslant 0$,且保持不变,随着知识转化系数 s 不断增加,优势种因子的作用系数 h 在下叶连续增加,三者处于一个相对稳定状态。关键种因子没有发生能力突变,曲线 c_1 和 c_2 在变量平面 h-s 上的投影呈一条 S 形曲线(见图 6-4)。高技术企业的优势种因子的内生能力能够支持关键种因子进行创新能力的学习,并且获得从企业外界掌握一定的前沿知识,在 A_1DC_1 边缘之前(即未到达 D 点之前)进行能力渐变,创新学习能力不断增强,但是没有能力进行前沿知识的技术化、产品化和市场化,新技术物种的边际增长率 $r_N = 0$,新技术物种不能形成,旧技术物种获胜。此阶段高技术企业的关键种因子处于创新学习能力层级。

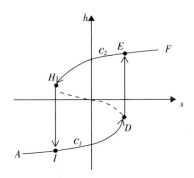

图6-4 关键种因子内生能力突变图

2. 自主创新能力层级。当 E_{KP}、s 和 h 沿着 c_1（即路径 c）从 A 点向 D 继续向 c_2 方向连续变化并且越过 D 点时，s 和 h 迅速增强，在 A_1DC_1 边缘上（即在 D 点处）发生能力突变；当到达 E 点后，关键种因子的内生能力由创新学习能力层级突变到自主创新能力层级，并达到一个新的能力稳定状态。也就是说，高技术企业关键种因子在优势种因子内生能力的有效支持下，知识转化能力增强，新技术物种的边际增长率 r_N 值无限接近于 1，与旧技术物种的竞争系数 α 增强，新技术物种获胜，旧技术物种被淘汰。此阶段高技术企业的关键种因子处于自主创新能力层级。

当 E_{KP}、s 和 h 到达 E 点后，关键种因子存在三种比较典型的能力演化趋势：

① 第一种演化趋势：当 E_{KP}、s 和 h 沿着 c_2 由 E 点向 F 点方向不断连续变化，关键种因子内生能力处于相对稳定状态，自主创新能力不断提高。

② 第二种演化趋势：当 E_{KP}、s 和 h 沿着 c_2 由 E 点向 H 点方向不断连续变化，关键种因子内生能力处于相对稳定状态，自主创新能力则不断降低。当 E_{KP}、s 和 h 沿着 c_2 由 E 点向 H 点方向连续变化，且越过 H 点达到 I 点时，关键种因子的内生能力发生突变，退回到创新学习能力层级。

③ 第三种演化趋势：当 E_{KP}、s 和 h 由 E 点向曲线 BG 方向变化时，关键种因子内生能力发生渐变，逐渐丧失自主创新能力，进入创新模仿能力

层级。

3. 创新模仿能力层级。当 E_{KP}、s 和 h 沿着 c_3（即路径 a）从 B 点向 G 点方向连续变化时，知识投入弹性系数 $E_{KP}>0$，且保持不变；知识转化系数 s 不断增加，且 $s<0$，优势种因子内生能力的作用系数 h 不断增加。关键种因子发生能力渐变，曲线 c_3 在变量平面 $h-s$ 上的投影呈一条扁平的 S 形曲线（见图 6-5）。在这个能力演化过程中，高技术企业关键种因子的知识产出较高，但是知识转化能力较低，优势种因子的促进作用比较明显。此种状态下，高技术企业没有出现新技术，但是能力层级明显高于创新能力学习层级；新技术物种的边际增长率 $r_N=0$，新技术物种不能形成，旧技术物种获胜。因此，高技术企业关键种因子从创新学习能力层级向创新模仿能力层级过渡。

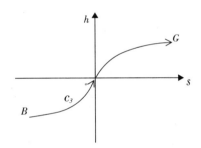

图 6-5 关键种因子内生能力渐变图

4. 创新—模仿能力层级。当 E_{KP}、s 和 h 沿着 c_3（即路径 a）从 B 点向 G 点方向连续变化时，知识投入弹性系数 $E_{KP}>0$，且保持不变；知识转化系数 s 不断增加，且 $s\geqslant0$（见图 6-5），优势种因子内生能力的作用系数 h 水平较高，对关键种因子的促进作用显著，新技术物种与旧技术物种的竞争系数 α 处于 $(0,1)$ 之间，不能完全排斥旧技术物种，是新技术物种与旧技术物种并存。因此，关键种因子已经不具备自主创新能力，处于创新能力与模仿能力并存的状态，即创新—模仿能力层级，并最终演化到自主创新能力层级。

5. 与技术自主创新能力相比，关键种因子的创新学习能力、创新模仿能力和创新—模仿能力，企业技术创新的学习成本较高，而技术创新的学习收益偏低,内生能力的边际收益呈现由增到减的趋势,总体上表现为边际规模效益递减;而技术自主创新能力则与之相反,表现出边际规模效益递增的趋势。因此,实现技术自主创新能力层级是高技术企业内生能力追求的理想能力状态。

五、优势种因子的内生能力模型

根据优势种因子内生能力与关键种因子内生能力的特性、演化机理及其生态关系,优势种因子的内生能力体现于两个方面:

1. 优势种因子对关键种因子的形成、发展与演化具有评价和选择的能力,主要体现于高技术企业的内生因子及其要素(包括知识要素、利益要素、组织要素和道德要素)对前沿知识技术化、产品化和市场化的过程进行评价,并作出选择,从而形成高技术企业的内生决策能力。

2. 优势种因子对关键种因子能力的形成、发展与演化具有生态服务性功能,主要表现为高技术企业的内生因子对技术创新、技术运用和技术服务的过程进行优势种因子的功益性服务与支撑,形成内生组织能力、内生激励能力和内生文化能力。因此,高技术企业优势种因子的内生能力模型是由内生决策能力、内生组织能力、内生激励能力和内生文化能力构成的能力体系。

对于高技术企业优势种因子的内生能力模型中涉及的内生决策能力、内生组织能力、内生激励能力和内生文化能力及其模型,本书将在第七章、第八章、第九章和第十章中进行分析和研究。

六、高技术企业内生能力模型的实证分析

(一)关键种和优势种因子内生能力的关系实证

为了验证高技术企业内生因子之间的生态关系,在因子分析中绘制了碎石图(Scree Plot),见图6-6。

在图6-6中,横坐标为因子序号,纵坐标为各因子对应的特征值。在

图中根据因子序号和对应特征值描点,然后用直线相连,即为碎石图。根据点间连线坡度的陡缓程度,可以比较清楚地看出因子的重要程度。比较陡的直线说明直线端点对应因子的特征值差较大,比较缓的直线则对应较小的特征值差值。因此,因子1、因子2、因子3、因子4和因子5的连线的坡度与其他点间的连线要陡得多,说明前五个因子是主要因子,其他因子为次要因子。

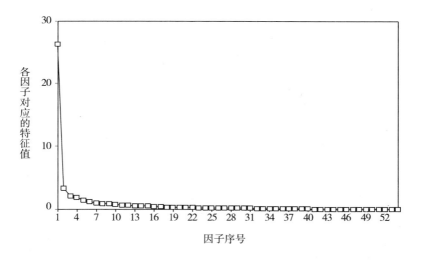

图6-6　因子分析的碎石图

同时,从图6-6中,还可以对前五个因子进行比较。第一个因子(即技术因子)与第二因子的连线更陡峭,这说明第一个因子更为重要,因此,技术因子成为高技术企业的关键种因子。而其他4个因子(即决策因子、组织因子、激励因子和文化因子)相对于其他因子来说,又显得比较重要,但是重要程度明显低于技术因子,因此,它们共同成为高技术企业的优势种因子。其余的因子的重要程度明显较低,故不再区分从属种因子和冗余种因子,一并列入冗余种因子范围之列。这也是本书未对从属种因子进行分析的又一原因。

(二)关键种因子内生能力模型的实证分析

高技术企业关键种因子内生能力主要反映了高技术企业在企业对前沿

知识的技术化、产品化和市场化中能力体现及其演化,表现为在研发投入中企业研发能力的增强,并促进企业经营业绩的提升。因此,关键种因子内生能力模型主要通过研发投入、研发能力及研发产品销售收入之间的关系分析来加以证明。

　　高技术企业的研发投入与研发能力、研发能力与研发产品销售收入以及研发投入与研发产品销售收入之间的关系运用皮尔逊相关系数(Pearson Correlation)进行了相关分析。分析结果见表6-1。

表6-1　研发投入、研发能力与研发产品销售收入相关分析

		研发投入总额	研发水平	技术水平	专利产品销售收入	自有知识产权产品销售收入
研发投入总额	Pearson相关系数	1	0.302①	0.320②	0.512②	0.027
	双侧显著性检验概率		0.018	0.009	0.001	0.888
研发水平	Pearson相关系数	0.302②	1	0.707②	0.321①	0.417①
	双侧显著性检验概率	0.018	0.0	0.000	0.041	0.024
技术水平	Pearson相关系数	0.320②	0.707②	1	0.535②	0.328
	双侧显著性检验概率	0.009	0.000	0.0	0.000	0.067
专利产品销售收入	Pearson相关系数	0.512②	0.321①	0.535②	1	0.584②
	双侧显著性检验概率	0.001	0.041	0.000	0.0	0.000
自有知识产权产品销售收入	Pearson相关系数	0.027	0.417①	0.328	0.584②	1
	双侧显著性检验概率	0.888	0.024	0.067	0.000	0.0

①　Correlation is significant at the 0.05 level (2-tailed).

②　Correlation is significant at the 0.01 level (2-tailed).

从表 6-1 中可以看出,研发投入与研发水平和技术水平之间呈现显著的相关性,分别在 0.05 和 0.01 的显著性水平下相关系数为 0.302 和 0.320,这说明知识投入促进了高技术企业技术创新能力之间具有高度的关联性。同理可见,研发水平和技术水平与企业专利产品与自有知识产权产品销售收入之间呈现高度的相关性;研发投入与企业专利产品与自有知识产权产品销售收入之间同样呈现高度的相关性。

为了说明研发投入、研发能力与研发能力产出(即新技术产品的销售收入)之间的演化关系,分别构建了三者的时间序列,运用采用 SPSS 统计分析软件,运用 Linear 模型、Exponential 模型、Quadratic 模型、Cubic 模型、Power 模型、Growth 模型和 Logistic 模型对三者关系分别进行非线性回归分析和比较。通过对这些模型的复回归系数(Rmu)与判定系数(Rsq)、F 值(F)与显著性水平(Sigf)进行比较,综合判定 Cubic 模型拟合的方程较为显著,因此,运用 Cubic 模型分别以研发投入和关键种因子内生能力为自变量,对关键种因子内生能力、新技术产品销售收入进行了非线性回归分析。

表 6-2　回归模型分析结果

Dependent	Mth	Rsq	d. f.	F	Sigf	b0	b1	b2	b3
LCL_1①	CUB	0.054	61	1.17	0.328	-4733.2	7.3463	-0.0169	9.9E-06
LCL_2	CUB	0.071	61	1.55	0.211	-3833.7	17.9337	-0.0208	3.4E-06
LCL_3	CUB	0.177	61	4.37	0.007	-5517.8	8.2403	-0.0137	5.8E-06

从表 6-2 中可以看出,F 值均明显大于显著性水平 Sigf 值,Cubic 模型通过显著性检验,其模型参数是有效的。以 LCL_3 为例,绘制了关键种因子内生能力与自有知识产权产品销售收入之间的回归曲线图(见图 6-7)。

---

　① LCL_1 为关键种因子内生能力在剔除偶然性因素变动影响下,即运用非线性分析模型进行自回归分析拟合结果,以研发投入为自变量回归分析得到的相关判别系数。LCL_2 为专利产品销售收入在剔除偶然性因素变动影响下,即运用非线性分析模型进行自回归分析拟合结果,以关键种因子内生能力为自变量回归分析得到的相关判别系数。LCL_3 为自有知识产权产品销售收入在剔除偶然性因素变动影响下,即运用非线性分析模型进行自回归分析拟合结果,以关键种因子内生能力为自变量回归分析得到的相关判别系数。

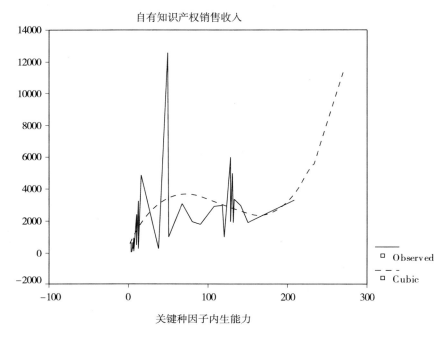

图6-7　关键种因子内生能力与自有知识产权产品销售收入之间的回归曲线

从图6-7中可以明显地看出,当关键种因子内生能力从创新学习能力层级演化到创新模仿能力层级、从创新—模仿能力层级演化到自主创新层级演化时,其内生能力的规模产出水平具有明显的边际收益递增的趋势,体现了内生能力在促进技术进步和企业发展中具有内源性、自调节性、功益服务性、演化性和增益性等能力特征。

(三)优势种因子内生能力模型的实证分析

优势种因子内生能力模型的实证分析主要包括对内生决策能力、内生组织能力、内生激励能力和内生文化能力之间的生态关系及其在高技术企业运行与发展中具体的作用与价值。

(1)优势种因子内生能力生态关系的实证分析

为了充分显示各优势种因子内生能力之间的生态关系,在研究中首先对不符合内生能力特征的高技术企业调查数据进行了剔除,运用皮尔逊相关系数(Pearson Correlation)进行内生决策能力、内生组织能力、内生激励能力和内生文化能力之间的相关分析,分析结果见表6-3。

表6-3　优势种因子内生能力之间的相关分析

		内生决策能力	内生组织能力	内生激励能力	内生文化能力
内生决策能力	Pearson 相关系数	1	0.573①	0.23①	0.606①
	双侧显著性检验概率	0.00	0.000	0.000	0.000
内生组织能力	Pearson 相关系数	0.573①	1	0.197①	0.464①
	双侧显著性检验概率	0.000	0.00	0.001	0.000
内生激励能力	Pearson 相关系数	0.232①	0.197①	1	0.322①
	双侧显著性检验概率	0.000	0.001	0.00	0.000
内生文化能力	Pearson 相关系数	0.606①	0.464①	0.322①	1
	双侧显著性检验概率	0.000	0.000	0.000	0.00

从表6-3中可以看出,内生决策能力、内生组织能力、内生激励能力和内生文化能力之间在置信度为99%(显著性水平为0.01)的情况下,显示出较高的关联性,这充分反映了内生决策能力、内生组织能力、内生激励能力和内生文化能力之间存在的相互影响、相互作用的生态服务关系,从而证明了优势种因子内生能力模型是由内生决策能力、内生组织能力、内生激励能力和内生文化能力构成的能力体系。

2. 优势种因子内生能力与关键种因子内生能力的关系分析

高技术企业的优势种因子内生能力模型是在关键种因子内生能力的影响下并对其进行作用与反馈的能力体系,它与关键种因子内生能力之间的作用关系,进行了回归分析,以说明两者的能力关系。

对于优势种因子内生能力与关键种因子内生能力之间的关系运用了多元一次线性回归方程,以优势种因子内生能力为自变量,进行了回归分析,分析结果见表6-4。

---

① Correlation is significant at the 0.01 level (2-tailed).

表6-4 优势种因子与关键种因子内生能力回归分析①

| 模型 | 非标准化系数 | | 标准化系数 | t | 显著性水平 |
	偏回归系数	标准误差	标准化偏回归系数		
常数	22.058	4.358		5.061	0.000
内生决策能力	0.202	0.041	0.154	2.487	0.013
内生组织能力	0.399	0.047	0.118	2.120	0.035
内生激励能力	0.117	0.051	0.110	2.299	0.022
内生文化能力	0.407	0.056	0.436	7.271	0.000

从表6-4的分析结果可以看出,内生决策能力、内生组织能力、内生激励能力和内生文化能力的 t 值明显大于显著性水平 Sig. 值,通过显著性检验,因此根据表中 B 值建立了多元一次线性方程。

关键种因子内生能力 = 22.058 + 0.202 × 内生决策能力 + 0.399 × 内生组织能力 + 0.177 × 内生激励能力 + 0.407 × 内生文化能力 (6.15)

从式6.15中系数可以看出,内生决策能力、内生组织能力、内生激励能力和内生文化能力对关键种因子内生能力具有明显的功益服务性,其中内生文化能力和内生组织能力对于关键种因子内生能力的提高具有更为重要的作用,从而证明了高技术企业优势种因子内生能力模型的合理性。

七、本章小结

基于第四、五章的分析,本章构建了高技术企业内生能力模型。

为了分析高技术企业内生能力的特征,探讨高技术企业内生的构成体系及其演化机理,本章通过研究各内生因子能力之间的生态关系,从而探讨了内生能力的作用路径与运行机理,构建了高技术企业内生能力模型。在模型构建中,通过对多种建模方法的比较,最终以现代生态学理论为主,同

---

① Dependent Variable:关键种因子的内生能力。

时将 DIM 结构特征分析法、突变论、数理统计和演化经济学理论等多种建模方法相结合,从而提高模型建构的科学性和合理性。

高技术企业内生能力模型是内生因子对企业的运行与发展产生作用的能力体系,形成了要素层、因子层、能力层和因子能力模型层等四个层面,主要包括关键种因子内生能力模型、优势种因子内生能力模型和冗余种因子内生能力模型。

关键种因子内生能力模型是运用新技术物种与旧技术物种的竞争关系、内在生态的知识投入与产出关系和关键种因子内生能力的演化机理,根据知识转化系数、知识投入弹性系数和优势种因子的作用系数的不同变化,分析了关键种因子内生能力从创新学习能力到创新模仿能力、从创新—模仿能力到自主创新能力不断提升的过程;在这个过程中,不断追求边际规模效益递增,实现高技术企业关键种因子内生能力的生态价值与作用。

优势种因子内生能力模型是根据优势种因子内生能力与关键种因子内生能力的特性、演化机理及其生态关系,分别从不同能力关系形成相应的内生能力:从优势种因子对关键种因子的形成、发展与演化具有评价和选择的能力,形成了高技术企业的内生决策能力模型;从优势种因子对关键种因子能力的形成、发展与演化具有生态服务性功能,形成了内生组织能力模型、内生激励能力模型和内生文化能力模型。由内生决策能力、内生组织能力、内生激励能力和内生文化能力共同构成了高技术企业优势种因子的内生能力体系。

高技术企业的关键种因子能力、优势种因子内生能力和冗余种因子内生能力共同构成了高技术企业内生能力体系,构建了高技术企业的内生能力模型。

第七章　高技术企业的内生决策能力

　　技术自主创新已经成为我国企业参与国际竞争,促进企业可持续发展的重要战略选择。技术自主创新决策不仅关系到高技术企业的投资收益,而且还影响高技术企业技术创新能力的发展。对于高技术企业技术自主创新的决策问题,近年来学术界的研究成果可以分为三种类型:第一类成果是技术研发的策略选择(Das T. & Teng Bing-sheng, 2000[①]; Tether Bruce, 2002[②];葛泽慧和胡其英,2006[③]),着重研究技术合作研发动机及其交易成本问题,强调技术创新中合作研发的作用,没有考虑技术自主创新。第二类成果是研究高技术企业技术创新投资的实物期权价值的决策(Alvarez L. H. R. & Stenbacka R. ,2001[④]; 吴昊、周焯华和张宗益,2005[⑤]; Han T. J. Smit & Lenos Trigeorgis,2003[⑥];黄东兵,张世英,2006[⑦]) ,主要运用实物期权方法

　　① Das T. ,Teng Bing-sheng. A Resource-based Theory of Strategic Alliances. Journal of Management,2000,(26).

　　② Tether Bruce. Who Cooperates for Innovation,and Why an Empirical Analysis. Research Policy,2002,(31).

　　③ 葛泽慧、胡其英:《具有内生技术共享的合作研发决策分析》,《科研管理》2006 年第 5 期。

　　④ Alvarez L. H. R. , Stenbacka R. Adoption of Uncertain Multistage Technology Projects:A Real Options Approach. Journal of Mathematical Economics,2001,35(1).

　　⑤ 吴昊、周焯华、张宗益:《技术进步条件下投资决策的期权博弈分析》,《科技管理研究》2005 年第 11 期。

　　⑥ Han T. J. Smit, Lenos Trigeorgis. R&D Option Strategies. Working Papers Erasmus University,University of Chicago Graduate School of Business,2003.

　　⑦ 黄东兵、张世英:《关于信息技术创新项目的决策分析》,《自然辩证法研究》2006 年第 3 期。

研究技术创新的投资决策分析,强调了技术创新的市场价值的分析,没有研究高技术企业技术自主创新的其他研发价值及其决策因素。第三类成果是研究技术创新的内部评价与决策体系(吴致远和陈凡,2004[①];张黎夫,2004[②];侯婷和朱东华,2006[③]),主要研究了创新项目技术战略决策中的技术评价方法、创新项目技术评价与决策过程等方面。这些成果从决策技术与方法和技术创新的实际市场收益等角度研究了技术创新决策,没有考虑技术自主创新的内在特性及其影响要素。笔者针对高技术企业关键种因子的形成机理,分析高技术企业的内生决策因子及其寻优层面,从而探讨高技术企业的内生决策能力。

一、高技术企业内生决策的分析维度

高技术企业的内生决策不仅需要评估技术创新所带来的综合收益,还应联系到关键种因子形成机理,以提高决策的可行性。在技术自主创新过程中,高技术企业在特定时期将最新的创新思想和前沿知识相结合,并实现知识运用的产业化的活动过程,反映了技术创新直至关键种因子形成的内在机理。

(一)关键种因子形成机理的维度

据一项综合创新研究成果和基于专利、投资及调研数据的研究显示,发现 3000 个初始思想当中,仅仅有 1 个能够最终在商业上获得成功。企业的技术创新是经历一个对创新思想和前沿知识进行多样性选择的过程,需要

---

① 吴致远、陈 凡:《理性基础的重建与技术决策模式的转换——哈贝马斯交往理性下的技术》,《科学技术与辩证法》2004 年第 10 期。

② 张黎夫:《论企业技术创新决策中的伦理分析》,《江苏工业学院学报》2004 年第 3 期。

③ 侯 婷、朱东华:《基于 SWOT 分析的创新项目技术评价与决策研究》,《科研管理》2006 年第 7 期。

经历一个技术创新隧道（G. Stevens & J. Burley，1997）①。基于技术创新隧道模型，可以分析出高技术企业的技术自主创新和关键种因子形成的机理。

1. 关键种因子形成是高技术企业对前沿知识的综合研发和运用

技术创新是在当代科学技术成就基础上大规模的创新，具有更高的科学输入与知识含量。演化经济学认为，技术创新构成某种通类思想的现实化，即对技术类知识进行转化和运用的过程；同时还包括了经济类知识，它是企业在某种经济环境中所面对的机会和约束，是关于技术创新成果的相对市场价格或该产业中给定的技术机会的知识（库尔特·多普菲，2004）②。关键种因子形成受到前沿知识本身属性的影响和制约。前沿知识具有五个基本特性，即知识的复杂性、知识的丰富性、知识的积累性、知识的创新和知识的共享。它们分别从不同的角度规定了知识特性：①知识的复杂性属于知识的质的范畴，体现于科学知识认识对象的复杂性，即沿量子阶梯上行、下行和扩展；②知识的丰富性属于知识的量的范畴；③知识的积累性强调知识的连续性的动态特征；④知识的创新强调知识的中断和跳跃的动态特征；⑤知识只有在知识共享中才能实现经济和社会的进步（吕乃基，2003）③。

这些特性决定了前沿知识在技术创新中形成知识聚合效应（Cluster Effect of Knowledge，简称为 CE_K）和知识极限效应（Limit Effect of Knowledge，简称为 LE_K）。其中，知识聚合效应是前沿知识在特定的技术创新能力和条件下，高技术企业通过知识复制、知识通用、知识转移和知识组合形成某项新技术的最大可能性；知识极限效应是束缚前沿知识进行无限技术创新的可能性，并对关键种因子形成知识壁垒，对知识发挥聚合效应产生阻碍作用。因此，一项新技术（关键种因子）的形成是前沿知识的聚合效应与极限效应共同作用的合力。技术研发是高技术企业对前沿知识综合运用，并创造出特定技术成果的过程。

---

① G. Stevens，J. Burley. 3000 Raw Ideas Equals 1 Commercial Success. Research Technology Management；1997，40（3）.

② 库尔特·多普菲著，贾根良、刘辉锋、崔学锋译：《演化经济学——纲领与范围》，高等教育出版社 2004 年版。

③ 吕乃基：《论高技术的极限》，《科学技术与辩证法》2003 年第 4 期。

2.关键种因子的形成是前沿知识运用并实现产业化的过程

关键种因子的形成过程不仅是前沿知识的知识聚合效应和极限效应综合作用的结果,同时也是高技术企业运用前沿知识并实现其产业化的过程,即技术创新的目的并不在于将前沿知识转化为技术,而是以研发市场和社会所接受的产品,并取得预期的研发回报的过程,即技术自主创新是一个包含了知识技术化、技术产品化和产品市场化的知识产业化过程。其中,知识技术化是高技术企业研究前沿知识并获得产品开发所需研发技术的过程;技术产品化是在知识技术化的基础上,高技术企业运用研发技术开发出新产品的过程;产品市场化是在技术产品化的基础上,高技术企业将产品推向市场并获得预期的经济收益和社会效益的过程。

关键种因子的形成过程受到高技术企业内部和外部多种因素的影响和作用。这些因素主要包括知识要素、决策要素、利益要素、组织要素和道德要素等要素。其中,知识要素是高技术企业技术自主创新的理论基础和思想来源,技术创新是对知识要素的具体运用和价值实现。决策要素是高技术企业对技术自主创新的目标和方向的战略性选择,决策标准和程序的确定影响着技术自主创新的最终择向。利益要素是高技术企业对技术自主创新的投入与收益的综合比较,主要包括研发成本、市场收益(包括使用价值和价值)和研发能力学习等方面。组织要素是在技术自主创新中形成的组织体系和工作关系,表现为一种制度安排,它影响着技术创新的能力、水平和效率。道德要素是社会伦理判断的行为规范和准则对技术自主创新成果的检验和评价,是影响技术创新成果与社会关系的伦理价值规范;同时道德危机或道德压力也会促进技术创新。这些要素共同作用于高技术企业的关键种因子和技术自主创新行为。

(二)内生决策能力的构成维度

根据关键种因子的形成机理,技术自主创新是高技术企业独立对前沿知识与创新思想的选择和运用,它具有多样性的特点。技术自主创新决策是高技术企业对知识及其结合多样性进行比较与选择(即进行不确定性分析与决策),对这种多样性进行减维,出现了较少的不确定性,从而使知识组合的多样性逐步减少,获得相对稳定的知识结构,形成知识的稳定性,即实现新技术的知识结构化过程。当一项前沿知识组合得到研发主体的确认后,一项新技术(关键种因子)得以生成。

技术自主创新反映了知识转化为技术的因果关系。这种因果关系具有两个维度,即结构和过程。结构因果关系是高技术企业各个部分如何协调以形成整体,是技术自主创新的组织现象;过程因果关系作为一种分析手段,是把握自主创新所运用知识历时变化的动力学(库尔特·多普菲,2004)①,构成了自主创新的利益评价和选择机制。因此,根据关键种因子的形成机理和自主创新的内在规律,前沿知识运用并实现产业化的三个阶段构成了内生决策能力的三个方面,即技术化决策能力、产品化决策能力和市场化决策能力;同时,影响技术自主创新的各个要素在不同的能力层面产生作用,形成了不同的决策寻优层面。高技术企业自主创新的决策维度和寻优层面见图7-2。

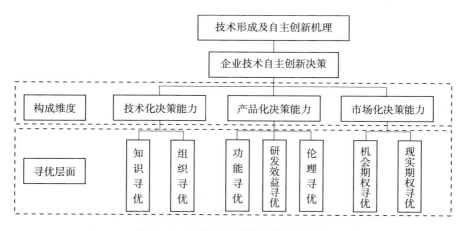

图7-2 技术自主创新决策维度构成

---

① 库尔特·多普菲著,贾根良、刘辉锋、崔学锋译:《演化经济学——纲领与范围》,高等教育出版社2004年版。

1. 技术化决策能力

技术化决策能力是高技术企业运用寻优原则对特定时期具有转化为某项技术可能的前沿知识进行评价、选择和运用的能力。在知识技术化的决策中,寻优原则具体表现为知识寻优和组织寻优。其中,知识寻优是企业寻找最佳、最有可能进行技术转化的前沿知识;组织寻优是企业寻找最具技术转化能力的人才及其协作关系。

(1)知识寻优层面

知识寻优是高技术企业从知识要素的角度来评价关键种因子的形成、发展与演化,分析前沿知识转化为具体技术后的知识水平及其在同类技术中的期望领先程度,从而获得对前沿知识寻优的潜在技术水平。由于知识要素具有"知识聚合效应（CE_K)"和"知识极限效应（LE_K)",前沿知识转化为某项技术的知识寻优达到的知识水平（$K_{K \to T}$)为

$$K_{K \to T} = p_T CE_K + q_T LE_K \tag{7.1}$$

式 7.1 中,p_T 为知识聚合效应在前沿知识技术化过程中发生作用的程度,q_T 为知识极限效应在前沿知识技术过程中发生作用的程度。在此基础上再考虑到在同类技术中的期望领先程度系数（γ),则前沿知识寻优达到的潜在水平（$T_{K \to T}$)为

$$T_{K \to T}(\gamma, p_T, q_T) = \gamma K_{K \to T} = \gamma p_T CE_K + \gamma q_T LE_K \tag{7.2}$$

知识寻优层面是高技术企业从知识要素的角度来评价技术自主创新的形成和发展,分析前沿知识转化为具体技术后的知识水平及其在同类技术中的期望领先程度,从而对前沿知识寻优的潜在技术水平作出评价与选择,是高技术企业选择最有技术转化价值和技术转化可能的前沿知识及其组合。

(2)组织寻优层面

组织寻优是高技术企业从组织要素的角度来评价转化前沿知识中自身所具有的技术实力,对前沿知识的技术化进行可行性评价。影响前沿知识技术可行性的组织要素主要包括研发人员的知识水平及其协作关系。其中,研发人员的协作关系从知识管理的角度表现为研发人员是否愿意将自己拥有的知识与其他研发人员进行知识共享,也就是说,研发人员的协作关

系就表现为某两个研发人员之间进行知识共享博弈。

由于高技术企业的内生组织能力和内生激励能力具有功益服务性的特点,研发人员之间的协作能够达到较为理想的合作状态,因此,研发人员之间的知识共享博弈是非零和博弈中的合作博弈。

假设研发人员 A 和研发人员 B 参与知识共享的收益分别为 $U_1(KS)$ 和 $U_2(KS)$,其中 KS 为研发人员的知识共享,且 $U_1(KS)>0$,$U_2(KS)>0$。不参与知识共享的收益分别为 0,0。两个研发人员的非零和合作博弈的情况如图 7-3。

研发人员 A

研发人员 B		共享	不共享
	共享	$U_1(KS)$,$U_2(KS)$	$U_1(KS)$,0
	不共享	0,$U_2(KS)$	0,0

图 7-3　研发人员 A 和 B 在非零和合作博弈下的收益矩阵

根据图 7-3 的博弈分析,研发人员会选择知识共享,不过前提是高技术企业能够对研发人员的知识共享与研究协作提供相应的激励政策和信息沟通途径。因此,高技术企业在将前沿知识转化为技术的组织寻优获得的研发实力可以表示为:

$$T_{R\&D} = T_1 \cdot w_1 + T_2 \cdot w_2 + \cdots T_k \cdot w_k = \sum_{i=1}^{k} T_i \cdot w_i \qquad k=1,2,3\cdots n$$

$$(7.3)$$

式 7.3 中 T_i 为研发人员的技术水平,w_i 为研发人员的协作意愿。由于研发人员具有较高的合作意愿,因此

$$T_{R\&D} = T_1 \cdot w_1 + T_2 \cdot w_2 + \cdots T_k \cdot w_k = \sum_{i=1}^{k} T_i \cdot w_i > T_1 + T_2 + \cdots T_k$$

$$(7.4)$$

因此,组织寻优层面是高技术企业寻找最具技术转化能力的人才及其协作关系,是高技术企业从自身的研发组织体系来评价其技术研发能力。

技术化决策能力使高技术企业根据关键种因子内生能力的发展需要展开对前沿知识的寻优选择,不仅获得较为理想的知识基础,同时提高了高技术企业对前沿知识进行技术化的可行性。

2.产品化决策能力

产品化决策能力是高技术企业运用寻优原则对特定时期具有转化为某项产品可能的技术进行评价、选择和运用的能力。在技术产品决策中,道德要素、决策要素和利益要素中的使用价值成为主要的影响因子,形成了伦理寻优层面、功能寻优层面和研发效益寻优层面。

（1）伦理寻优层面

伦理寻优层面是高技术企业从道德要素的角度对研发成果（即新产品）的社会伦理能否认同进行评价,使新技术的运用和扩散形成相对稳定的道德空间,达到新技术的道德均衡点。新产品的社会伦理评价（P_E）存在两种状态,即 $P_E=0$ 和 $P_E=1$。当 $P_E=0$ 时,新产品没有通过社会伦理评价,得不到社会认同;当 $P_E=1$,新产品通过社会伦理评价,能够得到社会认同。这是因为,在人类社会不断发展的过程中,人们对于某项成熟的新技术会形成新的价值判断,运用道德评价标准新技术进行评价。

（2）功能寻优层面

功能寻优层面是高技术企业从利益要素的使用价值角度评价技术转化后的产品比现有产品是否具有更优功能。功能寻优是产品化技术具有的特性对新产品进行的评价与选择,它的基本要求是新产品功能（F_{NP}）要优于原产品功能（F_{OP}）,即 $F_{NP}>F_{OP}$。这是因为,技术产品化所追求的产品具有更好的功能。

（3）研发效益寻优层面

研发效益寻优层面是高技术企业从利益要素的阶段性研发利益和研发能力学习的角度在技术产品化过程中权衡理想的研发投入—研发效益比。

这里的研发效益（$U_{T\to P}$）并不是指获得的直接经济效益,而指广义的研发所得,即在研发过程中对产品研发技术、方法等方面的内隐性知识积累和外显性知识形成（如获得一项新产品）,研发投入（$I_{T\to P}$）不仅仅是研发所付出的资金投入,还包括企业在技术产品化中所付出的努力,即资金投入（I_K）

与人才劳动的投入(I_L),因此符合 Cobb-Douglas 生产函数的基本特性。则研发效益可以表示为:

$$U_{T \to P} = f(I_K, I_L) = AI_K^{\alpha_1} I_L^{\alpha_2} \qquad (7.5)$$

式 7.5 中,A 为正常数,α_1、α_2 为小于 1 的正数,分别为 I_K 和 I_L 的指数。

3. 市场化决策能力

市场化决策能力是高技术企业运用寻优原则对特定时期某项新产品进行市场化运作的可能性进行评价、选择和运用的能力。在市场化决策中,寻优原则具体表现为实物期权寻优。

产品市场化的实物期权主要包括等待期权(V)和投资的实物期权(NPV)。在 t_0 点,即产品市场化决策时,产品市场化含一个等待或推迟开始的实物期权。该期权的执行条件是,推迟产品市场化可以使得企业获得更多(额外)的有关项目的信息,在此基础之上,有利于高技术企业采取管理行动,而且产品市场化的成本随时间推迟而迅速下降,推迟市场化会有利于降低研发成本。同时,推迟产品市场化也可能导致产品市场化的研发收益的损失和企业竞争优势的丧失,即推迟产品市场化具有机会成本。在市场化决策时,应综合全面考虑这两方面的因素。因而在市场化决策时,除了筛选项目外,还应考虑产品市场化所存在的实物期权价值,在时间许可的范围内,决定最佳的项目开始时间[1]。

根据 Black-Scholes 实物期权定价方程[2],则产品市场化的实物期权可以表示为:

$$F^* = S \cdot N(d_1) - I \cdot e^{-rt} \cdot N(d_2) \qquad (7.6)$$

其中, $d_1 = \dfrac{\ln(S/I) + (r + \sigma^2/2) \cdot t}{\sigma \cdot \sqrt{t}} \qquad d_2 = d_1 - \sigma \cdot \sqrt{t}$

式 7.6 中,$N(*)$ 是标准的正态分布积分函数,S 为产品市场化的价值,I 是产品市场化的投入成本,t 是能够推迟产品市场化的时间,r 是无风

---

[1] 黄东兵、张世英:《关于信息技术创新项目的决策分析》,《自然辩证法研究》2006 年第 3 期,第 64—67 页。

[2] 吴昊、周焯华等:《技术进步条件下投资决策的期权博弈分析》,《科技管理研究》2005 年第 11 期,第 211—216 页。

险收益率。

产品市场化决策能力是高技术企业运用寻优原则对特定时期某项新产品推向市场的时机及其实现的市场价值进行评价和选择，表现为一种期权收益的评价和选择。在这个决策维度中，利益因素和决策要素成为主要影响因子，形成了机会期权寻优层面和现实期权寻优层面。

（1）机会期权寻优层面

机会期权寻优层面是产品推向市场包含着一个提前或推迟开始的实物期权，即提前或推迟产品市场化的机会成本。这是因为，推迟产品市场化可以使得高技术企业获得更多（额外）的有关项目的信息。在此基础上，有利于高技术企业采取管理行动，而且产品市场化的成本随着时间的推迟而迅速下降。推迟市场化会有利于降低研发成本。与此同时，推迟产品市场化也可能导致产品市场化的研发收益的损失和企业竞争优势的丧失，即推迟产品市场化具有机会成本（黄东兵、张世英，2006）[①]。以此反推，提前产品市场化进程则会得到与推迟产品市场化相反的市场效果。在市场化决策时，应综合全面考虑这两方面的因素，考虑产品市场化所存在的实物期权价值的机会成本，在时间许可的范围内，决定最佳的产品市场化时机。

（2）现实期权寻优层面

现实期权寻优层面是高技术企业在决定实现产品市场化的具体时间后，产品推向市场产生的现金流的净现值。它是高技术企业对技术自主创新产生的直接未来经济效益进行评估，并运用现值法将未来经济收益折算成现实的现金流，以便与技术研发投入的现金成本进行比较和评价。

二、高技术企业内生决策能力模型的构建

高技术企业的内生决策能力是根据对前沿知识进行技术化、产品化和市场化的研发设想，并根据研发设想进行逆向评价与选择，即先进行市场化

[①]　黄东兵、张世英：《关于信息技术创新项目的决策分析》，《自然辩证法研究》2006 年第 3 期。

决策,再产品化决策,然后进行技术化决策的过程;在这个逆向评价与选择的过程形成了高技术企业内生决策能力。

　　基于关键种因子形成和高技术企业自主创新的内在机理,高技术企业的内生决策需要分别进行产品市场化决策、技术产品化决策和知识技术化决策,分别形成产品市场化决策模式、技术产品化决策模式和知识技术化决策模式,从而构成了高技术企业的内生决策能力模型。

(一)产品市场化决策模式

　　根据机会期权寻优和现实期权寻优的原则,产品市场化决策主要考虑产品的市场推广成本和实现的市场价值、产品市场化的时间和无风险收益等因素。

　　由于产品市场化期权收益包括机会期权和现实期权,根据 Trigeorgis 等学者的观点(Dixit A. K. & R. S. Pindyck,1994[①];Trigeorgis L.,2001[②]),将净现值法计算出的产品市场化的净现值(NPV)和产品市场化的机会期权(V),式 7.6 中的 F^* 可以简化为:

$$F^* = NPV + V \tag{7.7}$$

　　即前者是传统的、被动的、静态的项目直接现金流的净现值,后者是管理柔性或灵活性所产生的机会期权价值。F^* 是扩展的 NPV,也是产品市场化投资机会的价值。

　　产品市场化决策是根据期权收益进行评价,即如果产品市场化的投资机会价值(扩展 NPV)大于或等于零,则产品市场化可行,即 $F^* \geq 0$。在可行项目中,选择最佳方案。投资机会价值最大方案:

$$F^* > max\{F_i\}, i = 1, 2, 3 \cdots n \tag{7.8}$$

　　最佳投资方案选定后,高技术企业对产品市场化作出决策。

---

　　①　Dixit A. K., R. S. Pindyck. Investment under Uncertainty. Princeton, NJ: Princeton University Press,1994. pp. 169 - 201.

　　②　Trigeorgis L. A Conceptual Options Framework for Capital Claim Model of Debt. Rigeorgis L., Szewczak E. J. Real Options in Investment Uncertainty: Classical Readings and Recent Contribution. MIT Press,2001. pp. 79 - 100.

1. 当 $F^*>0$，$NPV>0$ 时，产品市场化决策可分为两种情况，即一是 $V=0$，二是 $V>0$ 且 $V>NPV$。

（1）若 $V=0$，说明提前或推迟产品市场化不存在市场收益，而现实期权存在的市场收益，但是产品市场化的总体期权收益大于零，企业可以推行产品市场化运作。

（2）若 $V>0$ 且 $V>NPV$，说明产品市场化不仅存在现实期权的市场收益，而且也存在机会期权的市场收益，但是机会期权的市场收益大于现实期权的市场收益，高技术企业可以提前或推迟产品市场化进程。如果高技术企业出于降低收益风险、提高资金周转效率和降低资金运营成本的需要，可以推行产品市场化运作。

总之，在 $F^*>0$ 的研发情境下，高技术企业具有进行技术自主创新的市场条件。

2. 当 $F^*=0$，$NPV<0$，$V>0$ 时，说明提前或推迟产品市场化存在市场收益，不存在现实期权的市场收益，并且产品市场化的机会期权收益和现实期权收益相等。也就是说，立即将产品实现推向市场的时机不佳，适当地提前或推迟产品投向市场的时间可以获得更高的市场收益，高技术企业适宜采取提前或推迟产品市场化进程，以提高产品的市场化收益。因此，在 $F^*=0$ 的研发情境下，高技术企业具有进行技术自主创新的市场条件。

3. 当 $F^*<0$ 时，存在三种情况：第一种情况是 $NPV<0$，$V<0$，第二种情况是 $NPV>0$，$V<0$，第三种情况是 $NPV<0$，$V>0$。无论是高技术企业面临 $F^*<0$ 的哪种情况，产品市场化的期权总体收益均小于零，不具有产品市场化的市场价值。因此，在 $F^*<0$ 的研发情境下，高技术企业不具有进行技术自主创新的市场条件。

（二）技术产品化决策模式

技术产品化决策是高技术企业对技术自主创新项目的功能寻优、伦理寻优和研发效益寻优的综合评价与选择。在这三项寻优层面中，伦理寻优是影响功能寻优和研发效益的前提条件，即当技术转化而成的新产品没有通过社会伦理评价，得不到社会认同时，高技术企业就不能运用该项开发产品,则不需要进行功能寻优和研发效益寻优。只有在新产品通过社会伦理评价时,高技术企业才能进一步考虑技术产品化的功能寻优和研发效益寻优。

在伦理寻优的基础上,技术产品化决策进行新产品研发的功能寻优。功能寻优决策主要是对产品功能(F_{NP})与现有产品功能(F_{OP})的比较并确定技术产品化与否。当 $F_{NP} > F_{OP}$ 时,说明新产品具有功能优势,能够替代现有产品,高技术企业具有进行技术产品化研发的功能价值;当 $F_{NP} \leqslant F_{OP}$ 时,表明新产品不具有功能优势,不能替代现有产品。高技术企业在这两种研发情境下是否开展技术产品化研发,还要取决于研发效益寻优。

研发效益寻优是对研发投入和研发效益的评价与比较。研发投入($I_{T \to P}$)与研发效益($U_{T \to P}$)之间的关系符合 Cobb-Douglas 生产函数的基本特性,即技术产品化的研发效益为:$U_{T \to P} = f(I_K, I_L) = A I_K^{\alpha_1} I_L^{\alpha_2}$。其中,$I_K$ 表示研发的资金投入,I_L 表示研发的人才劳动投入,A 为正常数;α_1 和 α_2 为小于 1 的正数,α_1 表示技术产品化的研发资金投入的弹性系数,α_2 表示技术产品化的人才劳动投入的弹性系数。基于伦理寻优和功能寻优,高技术企业对技术产品化研发活动进行研发效益寻优的决策。

根据式 7.5,计算高技术企业在技术产品化中研发投入($I_{T \to P}$)中资金投入(I_K)与人才劳动的投入(I_L)的弹性系数 e_{I_K} 和 e_{I_L}。

$$e_{I_K} = \frac{\partial U_{T \to P}}{\partial I_K} \cdot \frac{I_K}{U_{T \to P}} = A \alpha_1 I_K^{1-\alpha_1} I_L^{\alpha_2} \cdot \frac{I_K}{U_{T \to P}} = A \alpha_1 I_K^{1-\alpha_1} I_L^{\alpha_2} \cdot \frac{I_K}{A I_K^{\alpha_1} I_L^{\alpha_2}} = \alpha_1$$

$$(7.9)$$

$$e_{I_L} = \frac{\partial U_{T \to P}}{\partial I_L} \cdot \frac{I_L}{U_{T \to P}} = A \alpha_2 I_K^{\alpha_1} I_L^{1-\alpha_2} \cdot \frac{I_L}{U_{T \to P}} = A \alpha_2 I_K^{\alpha_1} I_L^{1-\alpha_2} \cdot \frac{I_L}{A I_K^{\alpha_1} I_L^{\alpha_2}} = \alpha_2$$

$$(7.10)$$

1. 当 $\alpha_1 + \alpha_2 > 1$ 时,表明技术产品化的边际研发效益大于边际研发投入(即 $MU_{T \to P} > MI_{T \to P}$)。在这种研发情境下,高技术企业的研发活动呈现规模收益递增态势,只要新产品通过社会伦理评价,无论是 $F_{NP} > F_{OP}$ 还是 $F_{NP} \leqslant F_{OP}$,高技术企业都可以实施技术产品化的研发活动。

2. 当 $\alpha_1 + \alpha_2 = 1$ 时,表明技术产品化的边际研发效益等于边际研发投入(即 $MU_{T \to P} = MI_{T \to P}$),高技术企业能够获得稳定的研发规模收益。基于伦理寻优的决策结果,高技术企业可以不考虑新产品的功能寻优,能够开展技术产品化的研发活动。

3. 当 $\alpha_1 + \alpha_2 < 1$ 时,表明技术产品化的边际研发效益小于边际研发投入(即 $MU_{T \to P} < MI_{T \to P}$),技术产品化的规模收益递减。在这种研发情境下,高技术企业是否实施技术产品化的研发活动需要根据研发效益,即企业研发知识的积累和研发能力的培养。

(三)知识技术化决策模式

知识技术化决策是以产品化决策为前提,高技术企业运用寻优原则对用于技术自主创新的知识要素和组织要素进行评价与选择,是对知识寻优和组织寻优的综合衡量,即式7.2与式7.3:

$$\delta = \frac{T_{R\&D}}{T_{K \to T}} = \frac{\sum_{i=1}^{k} T_i \cdot w_i}{\gamma p_T CE_K + \gamma q_T LE_K} \tag{7.11}$$

知识技术化决策是对知识寻优达到的潜在技术水平和高技术企业的研发能力进行比较,从而确定高技术企业进行知识技术化与否。

1. 当 $\gamma > 1$ 时,说明该前沿知识的技术化与现有技术相比具有领先水平。若 $\delta \geq 1$,表明高技术企业具有高于此项前沿知识进行技术化所需的研发能力,这是高技术企业实行知识技术化比较理想的自主创新情境。若 $\delta < 1$,表明高技术企业不具有该项技术的自主创新能力,高技术企业可以放弃知识技术化的自主创新活动,或者采取人才引进以提高高技术企业的研发能力。

2. 当 $\gamma \leq 1$ 时,说明该前沿知识的技术化与现有技术的领先水平接近或落后于现有技术水平。在这种研发情境下,若 $\delta \geq 1$,高技术企业可以放弃该前沿知识技术化的研发活动;若 $\delta < 1$,高技术企业可以考虑开展该项研发活动,目的在于提升自身带有模仿性的技术创新能力。

技术自主创新决策是根据对前沿知识进行技术化、产品化和市场化的综合评价与抉择,可以采用逆向决策序列,即高技术企业对技术自主创新的决策从产品市场化决策到技术产品化决策,再到知识技术化决策,反映了高技术企业是以研发效益为导向。

三、高技术企业内生决策能力的运用

技术是在当代科学技术成就基础上大规模创新,是高技术企业对在特定历史时期的前沿知识进行选择,是知识要素、决策要素、组织要素、利益要素和道德要素等综合作用下实现知识技术化、技术产品化和产品市场化的研发结果。根据关键种因子的形成机理,技术自主创新是高技术企业运用前沿知识并实现使其产业化的独立创新过程,是高技术企业打破原有技术的知识结构,将原有的知识与新的前沿知识相结合,并推动新技术(关键种因子)的形成。

高技术企业的内生决策能力主要包括技术化决策能力、产品化决策能力和市场化决策能力,并运用相应寻优原则进行评价与选择。其中技术化决策能力主要实现知识寻优和组织寻优,产品化决策能力主要实现功能寻优、研发效益寻优和伦理寻优,市场化决策能力主要实现机会期权寻优和现实期权寻优,分别形成了知识技术化决策模式、技术产品化决策模式和产品市场化决策模式,从而构建了高技术企业的内生决策能力模型。高技术企业的内生决策能力主要从以下几个方面加以合理运用。

1. 高技术企业应当从技术自主创新的内在机理选择决策模式

在传统的技术研发投资决策中,企业习惯于分析和评价技术研究与开发产生的实现市场收益,而忽视技术的形成机理和技术自主创新的内在规律。这一方面容易导致企业技术创新的短期行为,难以提升企业的研发能力和形成持续的技术竞争优势。另一方面,由于技术创新决策没有考虑到技术的形成机理,使得自主创新过程中出现研发直接投资和研发学习成本的"赤字",降低了技术自主创新的可行性。因此,高技术企业应当从技术自主创新的内在机理出发选择决策模式,系统地分析技术创新各个阶段和环节的研发成本和研发效益,不仅能够提高自主创新决策的科学性,而且能够提高自主创新决策的可操作性。

2. 高技术企业在技术自主创新决策中应当形成寻优整合

从技术形成机理来看,技术自主创新分为知识技术化、技术产品化和产品市场化三个阶段,它们是前后关联的有机整体,同时由于影响技术自主创新的各种要素会对不同阶段发生作用。因此,技术自主创新决策不仅要进行自主创新的阶段性决策寻优,同时也要重视不同决策维度之间的寻优层面加以整合,而不要将各个寻优层面人为地割裂,使自主创新决策成为连续的评价和选择过程。

3. 高技术企业需要密切关注技术研究的领先程度

在知识技术化决策中,高技术企业应当考虑前沿知识在研发中可能达到技术领先水平。领先水平并不是决定知识技术化与否的唯一标准,特别是当技术水平落后于现有技术水平时,还需要与技术产品化决策中的功能寻优相结合,即考察该项技术能否实现产品功能的发展。在技术产品化决策中,高技术企业应当重视研发产品的伦理寻优,需要充分考虑到影响技术创新成果与社会关系的伦理价值规范,动态地认识和评价技术产品化面临的道德危机或道德压力,它是功能寻优和研发效益寻优的前提条件。高技术企业在产品市场化决策中,应当以现实期权寻优为基础,更需要评价产品市场化的机会期权收益,以便合理地确定提前或推迟产品市场化进程。

4. 技术自主创新决策应与高技术企业所处创新能力阶段相联系

无论决策的起点还是决策的终点,自主创新决策均与企业的创新能力水平密切相关。高技术企业的创新能力由低到高包括四个能力阶段,即技术学习阶段、技术模仿阶段、模仿创新阶段和自主创新阶段。当技术创新处于较低的能力阶段时,高技术企业需要在技术创新的直接收益(即实际的投资回报)和间接收益(即研发能力学习与提升)之间做好权衡,自主创新决策在一定程度上要兼顾到高技术企业的研发能力得以持续地发展与提高。

四、本章小结

高技术企业的内生决策不仅需要评估技术创新所带来的综合收益,还应联系到关键种因子形成机理,以提高决策的可行性。在技术自主创新过程中,高技术企业在特定时期将最新的创新思想和前沿知识相结合,并实现知识运用的产业化的活动过程,反映了技术创新直至关键种因子形成的内在机理。

高技术企业内生决策能力的研究主要从两个维度,一是关键种因子形成机理维度,关键种因子形成是高技术企业对前沿知识的综合研发和运用,是前沿知识运用并实现一个包含了知识技术化、技术产品化和产品市场化的知识产业化过程。二是内生决策能力的构成维度,高技术企业的内生决策能力主要包括技术化决策能力、产品化决策能力和市场化决策能力。

技术化决策能力是高技术企业运用寻优原则对特定时期具有转化为某项技术可能的前沿知识进行评价、选择和运用的能力。在知识技术化的决策中,寻优原则具体表现为知识寻优和组织寻优。产品化决策能力是高技术企业运用寻优原则对特定时期具有转化为某项产品可能的技术进行评价、选择和运用的能力。在技术产品决策中,道德要素、决策要素和利益要素中的使用价值成为主要的影响因子,形成了伦理寻优层面、功能寻优层面和研发效益寻优层面。市场化决策能力是高技术企业运用寻优原则对特定时期某项新产品进行市场化运作的可能性进行评价、选择和运用的能力。在市场化决策中,寻优原则具体表现为实物期权寻优。

高技术企业的内生决策能力是根据对前沿知识进行技术化、产品化和市场化的研发设想,并根据研发设想进行逆向评价与选择,即先进行市场化决策,再产品化决策,然后进行技术化决策的过程;在这个逆向评价与选择的过程形成了高技术企业内生决策能力。基于关键种因子形成和高技术企业自主创新的内在机理,高技术企业的内生决策需要分别进行产品市场化决策、技术产品化决策和知识技术化决策,分别形成产品市场化决策模式、技术产品化决策模式和知识技术化决策模式,从而构成了高技术企业的内生决策能力模型。

第八章 高技术企业的
内生组织能力

在高技术企业的内在生态系统中,高技术企业的内生组织能力从制度安排层面既是高技术企业的关键种因子内生能力的衍生,又对关键种因子内生能力形成组织协同和生态服务的生态关系。高技术企业的内生组织能力是高技术企业对技术研发、产品生产、销售和服务及其组织运行进行组织分工与协作和组织发展的能力,具体表现为高技术企业的内生组织设计能力和内生组织学习能力。其中,内生组织设计能力是高技术企业根据关键种因子及其能力的需要,结合企业自身的资源、能力和条件,权变地选择和设计组织结构的能力;内生组织学习能力是高技术企业根据外部环境的变化,基于关键种因子及其能力的运行和发展要求,能动地进行组织学习和组织创新的能力。组织设计能力和组织学习能力分别从静态视角和动态视角透视了高技术企业的内生组织能力。

一、高技术企业的内生组织设计能力

高技术企业的组织结构形式影响成为众多专家和学者探讨的热点问题。针对高科技的创新性、风险性和战略性等特点,许多专家和学者主张高技术企业摒弃传统的高耸式组织结构形式,倡导建立新的组织结构,以适应新的社会经济发展需要。他们对此提出了多种观点:(1)扁平化组织结构。崔安定和马连杰(2001)等人认为,"在信息技术的基础上,重新界定分工原理和跨度理论,使企业组织结构由金字塔模式转向扁平模式的过渡"①。（2）虚拟化（网络化）组织结构（方世建、郭志军，2000）。他们认为，"虚拟研发组织这种 R&D 新模式是一种组织创新，是高新技术产业发展的必然要求"，建设高科技研发企业建立虚拟组织②。这些观点是从高科技产业特点的角度研究企业的组织结构，指出了高技术企业与传统企业在组织管理上的区别，这对于丰富和发展高技术企业的组织理论非常重要。但是，企业组织理论，特别是组织结构理论，还应考虑企业组织目标和经营特点等因素。因此，笔者从高技术企业的组织目标、经营特点和关键种因子内生能力等角度，来探讨具有权变特征的高技术企业的内生组织设计能力，在技术运用类型的差异上探究高技术企业的内生组织设计能力问题。

（一）组织设计能力的分析维度

优势种因子的内生组织能力是高技术企业根据关键种因子内生能力的演化机理，对企业在技术创新、产品生产、销售或提供服务中配以相应的组织运行方式，即在组织结构的制度安排中体现出组织能力。这种制度安排主要根据高技术企业的技术运用类型和组织结构的价值功能两个维度。

1. 技术运用类型的分析维度

高技术是以最新科学成就为基础、主导社会生产力发展方向的知识密集型技术，或者说是基于科学的发现和创新而产生的技术。作为一种社会经济现象，高技术具有更高的科学输入和知识含量③。在对前沿知识运用过程中，高技术不仅仅是一项技术，更重要的是将高技术转化为商品或服务，满足人们日益增长的物质和文化生活需要。所以，高技术企业在前沿知识产业化过程中包括了对技术的研究开发、生产制造和营销服务等内容和环节。根据企业对技术运用的内容与方式不同，高技术企业的技术运用可以分为三种类型，即 R&D 型技术运用、P&M 型技术运用和 M&S 型技术运

---

① 崔安定、马连杰：《试论信息时代的企业组织结构设计》，《科技进步与对策》2001 年第 3 期，第 111 页。

② 方世建、郭志军：《虚拟研发组织：高新技术 R&D 的新模式》，《科学管理研究》2000 年第 4 期，第 22 页。

③ 陈益升：《高技术：定义、管理、体制》，《科学管理研究》1997 年第 2 期，第 31 页。

用。这些技术运用的类型着重体现在技术成熟程度的差异。

（1）R&D 型技术运用。R&D 型技术运用是指高技术企业中主要从事新技术、产品和服务的研究和开发工作，即对新产品或新服务进行市场研究、技术开发和工艺研究、试产等。研发人员的工作内容具有高创新性和高风险性，研发成果在开发过程中难以有确切的预测。尽管最终开发出成熟的产品，但是相对于整个开发过程而言，技术成熟度严重偏低。所以，这类技术运用要完成经营管理工作，需要及时对各种研发变化作出反应，强调团队协作和组织适应性。

（2）P&M 型技术运用。P&M 型技术运用是指高技术企业主要从事开发成功的产品进行生产和制造，生产技术和生产工艺经过试产、试销等研究工作后已经趋于成熟，生产中各种情况可以预见，工作的创新性和风险性降低。所以，这类技术运用的技术成熟程度很高，生产经营特别强调标准化水平和规范化程度。

（3）M&S 型技术运用。M&S 型技术运用是指高技术企业主要开展产品的市场营销和服务的提供。由于在营销和服务中会遇到新的产品或服务的质量问题，而且会触及和满足新的市场需求，因而，这类技术运用在经营管理中需要以一定成熟度的技术为基础，并能够在变化的市场环境中进行适度创新。所以，这类技术运用的技术成熟程度介于上述两种类型之间。

由此可见，在高技术企业中不同的技术运用类型，其技术成熟程度存在很大差异：P&M 型的技术成熟度最高，M&S 型其次，R&D 型最低。这一差异直接影响着高技术企业组织分工和职能划分上的差别，会面临不同组织结构形式合理选择的问题。"70 年代美国洛克希德导弹与航天公司对管理中依据的变量与管理宽度的关系进行了研究。他们验证了若干决定管理的重要变量，此变量主要包括：职能的相似性、地区的邻近性、职能的复杂性、指导与控制的工作量、协调的工作量和计划的工作量"①。这些变量与技术

---

① 　罗锐韧：《哈佛管理全集》（上卷），企业管理出版社 1997 年版，第 508—509 页。

成熟程度存在密切关系,导致在工作多样性、可分析性等方面存在不同①,并且对组织信息需求量、信息传递速度以及组织结构性(它是衡量和反映组织经营工作规范性、确定性、稳定性水平的尺度)程度产生影响。由于技术成熟度高,P&M 型技术运用对技术信息需求量低,信息传递速度要求低,因而组织的结构性强;R&D 型技术运用对技术信息需求量高,要求对信息的反应速度快,组织的非结构性强。在理论上,"人们一般都把一项任务的可分性和可重复性看作是其结构化的前提条件"②。因此,如果对高技术企业的技术运用特点不作深入分析,而主张高技术企业建立同一种组织结构形式的观点(无论是扁平式组织结构,还是虚拟式组织结构或网络式组织结构),不仅不能客观分析和解决高技术企业的组织结构问题,而且会对企业的稳定、效率和效益产生负面影响。不仅如此,传统的组织结构理论以管理幅度、职能、区域等设计组织结构的思想,也不能适应高技术企业发展要求,因为高科技处于不断发展变化之中,是一个动态的概念,结合其技术特性和差异性,对组织结构的类型提出新的要求,才能适时帮助高技术企业解决组织结构形式的选择问题。

2. 组织结构的价值功能维度

高技术企业的组织设计,不仅要分析组织结构的类型,更重要的是探析组织的基本问题与组织结构价值功能问题,它们成为影响组织结构类型研究的两个重要维度,即组织目标维度和组织结构的价值功能维度。

首先,"组织的基本问题是要根据所确定的目标来认识其对系统各个因素及其相互关系提出的要求,并选择与之相应的控制形式,或者说结构形式"③。这里所指的组织基本问题,首先是围绕组织目标(或企业目标)选择的两难困境——组织结构稳定性目标与适应性目标之间的选择——企业往往难以同时兼顾两个目标,必须在两者之间作出一定程度的取舍,"一方面,为了达到对组织结构能够进行顺利协调和稳定性的目标,使组织中的各

---

①　理查德·L.达夫特著,李维安等译:《组织理论与设计精要》,机械工业出版社 1999年版,第 67—69 页。

②　埃尔文·格罗赫拉著,王元译:《企业组织》,经济管理出版社 1991 年版,第 32 页。

③　埃尔文·格罗赫拉著,王元译:《企业组织》,经济管理出版社 1991 年版,第 2 页。

种活动受到尽可能广泛地控制;而另一方面,过于严格的控制又会降低组织系统的适应能力和革新能力"①。由于组织目标直接影响组织结构设计的目标取向,所以,组织目标成为组织结构类型的一个重要变量,形成组织形式划分的"组织目标维度"。组织目标维度(见图8-2)是对组织目标的划分,主要包括稳定性目标和适应性目标。

其次,组织结构的价值功能问题。企业经营行为主要是研究开发、生产制造和营销服务等一系列活动的集合,而且这些活动可以用价值链(图8-1)来表示。一定水平的价值链是企业在一个特定产业内的各种活动的组合②。价值链提供了一种系统的方法将企业划分成一些相互分离的活动,因此价值链可以用来研究企业中这些活动是什么和如何被分组的③。企业组织活动的划分,主要包括"分化"(即类似组织活动的划分)和"整合"(组织单元的由于分离而产生的协调机制)两种组织行为,从而成为组织结构的主要影响因素之一,是组织形式划分的"组织功能维度"。组织功能维度(见图8-2)是对组织活动内容的划分,主要包括分化功能和整合功能。

图8-1　组织活动与基本价值链

组织目标维度和组织功能维度分别从目标导向和组织活动两个角度对组织结构进行价值衡量和效用分析,其中前者对组织结构的价值目标(或

---

① 埃尔文·格罗赫拉著,王元译:《企业组织》,经济管理出版社1991年版,第2页。
② 迈克尔·E.波特著,陈小悦译:《竞争优势》,华夏出版社1997年版,第36—37页。
③ 迈克尔·E.波特著,陈小悦译:《竞争优势》,华夏出版社1997年版,第59页。

目标效用)提出决定性要求,后者从组织结构的价值功能进行判断,两者分别形成有效组织结构的"拉力"和"动力"。所以,以这两个维度作为组织结构分析的内在因素,直接指明组织结构形式选择的标准,与传统组织理论的以管理幅度、职能、区域等为分析角度相比,不仅直接地点明组织结构的价值目标和功能,而且还体现了"以流程为中心"的流程再造的思想。所以,从组织目标维度和组织功能维度来研究高技术企业组织结构形式,更具有一定的理论意义和现实意义。因此,笔者从这两个角度对组织结构类型进行分析,探讨组织结构的价值功能类型(图8-2)。

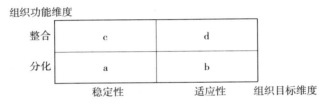

图8-2　高技术企业组织结构的价值功能

(1)稳定性分化的组织功能(a式组织功能):以稳定性作为组织目标,将差异性功能分离出去,强调组织运行统一性;组织信息流较为固定,信息速度相对较慢;组织成员以规范性作为行为要求。

(2)适应性分化的组织功能(b式组织功能):以适应性作为组织目标,将差异性功能分离出去,强调组织在一定的统一性基础上,能够有所创新;信息流较为灵活,但传递速度比a式组织功能要快;组织成员讲求规范性,并适度兼顾创新性目标。

(3)稳定性整合的组织功能(c式组织功能):以稳定性作为组织目标,将差异性功能进行协调,强调组织运行的协调性;组织信息流较为固定,信息传递比b式组织功能快;组织成员以规范性和协调性作为行为准则。

(4)适应性整合的组织功能(d式组织功能):以适应性作为组织目标,将差异性功能进行协调,强调组织在协调运行的基础上,能够充分创新;信息流速度快,传递效率高;组织成员以创新性和协作性为行为准则。

从四种组织功能的类型可以分析出,它们在组织目标、组织功能、信息流动和成员行为等方面各有特点,需要根据具体的技术运用情况进行选择。

(二)高技术企业的内生组织设计能力模型

　　根据技术运用类型和组织结构的价值功能等分析维度,高技术企业可以建立相应的选择关系(见图8-3)。由于组织功能形式在理论上和实践中不是唯一的,因而,在高技术企业内生组织能力模型(见图8-3)中就存在最佳选择(或第一选择)和相对合理选择(或第二选择)的权变问题。

　　1. R&D 型技术运用的技术成熟度低,创新度高,工作具有较强的非结构性,需要组织及时对研究开发情况作出反应,因而适应性组织目标比较适合;同时由于工作内容差异性大,需要组织加以协调和整合,成员协作创新,因而 d 式组织的价值功能是最佳的结构选择。但是,由于 d 式组织功能对组织的规范性、稳定性考虑较少,b 式组织的价值功能在此方面能够有所弥补,并且它的信息流动较为灵活,所以,b 式组织功能是此类技术运用在组织形式上的第二选择。而 a 式和 c 式组织功能由于以稳定性为组织目标,大大限制了组织的适应性,所以不宜作为 R&D 型的组织结构形式。

组织结构的价值功能类型

	R&D 型	P&M 型	M&S 型
d 式组织功能	√①		√②
c 式组织功能		√②	√②
b 式组织功能	√②		√①
a 式组织功能		√①	

技术运用类型

图8-3　高技术企业的内生组织设计能力模型①

　　对于 R&D 企业的组织结构选择结果,笔者曾对江苏康缘药业有限公

---

　　① 模型中"√①"表示某一类型的高技术企业第一选择(或最佳选择)的结构形式;"√②"表示某一类型的高技术企业第二选择(或相对合理选择)的结构形式。

司、扬州恒春科技有限公司等多家高技术企业研发部门的组织结构进行调查,其结果都证明了这一结论。以江苏康缘药业有限公司的新型药品研究中心为例,组织结构由传统组织调整为适应性整合结构后,新药研发成功率提高 94.7% ,其中获得新药证书率提高 81.2% 。由此可见,以适应性为目标的 d 式组织功能和 b 式组织功能对 R&D 企业或部门比较适合。

2. P&M 型技术运用与 R&D 型技术运用的情况正好相反,其技术成熟度高,创新度低,工作具有结构性特征,比较讲求稳定性目标。a 式组织功能是以稳定性、规范化和统一性为特点的结构,适合于生产制造中的结构性要求,是此类企业结构形式的最佳选择;而 c 式组织功能弥补了 a 式组织功能在协调性上的不足,但对于稳定性目标要求较低,因而是第二选择的结构形式。

P&M 型技术运用尤其重视产品的质量,注重生产的规范性和标准化,这也是国际标准化组织对生产制造型高技术企业提出的相应要求:普通产品的制造企业要求通过 ISO9000 族标准,医药、保健品等特殊产品则要求通过 GMP 标准。这从另一个侧面反映了 P&M 型高技术企业建立稳定性分化结构的必要性。

3. M&S 型技术运用的技术成熟度和结构性特征介于上述两类企业之间。它以稳定性目标为基础,追求一定程度的创新性。b 式组织功能因其能将差异性功能分离出去,强调组织运行的统一性,并且能够有所创新,及时对市场需求变化作出反应,就成为此类企业组织结构形式的最佳选择。

在图 8-3 中,d 式组织功能以适应性为目标,将差异性功能进行协调,保证了组织的协调性和创新性,但结构的规范性不强;c 式组织功能以稳定性为目标,强调了结构的规范性和协调性,但对市场变化的反应相对迟钝。所以,这两种结构形式是 M&S 型技术运用在组织结构形式上的第二选择。a 式组织功能过于稳定,对市场反应迟缓,不宜列入此类技术运用的组织结构选择范围。

从上述分析可以看出,高技术企业不能以某种组织结构设计一概而论,需要有区别地分析,合理地选择组织结构类型,设计符合各自特点的组织结构形式。在实际经营活动中,高技术企业的组织设计不可能以 R&D 型、

P&M 型或 M&S 型的单一形式出现,而更多的是研发、制造型、研发营销型或制造营销型,甚至会是研发、生产和营销的综合型。这些复杂企业类型,就不能以某种或几种组织结构形式简单地叠加,这样会大削弱、冲抵组织结构形式的有效性,而应根据高技术企业的战略目标,选择与之匹配的多元化的"组织结构集",即以高技术企业核心战略、核心业务为基点,为主要高技术企业的业务部门选择对应的组织结构形式,并根据业务技术特性进行组织结构整合,加强各业务部门之间的协调,形成合理的组织结构组合,发挥组织结构在企业价值链中的最佳效用。

二、高技术企业的内生组织学习能力

随着知识经济对企业组织的冲击,高技术企业处于适应复杂多变的组织环境之中。如何提高高技术企业对环境的应变力和适应力,尤其是增加高技术企业的内生组织学习能力,成为人们关注的普遍性问题。对于高技术企业的内生组织学习能力的研究,国内外专家和学者主要从学习型组织创建的角度开展了相关研究,归纳起来分为四种类型。

1. 组织发展论。P. Woolner(1992)从企业教育与培训活动的角度,提出了创建学习型组织的"五阶段模型",即认为学习型组织的发展一般经历无意识的学习、消费性学习、学习引入企业、确定企业学习进程、学习与工作融合①②。这一观点分析了一般企业向学习型组织过渡的基本过程,即从自发的学习到自觉的学习、从与工作无关到相关的学习的基本过程,没有分析组织学习的主体和运行过程。

2. 组织愿景论。James C. Collins 和 Jerry I. Porras(1991)提出的组织模型。他们认为,组织需要根据所处环境的变化,在指导哲学的作用下,形成

---

① P. Woolner. The Purposes and Stages of the Learning Organization. Thresholds in Education, May/August 1992.

② 阎海峰、王端旭:《现代组织理论与组织创新》,人民邮电出版社 2003 年版,第250—252 页。

不同的可触知景象,建立组织的共同愿景①。这一观点从企业文化的角度,剖析了企业的价值观体系转变为组织共同愿景的基本环节和过程,对组织学习的过程没有分析,对组织学习的概括具有较高的抽象性和模糊性。

　　3.组织创建论,主要有瑞定模型、五项修炼模型和构建模型。约翰·瑞定(1996)认为,学习型组织具备四个要点,即持续准备、不断计划、即兴推行和行动学习。Senge P. M.(1990)把系统动力学简化为系统思考,认为学习型组织需要进行五项修炼,即建立共同愿景、自我超越、改善心智模式、团队学习和系统思考②。David A. Garvin(1993)认为,建设一个学习型组织可以采取五个步骤和方法,即系统地解决问题,深度新方法,从自己的经验和历史中学习,从其他组织的经验和最好的实践中学习,在整个组织内迅速而有效地转化知识③。这三个模型均在不同程度上提出了组织学习的思想和组织职能,但没有考虑企业与环境之间的关系,以及企业内在生态主体在组织学习中的地位和作用,使得组织学习仅仅表现为一种组织职能。

　　4.学习流程论,主要有三阶段过程模型、循环过程模型和过程模型。S. Slater(1995)等人认为,组织学习的过程包括三个阶段:信息的获得、信息的扩散和信息的共同解释,即组织学习须对信息的含义和信息对组织的影响形成一致的认识④。Nancy Dixon(1994)认为,组织学习不是组织成员学习能力的简单相加,而是员工学习能力的集体运用。组织学习过程分为四个阶段,即创造、整合、解释和行动⑤。陈国权(2002)认为,组织学习主要包

---

　　①　James C. Collins, Jerry I. Porras. Organizational Vision and Visionary Organization. California Management Review, Fall 1991. p. 34.

　　②　Senge P M. The Fifth Discipline:The Art and Practice of the Learning Organization. New York:Bantam Doubleday Deli,1990.

　　③　David A. Garvin,Building a Learning Organization. Harvard Business Review,July-August 1993. pp. 79－81.

　　④　S. Slater et al. Market Orientation and the Learning Organization. Journal of Marketing,July 1995. p. 66.

　　⑤　Nancy Dixon. The Organizational Learning Cycle. McGraw-Hall Book Company Europe. 1994. p. 38.

括发现、发明、选择、执行、推广、反馈和知识库等过程①。学习流程论主要是对学习型组织的学习过程进行轮廓性地剖析,对组织学习缺乏较为全面的和实践性的研究。

上述四种观点以单一维度,分别从组织发展、组织愿景、组织创建和学习流程等四个角度对组织学习进行分析。这些观点主要对学习型组织的显性特征加以研究,没有分析高技术企业的内生组织学习的潜在的、本质性的组织体系。因此,这些理论对指导高技术企业的内生组织学习能力缺乏实践价值。笔者基于组织学习的实践价值,运用结构特征分析方法(DIM 方法),从多个维度研究高技术企业内生组织学习能力的生态体系,探讨高技术企业的内生组织学习能力模型。

(一)内生组织学习能力的分析维度

高技术企业通过组织学习促进组织自我进化,提高组织能力,以能动地适应环境的变化与发展,实现组织愿景,即在组织学习中实现高技术企业组织的生态化。组织学习是一种新的思维方式对组织的思考,使企业和产品能够不断变化,以满足环境中新挑战的需要(理查德·L.达夫特,1999)②。高技术企业在组织学习中通过组织创新,增强环境的适应力,才能实现关键种因子及其能力,乃至整个组织的发展目标。从这个角度可以看出,高技术企业的内生组织学习能力体现了组织生态理论的基本思想,摒弃了传统的组织理论。这是因为,传统的组织理论往往假定组织处于稳定、封闭和静态的环境,而组织生态理论则是假定企业处于变化、开放和动态的环境之中,不仅注重组织与环境的外在生态关系,而且还考虑组织的内在生态体系。

高技术企业在开放动态的环境中需要通过环境学习,建设企业内部的组织生态体系。根据普里高津的耗散结构理论,作为社会系统中的组织不仅是一个开放系统,而且还是一种耗散结构。从组织生态角度来看,一个处

---

① 陈国权:《学习型组织的过程模型、本质特征和设计原则》,《中国管理科学》2002 年第 8 期,第 86—87 页。

② 理查德·L.达夫特著,李维安等译:《组织理论与设计精要》,机械工业出版社 1999年版。

于远离热力学平衡的开放系统,必须能够从外部环境获得必要的负熵流,以抵消系统内部由于热力学第二定律的作用所自发产生的熵。组织内部存在着多种元素,它们之间的相干效应与协同运作,形成系统的整体行为和有序结果(赵玲,2001)①。因此,高技术企业需要构建一种生态型组织,即在这个组织中,高技术企业通过组织学习促进组织自我进化,提高关键种因子的内生能力,以能动地适应环境的变化与发展,实现组织愿景。对于高技术企业来说,组织学习是实现组织愿景的重要手段,是生态型组织的核心运作方式。

目前理论界侧重于对组织与环境之间关系的研究,即关注的焦点是"企业外在生态",很少重视高技术企业外在生态对企业自身运行的内在要求。这就需要对高技术企业内部的生态体系进行探讨,使高技术企业外在生态内化为企业内部的组织要求。高技术企业的外在生态与企业内在生态共同构成高技术企业的生态体系。高技术企业外在生态主要是企业与环境构建生态关系,高技术企业内在生态是企业内部要素之间建立生态关系。高技术企业外在生态需要企业组织通过生态内化过程,才能实现的企业内在生态,从而使内在生态与外在生态形成有机的企业生态。在高技术企业外在生态的内化过程中,高技术企业的内生组织学习是一个具有多个维度、组织学习的有机体:(1)组织学习主体维度,即高技术企业组织学习的主体构成。(2)组织学习运行维度,即高技术企业在组织学习中实现与环境的互动、提升组织能力的过程。(3)组织学习目标维度,即高技术企业组织学习的阶段性目标和组织发展过程。

1. 组织学习的主体维度

高技术企业的组织学习是基于一定学习主体行为的活动过程。对于高技术企业的组织学习主体,理论界存在两种看法:一是员工主体论,认为高技术企业组织学习的主体是全体员工的个体学习和终身学习(Brown J. S.、

---

① 赵玲:《自然观的现代形态——自组织生态自然观》,《吉林大学社会科学学报》2001年第2期,第13—18页。

Duguid P. ,1991)①。二是企业主体论,组织转型论和组织愿景论均持这种观点。还有人认为学习是一种用来解释现有组织行为的机制(Levitt、March,1988;Hubber,1991)。作为一种组织形态,高技术企业具有外生和内在的生态系统,上述两种观点均存在一些不足:第一种观点将高技术企业的组织学习视为一种个体行为,而员工只是高技术企业的一个基本的组织层面,高技术企业的更多活动则需要依靠其他组织层面(如团队、职能部门等)来完成。第二种观点将高技术企业的组织学习视为一种组织行为,由于"组织"是一个比较笼统和抽象的概念,从而导致了学习主体的泛化和"虚位现象"。因此,笔者认为需要对高技术企业的组织学习主体加以合理界定。

2. 组织学习的运行维度

根据组织生态理论,高技术企业是基于相似系统工程和生态系统的自然原理,使组织按照自然生态系统的机能运作,能够不断地进行自学习、自组织、自进化以及对知识的创新,并具有对复杂环境的快速响应能力②。在动态、开放的环境中,高技术企业必须能够能动地认识环境、适应环境,以在平衡、协调与环境关系的过程中实现共同愿景。高技术企业的组织学习需要分析组织内在运行环节,而且还涉及组织与环境之间的互动关系。所以,对组织学习过程的探讨是研究高技术企业组织学习能力的重要维度。

3. 组织学习的目标维度

对于高技术企业的组织学习目标,组织发展论、学习流程论等模型均没有提及,组织愿景论和组织创建论等理论则以"共同愿景"作为组织学习的目标。在理论上,愿景能够发挥持续地鼓励组织和员工学习的作用,但从组织生态角度来看,愿景难以起到应有的价值,主要原因在于愿景过于模糊、抽象。组织生态系统的本质特征就是部分具有某种程度的智能,即具有及

---

① Brown J. S, Duguid P. Organizational Learning and Communities of Practice: Toward a Unified View of Working,Learning,and Innovation. Organization Science ,1991,2(1).

② 俞艳苹、龙建成:《基于知识的生态化组织的研究》,《西安电子科技大学学报(社会科学版)》2002 年第 12 期,第 19—22 页。

时、敏锐地感知所处的外部环境,预测其变化,并按动态目标采取相应行动的能力①。高技术企业的组织学习目的并不是为了学习,而是培养实现组织真正想要达到的目标的能力。愿景是一个高远的企业目标,反映了高技术企业的价值观和使命,在复杂多变的环境面前不能及时地指出高技术企业的阶段性目标,使得组织学习难以根据外部环境的变化及时地加以反馈和控制,最终导致高技术企业放弃愿景、放弃学习。因此,在实践中,愿景不仅没有起到持续激励学习的作用,在一定程度上反而加速了学习的终止。因此,从组织生态和实践价值的角度认为,在实现愿景的过程中需要构建一系列的阶段性目标,作为实现愿景的路径。

从组织生态角度来看,高技术企业的组织学习主体、组织学习运行和组织学习目标从不同维度实现高技术企业组织学习的生态化,即高技术企业的组织学习主体生态化、组织学习运行生态化和组织学习目标生态化。其中,(1)组织学习主体生态化是高技术企业内部各个组织主体、主体之间能够能动地适应环境发展的需要,实现高技术企业在组织层面上的生态关系。(2)组织学习运行生态化是高技术企业运行的流程、方式和行为应当能够适应环境发展的需要,实现高技术企业在组织空间上的生态化。(3)组织学习目标生态化是高技术企业需要在组织过去目标、组织现在目标和组织未来目标之间进行有机协调,使高技术企业能够可持续化发展,实现高技术企业在时间上的组织学习目标可持续性。这三个层面的组织学习生态化形成高技术企业内在生态的三维体系,并通过高技术企业内在生态的有效运作,实现高技术企业内在生态体系的外化,使高技术企业能动地适应不确定的组织环境,即达成高技术企业外在生态的组织目标。

(二)高技术企业的组织学习主体模式

作为一种组织形态,组织学习需要具备高技术企业内在生态的学习主体,并建立生态化的主体关系。高技术企业的组织学习主体是多元化的,包

---

① 齐振彪、齐振宏:《组织及其智能优势:组织生态学的新视角》,《科技进步与对策》2002年第10期,第18—20页。

括经营者层面、职能部门层面、团队层面和员工层面,它们的学习生态化共同构成了组织学习的主体,形成高技术企业的组织学习主体模式(见图8－4)。因此,高技术企业的组织学习主体模式由四个组织层面构成,即学习型经营者、学习型职能部门、学习型团队和学习型员工。

　　1.学习型经营者。学习型经营者是指高技术企业的高层经营管理人员需要参加组织学习,具有区别于一般员工不同的学习职能:一方面,学习型经营者承担着高技术企业学习氛围的营造,因为企业经营者是高技术企业的价值观、文化理念的倡导者;另一方面,他们主导着组织学习的目标和方向,规定着组织学习的任务和要求。这是由高技术企业经营者在企业的特殊地位所决定的。

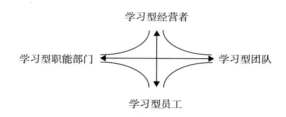

图8－4　高技术企业的组织学习主体模式

　　2.学习型职能部门。学习型职能部门包括高技术企业的分支公司、职能部门及其下属管理机构,是重要的组织学习的参与者。离开职能部门的参与,高技术企业的组织学习目标就无法实现:一方面,职能部门是组织学习的组织者,承担着高技术企业的计划、组织、信息、控制等多方面的管理职能,离开它们的参与,组织学习的目标和计划难以有效地实施;另一方面,职能部门涉及高技术企业的研发、生产、销售、人力资源、财务等多个方面的业务流程,这些业务流程不仅与环境具有密切联系,而且影响着高技术企业的部门之间的联系与协作。离开职能部门的学习,高技术企业就无法形成一种高度柔性的组织机制。

　　3.学习型团队。团队是组织学习的直接承担者。德鲁克认为,工作团队将逐渐取代组织中传统形态的部门,成为完成工作的中心;组织运行的成败,有赖于团队运作的顺畅。因此,学习型团队是高技术企业组织学习的重要载体。当团队真正在学习的时候,不仅团队整体产生出色的成果,个别成员成长的速度也比其他的学习方式要快。

4. 学习型员工。员工个体是组织学习的基本层面。尽管高技术企业比较重视团队运作和部门协作,但是,高技术企业的许多任务乃至一些核心业务仍然是由员工个体来完成。因此,员工学习是高技术企业组织学习的一个基本主体。

学习型经营者、学习型职能部门、学习型团队和学习型员工共同构成了高技术企业的组织学习主体。在这个模式中,不同的学习主体并不是孤立地学习,而是融于整个组织学习之中。从组织生态的角度,他们之间的学习相互交融,形成高技术企业整体的组织学习力。

(三)高技术企业的组织学习运行模式

"学习流程论"中三阶段过程模型、循环过程模型和过程模型对组织学习过程的主要阶段作了轮廓性分析,但没有将高技术企业的组织学习视为一个有机的生态体,因而均缺乏一定程度的实践价值。组织学习过程是高技术企业内在生态的一个子系统,高技术企业需要通过组织学习将组织现状、组织环境、组织学习决策、组织变革与创新和组织发展形成生态体系。因此,高技术企业的组织学习不仅仅是一个组织行为,更重要的是一个生态化的组织运行体系。

基于企业内在生态,高技术企业的组织学习应当将外在环境学习与适应、内部学习共享、自身能力提升、组织战略与共同愿景融为一体。因此,高技术企业的组织学习运行模式(见图 8-5)是以高技术企业的组织发展战略为目标,经过学习积累、环境学习、学习分析、学习决策、学习共享、组织创新、环境适应等环节,为实现高技术企业的发展战略提供组织能力支持,最终服务于高技术企业的共同愿景。

1. 学习积累。学习是通过信息处理使得高技术企业能够拓展其潜在行为范围的过程(Hubber,1991)。组织学习是依据高技术企业拥有的能力、资源和条件而展开的学习,特别是对信息资源和知识资源进行系统地分析,奠定组织学习的平台。因此,学习积累是高技术企业的组织学习运行的起

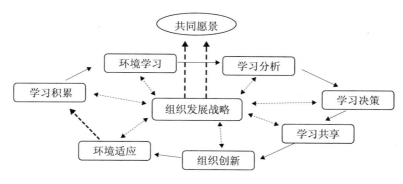

图8－5 学习型组织的学习运行模式

点,是以组织发展战略为参照,对高技术企业知识和能力现状进行总结和内省,并加以系统地整理和归纳,将隐性知识转化为显性知识,将对高技术企业运行有益的自发性行为上升为自觉性行动的过程,使高技术企业各类知识积累于知识库之中,为组织学习奠定知识基础。

2.环境学习。环境学习是高技术企业对外部环境进行调查、分析和预测,明确环境对组织学习的标杆。由于组织生态系统是由组织与其环境相互作用而形成的系统,组织学习是高技术企业认识环境、适应环境的过程。从企业内在生态体系的角度来看,高技术企业的组织学习旨在促进组织能力发展的协调与平衡,使企业与环境建立和谐的外在生态体系。因此,环境学习是高技术企业的组织学习运行的基点,需要高技术企业对环境进行客观调查、分析和评价,根据行业和市场发展动态和趋势,明确环境对高技术企业的学习定位和要求。

3.学习分析。学习分析是高技术企业依据发展战略,将学习积累中组织现状与环境对高技术企业的组织学习要求进行对照,明确组织学习的方向、目标、重点和要求,并就组织学习的内容、途径、方式、主体等方面制定备择学习方案。从企业内在生态体系来看,高技术企业的组织学习是一个生态化的组织行为,需要对组织环境、发展战略与愿景、组织资源与能力等方面进行综合分析,客观地预测组织学习所创造的组织效益和组织运行风险。因此,学习分析是高技术企业的组织学习运行的准备性环节。

4.学习决策。学习决策主要是对"学习分析"中的备择学习方案进行比较,根据组织发展战略和阶段性目标,选择出满意的学习方案,同时将学习方案具体为学习计划、标准和规范。学习决策是高技术企业对各种组织学习路径的机会成本进行比较,选择出适应高技术企业发展需要的组织学习战略和计划,以获得组织学习理想的成本—效益比。

5.学习共享。学习共享是根据"学习决策"确定的学习计划和方案,将可学习的内容作为一种激励性资源,在高技术企业的员工个体、团队、职能部门和经营者等层面中进行教育和传播,使各类学习主体在知识共享中掌握知识,并将知识学习转化为能力的提高。这种能力的提升是一种个体、群体(或团队)的行为,主要表现为员工个体、团队、职能部门和经营者等各个独立组织层面的学习力转化行为,从而在高技术企业的学习共享体系初步实现学习型经营者、学习型职能部门、学习型团队和学习型员工。

6.组织创新。学习共享是实现各个独立的组织层面能力的提升,并没有达成高技术企业的整体组织能力的提高。组织创新是通过高技术企业内在生态体系的组织作用力,使"学习共享"中的个体层面或群体层面的行为上升到企业整体的组织行为,在组织学习使各类学习主体的局部能力的提高转变为组织整体能力的提升,使得整个组织在能力发展上实现质的突破。因此,组织创新是高技术企业的组织学习运行的提升点,使员工、团队、职能部门和经营者等独立组织层面的学习力形成和谐的高技术企业内在生态体系。

7.环境适应。高技术企业整体组织的提升并不是最终的目的,只是高技术企业实现共同愿景的组织运行手段之一。通过组织创新,高技术企业在组织学习中增强了组织进化力、创新力和适应力,使高技术企业能够更好地适应环境发展的需要,并在此基础上创造有利于高技术企业发展的各种条件,服务于高技术企业的发展战略和共同愿景。环境适应是高技术企业阶段性组织学习的结束点,同时也是长期性组织学习的基点,为下一阶段的"学习积累",乃至整个组织学习过程准备组织资源和条件。

高技术企业的组织学习运行模式是从高技术企业组织学习的历史截面,围绕着阶段性组织学习目标,对学习运行环节和过程进行了解析,描述了各个组织层面的学习主体在一般意义上的组织学习过程。对于高技术企业来说,这个模式并不是一次性的组织行为,而是一个螺旋式的、不断上升的组织发展过程,反映了组织学习在不同发展阶段具有普遍性的运行规律。

(四)高技术企业的组织学习目标模式

根据企业内在生态的组织目标生态化要求,高技术企业的组织学习需要和谐地协调好企业过去、现在和未来之间的目标关系。这不仅是延续组织学习的需要,同时也是高技术企业在不同时段的组织学习目标得以有机的结合,降低组织学习成本,提高组织学习的综合效益的需要。因此,从组织发展生态化的维度研究高技术企业的组织学习,对于界定组织学习的目标过渡与目标递进,促进组织发展,实现组织愿景,具有重要的理论意义和实践价值。

学习是一种用来解释现有组织行为的机制,它能解释组织是如何随着时间推移而演化发展,并充分认识组织的现状的(Levitt、March,1988)。高技术企业的组织学习目标是一个不断递进和提升、需要经历从讲求内部规范和效率到提高外部适应力的过程。因此,从组织发展角度来看,高技术企业的组织学习目标模式包括五个阶段性目标,即内省性组织、规范性组织、效率性组织、适应性组织和愿景性组织(见图8-6)。

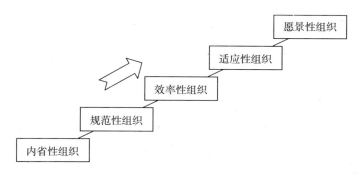

图8-6 学习型组织的学习目标模式

1.内省性组织。内省性组织是高技术企业在组织学习之前要达成的组织目标,即对内部和外部的组织能力、资源和条件进行充分的调查和分析,对组织现状作出客观的评价,系统地整理和积累企业的知识和经验,明确组织学习的企业定位,为高技术企业制定好未来的发展目标和学习任务。因此,高技术企业需要明确自身的学习定位,以避免整个组织学习的盲目性。这种组织内省不仅需要对高技术企业自身的组织能力、知识、信息和其他组织资源进行客观评价,而且在此基础上还需进行同业、国内和国际比较,以产业标杆、国内标杆和国际标杆评价高技术企业的组织能力、资源和条件。因此,这一阶段具有组织学习的积累性和规划性,着重提升组织的内省力。

2. 规范性组织。组织是为了实现特定的目标或使命,由多人组成的、与环境相联系的、具有系统性结构的一种社会实体(盛宇华、李金生,2004)[1]。在实现组织目标的过程中,高技术企业形成比较复杂的内部结构。这种结构性体现出规范性组织的要求,是为了达到对组织结构能够进行顺利协调和稳定性的目标,将组织中的各种活动受到尽可能广泛地控制(埃尔文·格罗赫拉,1991)[2]。规范性组织是高技术企业在实现内省性组织目标后,基于高技术企业的战略目标和共同愿景,系统地制定和完善组织运行和组织学习的流程、标准和要求,建立组织运行管理的规章制度,从而提高组织运行的规范性和提升高技术企业的规范力。

3. 效率性组织。由于组织规范和组织效率是一对两难性的组织目标,过于严格的控制会降低组织系统的适应能力和革新能力(埃尔文·格罗赫拉,1991)[3],一方面,组织规范的机会成本是组织效率;另一方面组织效率是对组织规范的提升,即组织效率是有序组织有效运行的综合体现。因此,效率性组织是高技术企业在规范性或稳定性的基础上,着重在组织内部提高组织运行的效率和效益。可见,规范性组织和效率性组织是高技术企业在组织学习中的内在进化目标,是对高技术企业内在生态系统的整合和优化。

---

① 盛宇华、李金生:《组织激励论》,人民出版社 2004 年版。
② 埃尔文·格罗赫拉著,王元译:《企业组织》,经济管理出版社 1991 年版,第 2 页。
③ 埃尔文·格罗赫拉著,王元译:《企业组织》,经济管理出版社 1991 年版,第 2 页。

4. 适应性组织。高技术企业内在生态目标不仅是通过外在生态体系实现的，而且也是服务于高技术企业的外在生态系统。当实现规范性和效率性组织目标后，高技术企业已经通过组织学习构建了和谐的内在生态体系，进而外化为高技术企业外在生态，服务于高技术企业的组织生态，尤其是关键种因子及其内生能力。这种组织外化行为即表现为组织适应力的提升。因此，适应性组织是高技术企业在内在生态整合和优化的基础上，通过组织学习来适应外部环境的变化与发展，使高技术企业具有及时、敏锐地感知所处的外部环境，预测其变化，并按动态目标采取相应行动的能力。

5. 愿景性组织。愿景是高技术企业的组织学习最终要实现的理想状态，是鼓舞组织成员共同努力的愿望和远景。愿景性组织是以前四个组织发展阶段为基础，但在组织发展目标上又高于前四个组织阶段：一方面，愿景性组织在前四个组织阶段获得了必要的组织能力和条件等的方面准备；另一方面，愿景性组织是组织学习的最高杠杆点，是高技术企业组织学习发展的最终目标，指导着前四个阶段的组织发展方向。因此，愿景性组织需要经历更为复杂、长远的组织发展过程，是高技术企业希望达到的一种理想的组织形态，是组织存在的使命和目标的体现，是组织学习努力追求的最高组织目标。

在学习目标模式中，每个阶段的目标是一个复合的目标集，即以所在阶段目标为主，辅以追求其他阶段的学习目标。高技术企业的组织学习作为一种新的组织形态，必须具备学习力、进化力、创新力与适应力等组织行为能力特征。高技术企业通过内省性、规范性、效率性、适应性和愿景性等五阶段的组织学习，系统地提升高技术企业的综合能力，在组织现状和组织愿景之间架构起组织学习的目标路径。

（五）高技术企业的内生组织学习能力模型

从高技术企业内在生态的角度来看，组织学习主体、组织学习运行和组织学习目标等维度是高技术企业的运行与发展的关键性维度。基于这三个维度形成相应的组织学习模式，即组织学习主体模式、组织学习运行模式和组织学习目标模式，它们围绕高技术企业组织的共同愿景，是一个相互交融的有机整体,共同构成高技术企业的内生组织学习能力模型(见图8-7)。

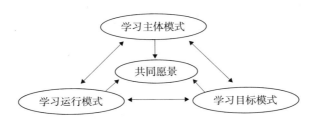

图8-7 高技术企业的内生组织学习能力模型

在高技术企业的内生组织学习能力模型中,从组织学习主体维度来看,高技术企业的每个学习主体均需要执行相应的运行模式和目标模式;从组织学习运行维度来看,高技术企业组织学习的每个环节均有不同组织学习主体的参与,并体现特定的组织学习目标;从组织学习目标维度来看,高技术企业的每个组织学习目标均包含着相应的所有组织学习主体和组织学习运行。高技术企业的三个组织学习模式互为一体,以共同愿景为出发点,并最终服务于高技术企业的共同愿景。

高技术企业的组织学习是一个需要从多维度加以分析的有机体。笔者基于组织学习的实践价值,从多个维度探讨高技术企业如何能动地处理组织与环境的关系,运用结构特征分析方法(DIM 方法)对高技术企业组织学习的关键维度(即学习主体维度、学习运行维度和学习目标维度)进行分析,提出了涵及组织学习主体模式、组织学习运行模式和组织学习目标模式的"高技术企业的内生组织学习能力模型"。

三、本章小结

基于第六章中"高技术企业优势种因子的内生能力模型",本章深入探讨了高技术企业的优势种因子内生能力中的"高技术企业的内生组织能力"。

在高技术企业的内在生态系统中,高技术企业的内生组织能力从制度安排层面既是高技术企业的关键种因子内生能力的衍生,又对关键种因子内生能力形成组织协同和生态服务的生态关系。高技术企业的内生组织能力是高技术企业对技术研发、产品生产、销售和服务及其组织运行进行组织分工与协作和组织发展的能力,具体表现为高技术企业的内生组织设计能力和内生组织学习能力。组织设计能力和组织学习能力分别从静态视角和动态视角透视了高技术企业的内生组织能力。

内生组织设计能力是高技术企业根据关键种因子及其能力的需要,结合企业自身的资源、能力和条件,权变地选择和设计组织结构的能力。对于高技术企业内生组织设计能力,本章主要从高技术企业的技术运用类型和组织结构的价值功能两个维度进行分析。其中,技术企业的技术运用可以分为三种类型,即 R&D 型技术运用、P&M 型技术运用和 M&S 型技术运用;组织结构的价值功能维度主要分为四种类型,即稳定性分化的组织功能、适应性分化的组织功能、稳定性整合的组织功能和适应性整合的组织功能。根据高技术企业的战略目标,选择与之匹配的多元化的"组织结构集",即以高技术企业核心战略、核心业务为基点,为主要高技术企业的业务部门选择对应的组织结构形式,并根据业务技术特性进行组织结构整合,加强各业务部门之间的协调,形成合理的组织结构组合,发挥组织结构在企业价值链中的最佳效用。

内生组织学习能力是高技术企业根据外部环境的变化,基于关键种因子及其能力的运行和发展要求,能动地进行组织学习和组织创新的能力。高技术企业的内生组织学习是一个具有多个维度、组织学习的有机体,本章主要从组织学习的主体维度、运行维度和目标维度。学习型经营者、学习型职能部门、学习型团队和学习型员工等四个组织层面构成了"高技术企业的组织学习主体模式";以高技术企业的组织发展战略为目标,经过学习积累、环境学习、学习分析、学习决策、学习共享、组织创新、环境适应等环节,为实现高技术企业的发展战略提供组织能力支持,最终服务于高技术企业的共同愿景,构成了"高技术企业的组织学习运行模式";高技术企业的组织学习目标是一个不断递进和提升、需要经历从讲求内部规范和效率到提高外部适应力的过程,包括了内省性组织、规范性组织、效率性组织、适应性组织和愿景性组织等五个阶段性目标,构成了"高技术企业的组织学习目标模式"。高技术企业的组织学习主体模式、组织学习运行模式和组织学习目标模式,它们围绕高技术企业组织的共同愿景,是一个相互交融的有机整体,共同构成高技术企业的内生组织学习能力模型。

第九章　高技术企业的内生激励能力

知识要素是指高技术企业内在生态对科学理论、信息及相关技术的广泛运用。高技术是对前沿性知识的运用或前沿性知识的现实化过程的产物。在高技术企业中，关键种因子是在当代科学技术成就基础上大规模的创新，具有更高的科学输入与知识含量。根据关键种因子对知识运用的方式不同，技术的开发与创新表现为对知识复制、知识通用、知识转移和知识组合。

高技术企业要实现高技术自主创新，就需要在组织动力层面来挖掘自身在知识复制、知识通用、知识转移和知识组合的内在潜力。从知识管理的视角来看，这就需要高技术企业一方面具有充分地开发内在的知识储备的能力；另一方面需要具备有效地运用外在的知识资源的机制。因此，高技术企业的内生激励能力主要包括两个方面，即内在知识创新的激励能力和外在知识联盟的动力机制。其中，内在知识创新的激励能力是高技术企业通过合理的组织结构设计来激发企业内在知识储备的开发和创新，以实现知识储备在技术创新中价值增值的内生激励能力；外在知识联盟的动力机制是高技术企业通过具有内源性的动力机制来推动企业借助知识联盟，以服务于技术创新的内生激励能力。据此，本章着重探析高技术企业内生激励能力中内在知识创新的激励能力和外在知识联盟的动力机制。

一、内在知识创新的激励能力

随着现代技术和知识经济的发展，内在知识创新的激励能力直接关系到高技术企业的人力资源开发和组织管理，是影响高技术企业发展的重要因素。因此,如何强化内在知识储备的激励能力、充分发挥技术性知识的作用,成为高技术企业普通关注的问题。由于组织目标、技术特点和组织结构的不同,高技术企业在目标相容度和工作协作度上具有明显差异。由于内在知识创新的激励情境是多样的,高技术企业的激励目标并不是以单一的个人激励方式就能实现。激励具有更为深刻的内涵,包含着企业激励、团队激励和成员激励等方式。高技术企业应当根据具体的激励情境选择适当的激励方式,才能提高内在知识创新的激励能力。

(一)高技术企业的组织结构与目标结构

随着社会进步和科技发展,高技术逐渐转化为普及技术,高技术企业的特定内涵也随之发生变化。与传统技术企业相比,高技术企业在技术创新和企业发展模式具有明显的不同,具有"七高七新"的特点,即"高投入、高产出、高智力、高难度、高风险、高势能、高收益;知识新、技术新、工艺新、方法新、设备新、材料新、产品新"①。这些特点使高技术企业成为现代科技和经济增长的制高点②。"高产出、高收益"使高技术企业备受人们关注,而"高智力、高难度、高风险"成为一般技术企业进入高科技产业的"高门槛"。因而,高技术企业能否进行内在知识创新、达到价值创造和价值实现的组织目标,很大程度上取决于是否具有专业人才团队、管理团队和技术骨干团队,即高技术企业的发展离不开高智力的专业人才和人才团队。

(1)高技术企业的组织层面

综合高技术产业的特征及人力资源管理的特殊性,高技术企业的组织从组织层面涵盖范围可以划分为三个层面,即企业层面、团队层面和成员层面。其中,团队层面是高技术企业在解决各种技术、管理等创新问题过程中员工结成的群体,通常以项目组、职能部门等形式出现,代表了企业部分员

---

① 徐同文、含云:《知识经济——21世纪高新技术》,北京科技出版社2000年版,第69页。

② 刘晓林、黄本美、吕兵:《21世纪高新技术发展特征及发展对策》,《科技与管理》2000年第4期,第17—19页。

工的群体利益和要求;成员层面是高技术企业的员工个体,代表员工的个体利益;企业层面是高技术企业的整体,反映了高技术企业的整体利益和发展要求。

企业层面、团队层面和成员层面存在两种组织层面关系(见图9－1):第一种关系是一个企业(企业层面)由多个团队(团队层面)组成,而一个团队(团队层面)由多个成员(成员层面)构成(a图);第二种关系是一个企业(企业层面)直接由多个独立的成员(成员层面)构成(b图)。

这两种组织层面关系主要根据高技术企业的技术特点、性质与人力资源配置要求进行划分:第一种关系反映了高技术企业的技术创新需要多个成员进行协作,最终技术成果很难以个人成果的形式划分,而表现为团队成果,其组织形式主要表现为企业的部门或项目组等;第二种关系反映了高技术企业的技术创新不需要成员的协作,往往个体成员能够独立完成,最终以个体成员形式出现,其组织形式是企业对员工的直接管理。

这两种组织层面关系是根据组织任务的要求而产生的。"组织系统首先要有一个明确的目标,它包括着一个行为目标(任务),其应当通过人与人之间的合作和社会技术上的协作来加以实现"[1]。很明显,导致这两种组织层面类型的原因,主要是因为高技术企业的组织任务对成员的协作提出了相应的要求,即存在着组织协作程度的差异:第一种组织层面关系对组织协作提出较高的要求,即组织协作度比较高;第二种组织层面关系对组织协作的要求相对较低,即组织协作度较低。这种组织协作度的差异,对组织层面关系区分并不是绝对的,只是一个相对的概念,在组织实际中主要表现为以团队为主或以成员为主。

2. 高技术企业的目标结构

"理解组织目标和战略,是识别组织效力的一个起点"[2]。高技术企业

---

① 埃尔文·格罗赫拉著,王元译:《企业组织》,经济管理出版社1991年版,第1页。

② Randy L. DeSimone & David M. Harris. Human Resource Development (the Second Edition). the Dryden Press and Harcourt Brace College Publishers, the United States of America. 1998, p. 101.

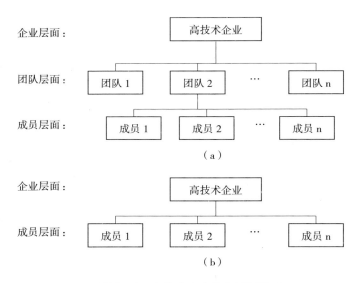

图9-1 高技术企业组织层面关系

的组织目标与组织结构之间具有紧密联系,也是企业激励的重要依据。"组织的基本问题是要根据所确定的目标来认识其对系统各个因素及其相互关系提出的要求,并选择与之相应的控制形式,或者说结构形式"①。由于高科技存在着企业、团队和成员三个层面,相应的组织目标也具有三个层面,即企业目标、团队目标和成员目标。其中,企业目标是高技术企业的总目标,也称为企业的使命,是描述企业的愿景、共享的价值观、信念以及存在的原因②,反映了企业整体生存和发展的要求;团队目标是描述团队对业绩和发展的要求,反映了企业内部某一群体的利益;成员目标是员工个人的利益要求和发展目标。

　　对高技术企业的组织目标作三个层面的分析具有一定的理论和现实意义。无论是传统激励理论,还是现代激励理论,对于组织动力(激励目标)、

---

① 埃尔文·格罗赫拉著,王元译:《企业组织》,经济管理出版社1991年版,第2页。

② 理查德·L.达夫特著,李维安等译:《组织理论与设计精要》,机械工业出版社1999年版,第22页。

甚至对组织目标的分析,往往都作了一定的假设,即认为组织目标是整个企业、团队和成员的共同目标,并以企业目标来分析成员激励的基础,换句话说,就是假设企业目标与团队目标、成员目标是一致的。但事实上,企业目标和团队目标、成员目标存在一致和不一致两种情况:如果三个目标是一致的,传统和现代激励理论就具有意义;如果三个目标是不一致的,则其中许多观点就值得进一步商榷,而且目标之间的不一致在高技术企业经营管理实践中尤为多见。这也是本书对此进行探讨的原因和研究的重点。

根据不同层面目标之间的相容程度,高技术企业的组织目标分为高相容度和低相容度。目标的高相容度是指企业内三个层面的目标一致性程度较高,目标的低相容度是指企业内三个层面的目标的一致性程度较低。当然,这种划分只是一个相对的,并非绝对的。

(二)有效激励的组织情境分析

与传统技术企业相比,高技术企业的一个重要特征在于技术属性。高科技的特性直接决定了组织活动的性质,影响着组织成员的工作关系,是影响企业激励有效性的重要因素。"工作设计以及其相应的辅助方法代表了一种比较新的社会技术,而且很明显,这种新技术还存有许多缺点。……很明显,这是一种具有极其复杂内容的社会技术,而不仅仅是关于个人工作效率和满意程度的问题"[①]。高技术的特性在内在生态系统的激励中直接转化为组织成员之间的协作关系。由于"群体动力的核心是成员中间的相互作用"[②],针对高技术企业的特质,组织协作度就成为影响内在知识创新的激励能力的关键因素之一,是系统地分析高技术企业内在知识创新的激励能力的一个重要维度。

影响内在知识创新的激励能力的另一个关键因素是高技术企业的组织

---

①　弗里蒙特·E.卡斯特、詹姆斯·E.罗森茨韦克著,李柱流等译:《组织与管理——系统方法与权变方法》,中国社会科学出版社 1985 年版,第 228 页。

②　弗里蒙特·E.卡斯特、詹姆斯·E.罗森茨韦克著,李柱流等译:《组织与管理——系统方法与权变方法》,中国社会科学出版社 1985 年版,第 343 页。

目标。"当个人的价值观念与整个企业组织的目标在较大程度上一致起来的时候,人的工作意愿才会提高。这就要以对激励过程的认识为前提,使它能够促进人们在一工作单元内完成分配给他们的任务"[1]。"组织成员和整个组织之间一旦存在着相背离的价值观念,就会导致'组织上的两难境地',就必然会发生冲突,从而降低人的工作能力和工作意愿"[2]。因此,企业目标、团队目标和成员目标之间的相容度,是权变分析内在知识创新的激励能力的另一重要维度。

根据组织目标和技术特质,高技术企业的内在激励分别从目标相容度和组织协作度两个维度进行权变分析,并对目标相容度和组织协作度分别从高、低两个层次区分组织激励情境(见图9-2)。

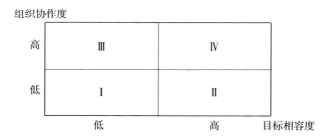

图9-2 高技术企业组织目标与组织层面关系图

根据图9-2的组织目标和组织层面关系图,高技术企业具有四种不同的组织情境,即组织情境Ⅰ、组织情境Ⅱ、组织情境Ⅲ、组织情境Ⅳ。

1. 组织情境Ⅰ:高技术企业的组织目标相容度低,组织协作度低。企业目标、团队目标和成员目标之间的冲突性较高,主要以成员来完成组织任务。

2. 组织情境Ⅱ:高技术企业的组织目标相容度高,组织协作度低。企业、团队和成员的目标基本一致,组织活动以成员为主。

---

[1] 埃尔文·格罗赫拉著,王元译:《企业组织》,经济管理出版社1991年版,第45页。

[2] 克里斯·阿吉里斯著,郭旭力、鲜红霞译:《个性与组织》,中国人民大学出版社2007年版。

3.组织情境Ⅲ:高技术企业的组织目标相容度低,组织协作度高。企业目标、团队目标和成员目标之间的冲突性较高,组织任务主要通过成员协作(即团队方式)来完成。

4.组织情境Ⅳ:高技术企业的组织目标相容度高,组织协作度高。企业、团队和成员之间的目标基本一致,并主要以成员协作(即团队方式)完成组织活动。

这四种组织情境各具特点,分别代表了不同的高技术企业的组织目标和工作特征关系,因此,高技术企业需要选择不同的激励方式。

(三)内在知识创新的激励能力模型

组织激励可以看成是"一系列的连锁反应,即从感觉的需要出发,由此引起要求或追求的目标,这便出现一种紧张感(即未满足的愿望),引起为实现目标的行动,最后满足了要求"①。对于高技术企业内在知识创新的激励,一些学者将企业激励等同于个人激励,强调以期权、股票等方式来调动员工的积极性,提高员工的忠诚度。另一些学者强调加强对高技术企业的群体激励,通过提高员工的协作,来提高组织的效率。这些观点看到了个人激励或群体激励对组织激励的重要影响,但是他们却将高技术企业的技术协作要求和不同层次的目标完全等同起来,忽视其中的差异性。这既违背了激励的基本原则,也达不到预定的激励目的。

"当我们谈激励时,或者用更精确地话说即被激励的行为时,我们指的是具有三个显著特点的行为。第一,被激励的行为是持续的,亦即这种行为将支持相对来说一个相当长的时间;第二,被激励的行为是朝向完成预订目标的;第三,这种行为产生于一种感觉到的需求"②。高技术企业的激励方式应当与组织内部各个层次的需求相吻合,也就是说,企业选择激励方式应

---

① 哈罗德·孔茨、海因茨·韦里克著,张晓君等译:《管理学(第十版)》,经济科学出版社1998年版,第300—301页。

② 亨利·西斯克著,段文燕译:《工业管理与组织》,中国社会科学出版社1985年版,第453页。

该能够满足被激励行为的需求和预定目标。所以,高技术企业的内生激励能力应当体现组织层面的目标和技术工作特点,并以此来选择相应的激励方式。

高技术企业包括:企业层面、团队层面和成员层面。这三个层面在预定目标和工作性质上均存在差异,因此,依据组织目标和工作性质的差异性,高技术企业激励可以划分为企业激励、团队激励和成员激励。其中,企业激励是指根据高技术企业的经营管理需要,提高企业整体效率和效益的激励过程。企业激励的客体是企业整体,既涉及经济学领域研究的"委托—代理"理论的"棘轮效应(Rachet Effect)"、"败德行为(Moral Hazard)"等激励理论[1][2],也包括管理学中通过企业制度创新、激励企业经营者等手段实现高技术企业的激励目标。团队激励是指根据高技术企业团队协作要求和目标需求,提高团队工作效率的激励过程。团队激励的客体是团队,把团队的需求作为激励的基点,把团队作为激励的基本单位。成员激励是根据高技术企业成员的需求,提高成员积极性和工作效率的激励过程。成员激励的客体是成员,把成员的需要作为激励的出发点,成员是激励的基本单位[3]。

根据权变理论的基本思想,企业激励、团队激励和成员激励应根据高技术企业的组织情境而权宜地作出选择和运用。因此,以组织情境为自变量,以激励方式为应变量,我们可以建立高技术企业内在知识创新的激励能力模型(见图9-3)。

1. 高技术企业的组织情境Ⅰ:组织的协作度低,企业活动以员工个人行为为主,员工个人行为对企业目标的实现起着最为直接的影响,而与群体行为的关系甚小。所以,在此组织情境下,高技术企业内在知识创新的激励应

---

①　骆品亮:《R&D中的代理问题与R&D激励》,《系统工程理论与实践》1998年第11期,第40—45页。

②　让·雅克·拉丰著,李艳等译:《激励理论(第一卷)委托—代理模型》,中国人民大学出版社2002年版。

③　本书中提及的"团队激励"("成员激励")在具体激励手段和方式上,与传统激励理论中提及"团队激励"("成员激励")的方法和手段并不矛盾,本书要强调的是对于不同的高技术企业的组织情境如何选择合理的激励方式。

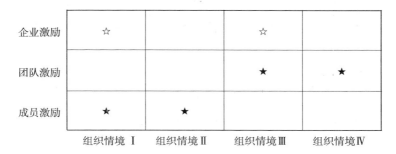

图9-3 高技术企业的内生激励能力模型①

当以员工激励为主,突出对员工工作意愿和工作行为的激励,即成员激励。

此时,技术性知识的最大矛盾在于将成员目标与企业目标之间的矛盾性,即目标相容度低。"任何企业都必须成为一个真正的协作体,把个人的努力凝合成为共同的努力。企业中的每一个成员的贡献有所不同,但是他们大家都必须是为了一个共同的目标"②。因此,组织情境 I 的激励能力需要建立在成员对企业目标认同的基础上。"从某种意义上说,期望个人与组织目标之间完全一致和最理想的满足是不现实的。个人必须放弃自己部分的自主和自我表现去参加组织(并得到成员的益处),这一点对于参加非正式组织或家庭与参加正式组织的情况都是一样的"③。所以,此组织情境下高技术企业内在知识创新的激励能力是以员工对企业目标认同为基础,强调成员激励占主导地位。

2.高技术企业的组织情境 II:是组织情境 I 的理想状态,即实现了员工目标与企业目标的统一,员工能够理解并接受企业整体经营。但是,由于企业活动的组织协作度仍较低,仍以员工的独立活动为主,高技术企业内在知识创新激励的主要方式是成员激励。

3.高技术企业的组织情境 III:组织协作度高,企业行为强调以团队协作

---

① 模型中"★"表示关键性激励方式,"☆"表示基础性激励方式。

② 彼得·F.德鲁克著,帅鹏等译:《管理实践》,工人出版社1989年版,第145—157页。

③ 弗里蒙特·E.卡斯特、詹姆斯·E.罗森茨韦克著,李柱流等译:《组织与管理——系统方法与权变方法》,中国社会科学出版社1985年版,第195页。

为主,员工个人行为的影响甚小,因为"团队特别是团队成员至少会从三方面对成员的行为产生强烈影响。第一,团队能部分地影响成员的价值观倾向,从而对成员行为产生影响。第二,在团队内适当建立的、标准的或非正式行为规范,如果得到成员的认同,会指导成员行为。……第三,由于人力资源发展计划通常被运用于团队管理,员工必须遵循最新团队背景下形成的行为,人力资源专业人员需要在行为上理解团队动力学的效果"①。因而,成员激励的作用较弱,高技术企业内在知识创新的激励应以团队激励为主导。但是,由于团队目标与企业目标冲突较大,高技术企业仍应强调企业目标和企业激励的基础性作用。

4.高技术企业的组织情境Ⅳ:是组织情境Ⅲ的理想状态,实现了团体目标与企业目标的统一。此时,内在知识创新的激励主要是考虑组织的协作度因素,强调发挥团队激励的重要作用。

综上分析,高技术企业内在知识创新的激励能力并不能主观地采用单一的群体激励或个人激励的反映,而应当从高技术企业的组织目标和技术特性出发,权变地分析和选择合理的激励方式和手段,发挥激励在高技术企业运行与发展的作用与价值,真正有效地实现人力资源的合理开发,促进高技术企业的技术创新能力的不断提高。

二、高技术企业外在知识联盟的动力机制

作为一项基本的生产要素,知识和信息在高技术企业技术创新中的作用日益突出。为了赢得高技术企业的竞争优势,实现高技术企业的自主创新,知识联盟逐渐成为高技术企业一项重要的发展战略,期望通过知识联盟实现具有协同增效价值和倍增效应价值的知识共享。但是,高技术企业知识联盟的成功率并不高,知识联盟的高失败风险日益受到高技术企

---

① Randy L. DeSimone, David M. Harris. Human Resource Development (the Second Edition). the Dryden Press and Harcourt Brace College Publishers, the United States of America. 1998. pp. 49－50.

业的关注①。如何维系和促进高技术企业外在知识联盟的有效运行,形成合理的联盟动力机制成为人们关心的重要问题。国内外专家和学者对此展开了相关研究。

关于外在知识联盟的动力机制的研究主要包括两个领域:一是主要关注市场结构以及企业进入、成长、退出的动力机制;二是主要关注产业的动力机制,从产业的演变来分析企业知识、能力、组织制度和参与者在知识联盟中所占的重要地位②。国外学者主要从产业层面分析了知识联盟的动力机制。Gulati R. (1998)从双值以及网络的视角研究了联盟的形成、管理、演进及发展,增进了人们对网络背景下联盟运作的理解③。Buyung Agusdinata,Wouter de Klein(2002)从内部(信任、相互约制、联盟结成的网络和各成员网络的交迭程度、成员的数量、联盟所创造的学习环境)和外部(经济周期、反托拉斯法)的角度审视了影响联盟内在稳定性的因素④。Susanne Hertz,Lars-Gunnar Mattsson(2004)分析了致力于在空间上分散的国际货物运输市场中建立、保持、改变战略联盟的企业的战略行为,阐述了集体竞争环境下,结构重组过程中的市场动力机制⑤。这些研究都主要关注于具体某个行业的动力机制的研究,并且仅是对战略联盟的研究。国内专家和学者则从产业和企业等层面分析了知识联盟的动力机制。魏守华(2002)以图形的方式整合了基于社会资本的地域分工、外部经济、合作效率、技术创新与扩散这几种动力,构造出产业集群的动力机制⑥。刘恒江

①　Bleeke J. ,Ernst D. Is Your Strategic Alliance Really a Sale. Harvard Business Review, January-February,1995:pp. 97 - 105.

②　Franco Malerba. Innovation and the Dynamics and Evolution of Industries:Progress and Challenges. International Journal of Industrial Organization,July,2006:pp. 1 - 21.

③　Gulati R. Alliances and Networks. Strategic Management Journal,1998,(19):pp. 293 - 317.

④　Buyung Agusdinata,Wouter de Klein. The Dynamics of Airline Alliances. Journal of Air Transport Management,2002,(8):pp. 201 -211.

⑤　Susanne Hertz,Lars-Gunnar Mattsson. Collective Competition and the Dynamics of Market Reconfiguration. Scand. J. Mgmt,2004,(20):pp. 31 -51.

⑥　魏守华:《群竞争力的动力机制以及实证分析》,《中国工业经济》2002 年第 10 期,第 27—34 页。

(2005)从产业集群的本地根植性、政府行为及外部竞争环境出发,分析了其动力机制及作用规律①。其研究也主要集中在产品、营销、研发等有形的资源共享上面。蔺丰奇和刘益(2007)提出,优化联盟合作的机制应对知识联盟的不稳定性,通过层级控制、契约控制、社会控制并行,采取财务控制、相互拥有对方董事会席位、共同的专用性投资等正式方式和信任、社会关系、威望等非正式方式②。这些研究成果主要从产业层面分析了知识联盟的动力机制;从企业层面分析了知识联盟的形成机理及其联盟效应,为高技术企业知识联盟的研究准备了丰富的理论基础。但是,这些研究成果没有分析高技术企业知识联盟的参与方之间的利益关系,没有分析维系和促成高技术企业知识联盟有效运行的激励机制。本章将从知识联盟的基础——契约关系出发,对知识联盟的各种利益关系进行博弈分析,探讨高技术企业知识联盟的动力机制,为现有知识联盟的维系和正在寻求合适知识联盟伙伴的高技术企业提供借鉴。

(一)外在知识联盟动力机制的分析维度

无论是企业还是市场,都离不开交易。交易的内容和形式不是一成不变的,契约也伴随着交易范畴的不断扩大,不断增添了新的内容。现代经济学中的契约概念,实际上是将所有的市场交易都看做是一种契约关系,并将此作为经济分析的基本要素(井志强,2004)③。社会交易成本理论学派认为,企业内部管理成本与市场交易费用的权衡决定了企业的边界。作为一种介于企业和市场的中间组织形态,高技术企业的外在知识联盟同样存在各种契约关系,即经济契约、知识契约、能力契约和信用契约,并由此形成高技术企业外在知识联盟动力机制的分析维度。

---

① 刘恒江、陈继祥:《基于动力机制的我国产业集群发展研究》,《经济地理》2005 年第 9 期,第 607—611 页。

② 蔺丰奇、刘益:《知识联盟的不稳定性及对策分析》,《科学管理研究》2007 年第 2 期,第 57—60 页。

③ 井志强:《经济契约中的信用问题研究》,东北师范大学硕士学位论文 2004 年,第 5—7 页。

1. 经济契约维度

经济契约(Economic Contract,简称为EC)是高技术企业外在知识联盟的各参与方期望通过知识联盟所追求的经济目标,即高技术企业外在知识联盟给联盟各方所带来的经济利益。经济契约维度是联盟各方考虑的直接利益目标,而那些在知识联盟中间接获得的经济利益(比如说由于知识的丰富、能力的提高带来的收益的增加)则不在计算之列。

经济契约是一切契约的基础,J. R. 康芒斯认为交易与经济契约相伴而生,经济契约可称作是交易的"架构",是交易双方利益冲突与调和的产物。由于高技术企业归根结底都是以企业价值最大化为目的的,知识联盟中的企业也必然从经济获益的角度不断衡量着其进入的合理性。因此,经济契约明确地指明了知识联盟内的高技术企业的基本责任与义务,受到法律的保护和约束,执行与否会给高技术企业带来直接的经济损益。

高技术企业外在知识联盟的经济契约既可以是直接的经济利益回报,也可以是知识联盟企业给予对方一定份额的股权,以增强知识联盟间企业知识共享的意愿,从而从学习对方知识中获益。同时,鉴于知识从学习到应用需要磨合及转化,可以采取期权的形式,给予对方一定的期权,以激励知识联盟长久的维系。这种以股权、期权的形式投入的物质激励手段,可以在当知识联盟的一方发现对方没有合作意愿时及时终止,挽回一部分损失。而知识联盟内高技术企业投入的专用性资产,一旦投入就不能收回,属于沉没成本。

2. 知识契约维度

知识契约(Knowledge Contract,简称为KC)是知识联盟内成员的知识交换关系,缔结知识契约使得知识联盟中的高技术企业从学习对方的知识中获益。需要说明的是,如果高技术企业在不加入知识联盟的情况下也可以获取的,源于外界环境的知识,如政策法规、行业动态,则不计入其内。

早在20世纪80年代,斯坦福大学的保罗·罗默教授就提出了经济增长四要素理论,其核心思想是把知识作为经济增长最重要的要素。他认为,知识能提高投资收益,知识也需要投资;知识与投资存在良性循环关系,即投资促进知识,知识亦促进投资。在知识经济时代中,公司最大的资产,就是继资本、劳动之后脱颖而出的第三资源——知识资源。而知识联盟作为战略联盟发展的最高形式，相比于以往的高技术企业联盟，不再是以联合生产和营销、市场、研发等为目标，更关注知识这个特殊的要素。知识作为高技术企业结成知识联盟的出发点，在交易中的得失尤为重要，知识契约必然成为促进知识联盟发展的考虑因素之一。知识联盟内高技术企业通过知识的共享，可以获取新的信息，提高对市场的响应速度，实现快速创新，及时把握住市场的契机。例如，高技术企业由于自身知识结构的限制，缺乏在短时间内实现技术创新、产品研发所应具备的技术条件、知识体系，就可以通过知识的共享，克服其局限性，迅速构架起所需的知识框架。

知识契约载体主要包括显性知识和隐性知识。显性知识是可以用书面文字、图形和数学公式表示的知识，可以进行编码，利用计算机技术对知识进行输入、分类、标准化等一系列的加工和处理，然后进行分类储存，存入公共的知识库平台中，公开、共享和交流，并通过信息手段进行传递。隐性知识则可以分两种情况处理，在比较成本收益的情况下一部分隐性知识显性化，另一部分可以采用交互式知识库管理[1]，无须将知识剥离出来，知识与其开发者紧密地联结在一起，知识以 know-who 的形式存储于知识库中，提供知识的路径指向，知识需求者根据指向直接找到知识的拥有者。显性知识和隐性知识的获取成为联盟各方所追求的知识目标。

3. 能力契约维度

能力契约（Ability Contract，简称为 AC）是指高技术企业在知识联盟通过知识学习、知识运用和知识创新所形成的能力以及知识联盟各方在相互协调过程中产生的能力，是联盟各方在知识联盟中期望实现的提升高技术企业技术创新能力的目标。

以 Prahalad C. K.、Hamel G. 和福斯（N. J. Foss）为代表的能力基础论认为企业的异质性内生能力是竞争优势的基础，"核心能力"（core competence）是竞争优势的源泉，竞争优势的形成、巩固和创新与核心能力

---

① 应瑛：《企业知识管理平台体系结构研究》，浙江大学硕士学位论文 2000 年，第 2—30 页。

的形成、维持及废弃密切相关。知识联盟中高技术企业的差异性正为高技术企业形成异质性的内生能力提供了土壤;并且,知识吸收利用的程度依赖于高技术企业自身的能力,能力的高低影响着知识联盟内高技术企业对知识吸收的多少,知识和能力两者是相互促进的,由此提出了能力契约的概念。

高技术企业外在知识联盟中的知识共享,客观上要求联盟各方重整自己内部的知识,加强组织成员之间的沟通学习,并且挖掘、提取成员个人的知识,上升到组织知识。这是一种积极的拉动作用,无形之中整合了高技术企业内部的知识,提高了高技术企业的技术创新能力。知识通过在组织内部的循环转化,最后可以成为对高技术企业有效的能力(赵晓庆,2001)①。同时,知识联盟企业的异质性(如企业文化、管理方式的不同)一方面给知识联盟的合作带来了阻隔;另一方面,高技术企业通过协作,在对自己组织使命、战略、决策的表达中提高了自己的协调沟通能力。

4. 信用契约维度

信用契约(Credit Contract,简称为 CC)是指联盟各方在知识联盟中为提升高技术企业声誉而形成的高技术企业信用目标。信用契约维度不仅包括联盟各方严格履行契约明确规定的义务,还包括联盟各方应承担的企业社会责任。信用契约不仅仅是高技术企业的信用投入,对于联盟各方来说,更重要的是通过高技术企业外在知识联盟能够获得信用回报。

正式的契约常常只能提供一个起点,而良好的信誉、灵活性等才是贯穿整个履约过程的内容(Levin Jonatham,2003)②。弗朗西斯·福山也指出,一个社会的成员相互信任,以组织的形式进行合作的传统称之为社会资本,这种社会资本同物质资本同样重要③。追求短期利益,置信用于不顾,必然招致不雅的商誉,无形之中,交易和合作机会的急剧减少,高技术企业将无

---

① 赵晓庆:《企业技术学习的模式与能力积累途径的螺旋运动过程》,浙江大学博士学位论文 2001 年,第 58—99 页。

② Levin Jonathan. Relational Incentive Contracts. American Economic Review,2003,93(3):pp. 835 - 868.

③ 陈国富:《契约的演进与制度变迁》,经济科学出版社 2002 年版,第 185 页。

法延续。从这种意义上来说,有信用的人更是"理性人",诚信和守约会给他们带来更为丰厚的回报。由此,在信任、声誉基础之上的信用契约为知识联盟交易的治理提供了一个相对成本较低的柔性治理方案。

从历史进程上看,信用契约经历了由盛转衰再转盛的过程,却从来没有消亡过。在相当长的一段时间里,由于我国的支柱型产业归国家所有,国有产权在经济构成中占据着重要地位,此时统治者就没有很强的激励对私人产权和私人间的契约提供有效保护。当时交易大多是建立在双方熟悉的基础上,而契约的执行多数是依赖当事人的自律来维系,伦理与道德、传统与习俗相当程度上对交易起着规范的作用。随着交易关系的复杂,这种简单的人格化交易已不能解决现实中出现的问题,开始出现强制手段保证契约的执行,并最终发展为现代契约的履行机制。在快速创新下应运而生的知识联盟,由于知识供给衡量的不确定以及知识的相对隐含性,信用契约显得尤为重要。同时,高技术企业再履行相对应的社会责任,会提升高技术企业的社会影响,提高高技术企业在公众心目中的公信力,强化了高技术企业遵守信用的正面形象。

经济契约、知识契约、能力契约和信用契约共同构成了高技术企业外在知识联盟的分析维度,它们分别从不同角度反映了联盟参与方对知识联盟的利益需求,并形成了高技术企业对知识联盟的需求愿景。

(二)外在知识联盟动力机制的博弈分析

经济契约、知识契约、能力契约和信用契约是影响高技术企业参与知识联盟的价值标杆,是激励知识联盟各方的基本要素,构成了高技术企业外在知识联盟动力机制的主要维度。基于这些维度对高技术企业外在知识联盟的影响,从衡量知识联盟中高技术企业的 R—P—P 关系(Receipt, Payment and Profit)的角度,对高技术企业选择知识联盟策略进行 Profit 博弈分析。

假设知识联盟中只有两个高技术企业,即高技术企业 1 和高技术企业 2,他们各自有两种策略,合作与不合作。高技术企业最终采取哪种策略取决于两者的博弈选择。把高技术企业在经济契约、知识契约、能力契约、信用契约中得到的效用分别记作 u_e、u_k、u_a、u_c。相应的,从 n 个高技术企业中获得的效用记为 u_{en}、u_{kn}、u_{an}、u_{cn}（n 可以为 1、2、3、4……中的任意一个数字，随着高技术企业的不同而改变）（见图 9 - 4）。

		高技术企业2	
		合作	不合作
高技术企业 1	不合作	$(u_{e2} + u_{k2} - u_{c1}, \\ u_{a2} + u_{c2} - u_{e2} - u_{k2})$	$(-u_{c1}, -u_{c2})$
	合作	$(u_{e2} + u_{k2} + u_{a1} + u_{c1} - u_{e1} - u_{k1}, \\ u_{e1} + u_{k1} + u_{a2} + u_{c2} - u_{e2} - u_{k2})$	$(u_{a1} + u_{c1} - u_{e1} - u_{k1}, \\ u_{e1} + u_{k1} - u_{c2})$

图 9 - 4　知识联盟的 Profit 博弈模型①

1. 两个高技术企业知识联盟策略的博弈分析

（1）两方均选择合作

知识联盟中的两个高技术企业均选择合作的策略。与高技术企业 1 合作，它可能会签订一些经济契约，给予一定的物质激励，同时将本企业的知识贡献于共享的知识平台以便知识共享，知识就会从特有的知识转变为共有的知识，价值会有所降低，所以，高技术企业 1 就会失去这部分，表示为 $-u_{e1} - u_{k1}$（相应的，高技术企业 2 会得到这部分的收益，它效用增加的部分为 $u_{e1} + u_{k1}$），同时，合作能使高技术企业 1 享受自身能力提高和良好信用所带来的效用，效用增加 $u_{a1} + u_{c1}$；同样的，与高技术企业 2 合作，会失去经济契约和知识契约的这部分效用，表示为 $-u_{e2} - u_{k2}$（相应的，高技术企业 1 会得到这部分的收益，它效用增加的部分为 $u_{e2} + u_{k2}$），高技术企业 2 也因为履行能力契约、效用契约而获得效用的提升 $u_{a2} + u_{c2}$。因此，在双方都选择合作时，高技术企业 1 的效用为 $u_{e2} + u_{k2} + u_{a1} + u_{c1} - u_{e1} - u_{k1}$，高技术企业 2 的效用为 $u_{e1} + u_{k1} + u_{a2} + u_{c2} - u_{e2} - u_{k2}$。

（2）一方选择合作而另一方不合作

知识联盟中的高技术企业采取（合作，不合作）或者（不合作，合作）的

---

① 当企业有合作意愿时，就可能采取经济契约的形式，经济契约存在时，该模型显然成立；当知识联盟中的高技术企业采取不合作的策略时，它势必不会提供任何经济上的激励或者补偿，没有签订经济契约因而也不会产生效用，即 $u_e = 0$，模型仍然成立。

策略,合作的一方会因真实的合作意愿得到高技术企业自身能力提高,享受良好信用所带来的效用,具体表现为,当是高技术企业 1 选择合作时,它的效用增加 $u_{a1} + u_{c1}$,而当合作的另一方是高技术企业 2 时,它的效用增加 $u_{a2} + u_{c2}$,同时,由于它依照签订的经济契约和知识契约而执行,在对方不合作的情况下也同样付出了,相应的效用就会减少 $u_{e1} + u_{k1}$ (高技术企业 1 合作)或者 $u_{e2} + u_{k2}$ (高技术企业 2 合作);而不合作的一方则获得对方为了维系知识联盟关系而给予的物质激励中的收益以及从合作方知识契约所获得的效用,即高技术企业 1 不合作时得到 $u_{e2} + u_{k2}$,高技术企业 2 不合作时得到 $u_{e1} + u_{k1}$,却相应的因不履行承诺而遭受信用契约的惩罚,表示为 $- u_{c1}$ (高技术企业 1 不合作)或 $- u_{c2}$ (高技术企业 2 不合作)。因此,当选择(合作,不合作)策略时,效用为 $u_{a1} + u_{c1} - u_{e1} - u_{k1}$, $u_{e1} + u_{k1} - u_{c2}$;当选择(不合作,合作)策略时,效用为 $u_{e2} + u_{k2} - u_{c1}$, $u_{a2} + u_{c2} - u_{e2} - u_{k2}$ 。

(3)两方都不合作

知识联盟中的企业采取(不合作,不合作)的策略,它们既不可能提供任何物质形式的激励,也不可能将自己的知识进行共享,同时,不合作也注定了它们不能获得能力的提升和良好信用带来的收益,相反地,双方都会因不履行承诺而遭受信用契约的惩罚,为企业进一步的发展带来阻碍,具体表现为两者的效用为 $(- u_{c1} , - u_{c2})$ 。

2.四种联盟情境的比较分析

根据知识联盟内的高技术企业合作意愿程度的大小,可以将知识联盟的合作情境分为三种情况:① 强势知识联盟,即知识联盟中的高技术企业双方都有强烈的合作意愿,选择(合作,合作)的策略;② 强势—弱势知识联盟,即知识联盟中一方有强烈的合作意愿,而另一方的合作意愿则较弱,可能的情况为(不合作,合作)或者(合作,不合作);③ 弱势知识联盟,即知识联盟中的高技术企业都不愿意合作,它们选择的策略为(不合作,不合作)。

(1)强势知识联盟与弱势知识联盟比较

这两种知识联盟具体表现在策略上为(合作,合作)与(不合作,不合作)。在(不合作,不合作)策略下,高技术企业 1 的效用为 $- u_{c1}$,是负效用,而在(合作,合作)策略下,高技术企业 1 的效用为 $u_{e2} + u_{k2} + u_{a1} + u_{c1} - u_{e1}$

$-u_{k1}$,可以看成($u_{e2}-u_{e1}$)+($u_{k2}-u_{k1}$)+u_{a1}+u_{c1},能力契约、信用契约效用的增加会提高高技术企业 1 合作的意愿,而合作意愿的大小又受到高技术企业投入的经济契约、知识契约的对比的影响。影响高技术企业 2 选择的因素与高技术企业 1 相同。

(2)强弱知识联盟与弱势知识联盟比较

这两种知识联盟的博弈情境为(不合作,不合作)与(不合作,合作),(不合作,不合作)与(合作,不合作)。当联盟企业采取(不合作,合作)策略,高技术企业 1 效用为 $u_{e2}+u_{k2}-u_{c1}$,在采取(不合作,不合作)策略时,效用为$-u_{c1}$,当两个采取不合作策略的企业中有一方,比如说高技术企业 2 转向合作时,仍然不合作的一方高技术企业 1 效用明显提高了,它享受了对方所付出的经济契约、知识契约所带来的效用。

高技术企业 2 在联盟企业采取(不合作,合作)策略,效用为 $u_{a2}+u_{c2}-u_{e2}-u_{k2}$,而在采取(不合作,不合作)策略时,效用为$-u_{c2}$,在增加利益的诱导——即提高高技术企业 2 自身的能力及信用所带来的效用,同时进行风险防范——即减少不必要的经济及知识投入的情况下,高技术企业 2 会选择合作的策略。此时,不论是高技术企业 1 还是高技术企业 2 的效用都提高了,(不合作,合作)是(不合作,不合作)的帕累托改进。

与(不合作,不合作)与(不合作,合作)分析情况相同,(不合作,不合作)与(合作,不合作)下的分析只是高技术企业 1 和高技术企业 2 的位置做了个调换。当增加利益的诱导和风险的防范时,高技术企业 1 会从不合作转为合作,效用提高了 $u_{a1}+2u_{c1}-u_{e1}-u_{k1}$,此时高技术企业 2 也相比以前效用提升了 $u_{e1}+u_{k1}$,(合作,不合作)也是(不合作,不合作)的帕累托改进。

(3)强势—弱势知识联盟与强势知识联盟比较

这两种知识联盟的博弈情境为(不合作,合作)与(合作,合作),(合作,不合作)与(合作,合作)。当联盟企业采取(不合作,合作)策略时,高技术企业 1 效用为 $u_{e2}+u_{k2}-u_{c1}$,在采取(合作,合作)策略时,效用为 $u_{e2}+u_{k2}+u_{a1}+u_{c1}-u_{e1}-u_{k1}$,在增加利益的诱导——即提高高技术企业 1 自身的能力及信用所带来的效用,同时进行风险防范——即减少不必要的经济及知识投入的情况下,高技术企业 1 会选择合作的策略。采取(不合作,合作)

策略,高技术企业 2 效用为 $u_{a2} + u_{c2} - u_{e2} - u_{k2}$,在采取(合作,合作)策略时,效用为 $u_{e1} + u_{k1} + u_{a2} + u_{c2} - u_{e2} - u_{k2}$,高技术企业 2 在(合作,合作)策略下效用明显提高了 $u_{e1} + u_{k1}$,高技术企业 2 有促使高技术企业 1 从不合作转为合作的利益诱导。这样,不论是高技术企业 1 还是高技术企业 2 的效用都提高了,(合作,合作)是(不合作,合作)的帕累托改进。

(不合作,合作)与(合作,合作)的分析情况相同,(合作,不合作)与(合作,合作)只是高技术企业 1 和高技术企业 2 的位置做了个调换。高技术企业 1 在高技术企业 2 由不合作转为合作时效用明显提升了 $u_{e2} + u_{k2}$,它有促使高技术企业 2 合作的动机;而如果增加利益的诱导、进行风险防范,高技术企业 2 也会因效用增加 $u_{a2} + 2u_{c2} - u_{e2} - u_{k2}$ 而转为合作,同样的,(合作,合作)是(合作,不合作)的帕累托改进。

综上所述,实现弱势知识联盟(不合作,不合作)——强势—弱势知识联盟(不合作,合作)——强势知识联盟(合作,合作)的转变,只要能够完善整个社会的信用体系,提高履行信用契约的效用,加大对违背信用的惩治力度;同时,知识联盟内各企业形成良好的学习氛围,提高高技术企业自身的能力契约带来的效用;减少不必要的经济、知识的投入,知识联盟中的高技术企业必然经过帕累托改进,最终达成共同合作。

(三)外在知识联盟动力机制的构建

由于不同的知识联盟情境对联盟各方产生不同的效用与成本影响,高技术企业外在知识联盟的动力机制应当根据不同的联盟情境对联盟各方及联盟机制建立相应的动力机制,以促进高技术企业外在知识联盟的有效运行。

1. 强势—弱势知识联盟的动力机制

这种情境下的知识联盟只要提高履行信用契约、能力契约的效用,同时注意知识联盟的风险防御就能实现到(合作,合作)的转变,知识联盟中两个高技术企业的效用得到了共同的提高。知识联盟的动力机制应着重通过完善企业信用体系和改善企业的能力转化机制等手段来实现。

(1)完善企业信用体系

第一,收集信息多维化、标准化,建立分布式的数据库。政府相关部门应多方面收集企业信用数据,包括社会对高技术企业的评价以及有关管理部门对企高技术业的评价,并将收集到的信息采用一个标准量化,以便于比较。同时,在此基础上建立分布式的数据库,摈弃如今工商部门采取的集中式的数据库,即将有关高技术企业信用的数据存储在各部门,政府则作为一个数据交换中心,然后将各政府部门的数据库通过网络应用系统连接起来,形成统一的信息网,这样能最大范围且便捷的使用收集到的数据,减少搜寻企业信用的成本,约束高技术企业违背信用的行为。

第二,提供信息全面化、服务个性化。政府部门应形成有效的信息共享机制,除个别有法律规定不能公开的信息外,信息一般都要公开,实现最大程度的共享。建立服务于企业的信用服务系统。改变目前的高技术企业信用信息系统主要服务于政府管理部门的现状,服务于高技术企业,提供更加个性化的信息,能方便地查出要知道的某个高技术企业的信用状况。

第三,加大惩戒的力度。政府相关部门应建立和完善市场经济中的失信惩戒机制,界定出失信的边界,并尽量将失信的程度量化,给出与之相对应的企业违背信用的惩罚。可以由行业协会出面,让失信企业交纳一定的处罚金,建成最佳诚信奖励基金,发给信用记录最佳者,这是将声誉资本强加给具有机会主义行为的高技术企业。还可以通过加大失信者以后交易的成本,如使其遭到整个商界的联合抵制。

(2)改善企业的能力转化机制

高技术企业应建立共享型的组织文化,因为如果企业文化是一种不鼓励创新和学习的文化,则即使知识库、共享平台构建得再好,高技术企业也不会主动的学习和吸收,也就不能完成个人知识与组织知识间的双向转化,提高企业的能力。建设开放性的文化,鼓励员工相互交流,建立非正式的关系,形成高技术企业内知识的良性循环和增值,同时加强知识联盟内企业的协作沟通能力。

(3)减少不必要的经济和知识的投入

不合作企业向合作企业转变,不合作企业因经济契约、知识契约的付出给它带来的是一种负的效用,所以尽量减少在这两方面不必要的投入。比如说,可以少采用直接物质激励手段而实现不合作到合作的平稳过渡,而加大信用契约、能力契约的影响。

2. 弱势知识联盟的动力机制

知识联盟中企业的合作意愿都很弱,仍然通过上述的完善企业信用体系、改善高技术企业的能力转化机制提高企业合作意愿,增强各企业的利益。不同的是,此时经济契约、知识契约给高技术企业带来的效用则是知识联盟中两个企业在这两个动力机制维度上付出的对比,具有正强化和负强化的两面性,不能一味的减少知识、经济的投入。

3. 强势知识联盟的动力机制

当知识联盟的双方都有强烈的合作意愿时,高技术企业会享受缔结EC、KC、AC、CC 这四种契约带来的效用,同时提供自己的知识与对方进行共享,并给予对方一定的经济激励,如图 9-5 所示。

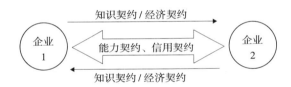

图 9-5 强势知识联盟内部运作机制

此时的知识联盟不需要利益诱导或者风险防御就能达成共同合作的愿景,在此基础上,如果提高联盟内企业的联盟剩余,也即提高企业愿意付出与实际付出之间的剩余价值,就会加强知识联盟中企业的维系的紧密度。以高技术企业 2 为例,它愿意付出为进入知识联盟的获益 $u_{e1} + u_{k1} + u_{a2} + u_{c2} - u_{e2} - u_{k2}$,而实际付出的只是 $u_{e2} + u_{k2}$, $u_{e1} + u_{k1} + u_{a2} + u_{c2} - 2u_{e2} - 2u_{k2}$ 就是企业 2 的联盟剩余。在这种情况下,采取在强弱知识联盟中提到的三个方面的措施会使知识联盟内企业获取的利益更大,是对合作的一种正强化。同时,建立知识增值机制,使高技术企业从知识联盟内其他高技术企业获取的知识得到增值,会进一步加大联盟剩余,使知识联盟更加稳定。

(1)鼓励员工知识共享,进行创新

提倡高技术企业内的员工与知识联盟中其他组织的员工建立良好的个人关系,提高知识获取的数量和质量。同时,规定员工在一定的期限内,比如说 3 个月，以书面形式上交一份总结，表明自己在学习交流中总结出了哪些好的经验、有了哪些新的想法，然后将其编辑到高技术企业内部的共享知识库。

（2）评估方案的价值，实施奖励

评估员工上交的这份总结的价值，主要依据是方案被共享的次数。被共享的越多，说明这个员工对高技术企业做的贡献越大，依此制订出相应的奖励措施，如分发奖金、颁发荣誉证书、在年度工作会议上予以公开的表扬，保证员工有持续创新的热情，从而最大化的促进知识的增值。

本书从知识联盟的基础——契约出发，提出了企业知识联盟动力机制的四个分析维度，即经济契约、知识契约、能力契约、信用契约，并在此基础上运用博弈的分析方法分析了知识联盟内企业的策略选择，分析了知识联盟的三个运作情境，即弱势知识联盟、强势——弱势知识联盟和强势知识联盟，并探讨了这些知识联盟情境下的动力机制。至于企业知识联盟在整个产业知识联盟中的作用与地位，以及企业知识联盟与产业知识联盟的关系在本书中没有分析，留待以后进行深入研究。

三、本章小结

基于第六章中"高技术企业优势种因子的内生能力模型"，本章深入探讨了高技术企业的优势种因子内生能力中的"高技术企业的内生激励能力"。

高技术企业要实现高技术自主创新，就需要在组织动力层面来挖掘自身在知识复制、知识通用、知识转移和知识组合的内在潜力。从知识管理的视角来看，这就需要高技术企业一方面具有充分地开发内在的知识储备的能力；另一方面需要具备有效地运用外在的知识资源的机制。因此，高技术企业的内生激励能力主要包括两个方面，即内在知识创新的激励能力和外在知识联盟的动力机制。

内在知识创新的激励能力是高技术企业通过合理的组织结构设计来激发企业内在知识储备的开发和创新，以实现知识储备在技术创新中价值增值的内生激励能力。本章以高技术企业的组织结构与目标结构、有效激励的组织情境为分析维度,运用权变理论的基本思想,分析了高技术企业的组织情境,对企业激励、团队激励和成员激励做出权宜地选择和运用。因此,以组织情境为自变量,以激励方式为应变量,构建了高技术企业内在知识创新的激励能力模型。

外在知识联盟的动力机制是高技术企业通过具有内源性的动力机制来推动企业借助知识联盟,以服务于技术创新的内生激励能力。本章从知识联盟的契约基础角度出发,提出了高技术企业外在知识联盟的四个动力机制维度,即经济契约维度、知识契约维度、能力契约维度、信用契约维度。知识联盟的动力机制是这四种联盟效用与成本的权衡。由此根据高技术企业参与知识联盟的意愿强弱程度,对四种联盟情境进行了博弈分析和比较,并构建了不同联盟情境下高技术企业外在知识联盟的动力机制。

第十章　高技术企业的内生文化能力

技术的生成和发展未必会产生理想的经济效益和社会财富。这种情况除了涉及技术的市场因子以外,还关系到技术的道德要素。这种道德要素具有外在性,在高技术企业内在生态中内化为企业的文化因子。在高技术企业的内在生态系统中,高技术企业的内生文化能力从企业价值观层面对高技术企业的关键种因子内生能力发挥重要的生态关系。根据优势种因子在高技术企业内在生态系统中作用和地位,文化因子是关键种因子形成与发展的一个重要评价和反馈。在关键种因子内生能力模型中可以看出,企业文化的负反馈机制极大地阻碍了束缚了技术创新和关键种因子能力的提升。因此,凸现企业文化对关键种因子以及优势种因子内生能力的促进作用,成为高技术企业内生文化能力需要解决的核心问题。

一、高技术企业文化的研究综述

高技术企业的技术创新与企业文化具有紧密的联系。如何通过营造合理的企业文化氛围促进高技术企业不断提高技术创新的水平,成为人们目前关注的重要问题。理论界对此提出五种观点和看法。

1. 社会文化促进观。Hoffinan R. C. 和 Hegarty W. H.（1993）研究发现,社会文化会影响创新主体的创新意愿和行为,并会直接影响企业管理人员的决策模式偏好[①]。Nakata Chery 和 Sivakumar K.（1996）分析了社会文化

---

①　Hoffman R. C. , Hegarty W. H. Top Management Influences on Innovation: Effects of Executive Characteristics and Social Culture. Journal of Management,1993,19(3):pp. 549 - 574.

对新产品开发不同阶段的影响①。Herbig P. 和 Dunphy S. (1998)指出,企业管理人员的社会文化价值观会影响企业是否、何时以及以什么方式采纳技术创新②。Eric Waarts, Yvonne Van Everdingen(2005)通过对 10 个欧洲国家的企业调查研究,分析了文化差异对企业创新速度的影响③。高展军等人(2005)认为,持续的技术创新和对不同社会文化的适应已经成为全球激烈竞争中企业取得成功的两个关键因素,从权力距离、集体主义—个人主义、男性化—女性化倾向、不确定性规避倾向等四个文化维度,分析了四个社会文化维度对渐进创新与突变创新的不同影响④。Malika Richards 和 Yi Yang(2007)通过调查中国、印度、日本和美国在 1985—2004 年的 543 项技术研发合作项目,实证研究了技术研发的风险投资中具有不确定的环境和权利共享行为因素,提出交易成本理论和民族文化观念共同影响了技术研发的成功性⑤。社会文化促进观主要强调社会文化对企业技术创新的影响和作用,指出了企业技术创新的外在文化依赖性。

2. 复杂系统观。Holland J. H. (1995)根据复杂适应系统(CAS)理论,认为由于缺乏明显可以依赖的规律和准则来决定采取何种确定性的行为,因此高技术企业在技术创新中需要观察市场的竞争情况,及时调整组织目标和相应的基础支持结构⑥。Stacey R. D. (1995)认为,"组织就是复杂适

① Nakata Cheryl, Sivakumar K. National Culture and New Product Development: An Integrative Review. Journal of Marketing,1996,60(1):pp. 61 – 72.

② Herbig P. and Dunphy S. Culture and Innovation. Cross Cultural Management,1998,5(4): pp. 13 – 21.

③ Eric Waarts, Yvonne Van Everdingen. The Influence of National Culture on the Adoption Status of Innovations:An Empirical Study of Firms Across Europe. European Management Journal, 2005,(6):pp. 601 – 610.

④ 高展军、李垣、雷宏振:《不同社会文化对企业技术创新方式选择的影响》,《科学学与科学技术管理》2005 年第 11 期,第 69—73 页。

⑤ Malika Richards, Yi Yang. Determinants of Foreign Ownership in International R&D Joint Ventures:Transaction Costs and National Culture. Journal of International Management,2007(38): pp. 110 – 130.

⑥ Holland J. H. Hidden Order. USA:Addison-Wesley Publishing Company,1995.

应系统",主张营造学习的企业文化氛围,提高企业的创新能力①。Barkley J. 和 Rosser J. (1999)指出,企业系统的发展规律性是由其"企业文化"决定的,企业文化构成了企业的"吸引子"。如果以适当方式扰动一个复杂系统,就能促使该系统在技术创新中产生协同作用(胡笑寒、万迪,2003)②③。叶晓倩(2008)提出,企业组织就是一个复杂适应系统,它具有复杂适应系统的特征和能力。因而,当环境是复杂的或组织行为本身出现局部复杂时,管理者为实现期望目标或实施发展战略,可以将企业文化培养成自己组织的"复杂吸引子",通过深层次的文化创新最终实现企业的全面创新。而实施企业文化创新的关键是形成文化塑造的动态机制,使企业文化保持与企业内部的协调以及与外部环境的适应性④。复杂系统观着重强调了通过企业文化来增加技术创新与环境的适应性。

3. 员工价值观。Jones G. 和 James L. R. (1979)认为,企业文化影响员工普遍的态度和行为,同时还影响及被影响对于特定事件、实践和战略等的态度⑤。Scott S. G. 和 Bruce R. A. (1994)研究发现,个人的创新行为是个人、领导、工作团队以及组织氛围共同作用的结果,而组织氛围便是企业文化的重要体现,它代表了企业非正式制度的主要内容⑥。刘志迎和程瑶(2006)根据莱宾斯坦的 X 效率理论和企业文化管理理论,分析了 X 效率与企业文化的关系,认为高技术企业需要建立宽松的适合脑力劳动者创新

　　① 　Stacey R. D. The Science of Complexity：an Alternative Perspective for Strategic Change. Strategic Management Journal,1995,(16)：pp. 350－500.

　　② 　Barkley J. , Rosser J. On the Complexities of Complex Economic Dynamics. Journal of Economic Perspectives,1999,13(4)：pp. 169－192.

　　③ 　胡笑寒、万迪:《组织混沌与组织文化变革及创新关系的研究》,《中国软科学》2003 年第 10 期,第 75—79 页。

　　④ 　叶晓倩:《复杂适应组织观与企业文化创新》,《生产力研究》2008 年第 8 期,第 121—122 页。

　　⑤ 　J. Jones G. ,James L. R. Psychological Climate：Dimensions and Relationships of Individual and Aggregate Work Environment Perceptions. Organizational Behavior and Human Performance,1979,(23)：pp. 201－250.

　　⑥ 　Scott S. G. ,Bruce R. A. Determinants of Innovative Behavior：a Path Model of Individual Innovation in the Workplace. Academy of Management Journal,1994,37(3)：pp. 580－607.

的文化氛围,运用柔性的管理方式来调动新型员工的劳动积极性、主动性和创造性,提高企业的效率,使高技术企业劳动者充分发挥潜能,使人力资本产生更高的效率①。Robert M. Price（2007）认为,员工个体责任不仅能够增强员工个体的能力和健康,而且会激发员工的技术创新理念。促进技术创新的企业文化的关键在于增强员工责任,因此,企业应努力营造强调责任意识的文化氛围,以促进技术创新②。员工价值观主张通过强化员工的价值观念和责任意识,来激励员工的技术创新行为。

4. 企业文化建设周期观。孙爱英、李垣和任峰（2004）根据 Wallach E. J.（1983）提出的创新型、支撑型、官僚型文化③,并研究了这三种企业文化对渐进创新技术创新和突变创新技术创新的不同影响。他们认为,创新型组织文化有利于企业进行突变创新,不利于企业进行渐进创新;官僚型组织文化和支撑型组织文化均有利于企业进行突变创新和渐进创新④。万良杰和陈喆高（2006）根据高新技术企业成长与企业文化具有互动关系,认为企业文化在高技术企业不同成长阶段具有不同内涵,其形式从参与型企业文化到秩序型企业文化再到创新型企业文化演进。企业文化通过其功效发挥改变着高新技术企业的成长。随着高新技术企业的发展,企业文化赋予新的内容⑤。韩炜（2006）从关系维度、任务维度及学习力维度出发,对高技术企业虚拟团队的文化障碍进行研究,将高技术企业的文化建设分为四个时期,即探索期、碰撞期、整合期和创新期,认为在不同阶段的跨文化管理分别采取识别文化差异、加强文化沟通、文化融合同化和再造团队文化等战略,

---

① 刘志迎、程瑶:《X 效率与高技术企业文化建设》,《科技与管理》2006 年第 6 期,第 63—65 页。

② Robert M. Price. Infusing Innovation into Corporate Culture. Organizational Dynamics, 2007,（3）:pp. 320 – 328.

③ Wallach E. J. Individuals and Organizations:the Cultural Match. Training and Development Journal,1983,pp. 29 – 36.

④ 孙爱英、李垣、任峰:《组织文化与技术创新方式的关系研究》,《科学学研究》2004 年第 8 期,第 432—437 页。

⑤ 万良杰、陈喆高:《新技术企业成长与企业文化演进的协调性》,《特区经济》2006 年第 4 期。

强调员工之间信息和知识的分享、能力和专长的分享,来共同完成一项任务①。企业文化建设周期观,主要阐释企业文化与技术创新的周期性匹配来促进技术创新。

5. 企业内部资源整合观。Bate S. P. (1996)认为,企业必须不断地进行制度、战略、技术、组织、营销、文化创新,企业成了所谓的"创新型企业"。然而企业文化中蕴涵的信念和不言而喻的假设成了企业根本性变革的强大内部障碍②。Chung-Ming Lau 和 Hang-Yue Ngo(2004)通过对香港 332 家企业的调查研究,认为组织文化是企业人力资源机制和产品创新之间的调节者,范围广泛的培训、以绩效为基础的薪酬和团队发展对于创建以创新为导向的组织文化非常重要③。刘元芳(2006)认为,核心竞争力是企业技术创新和企业文化的耦合,是通过以企业家精神、人力资源管理、研发管理和组织创新为代表的企业文化环境和以自主创新、合作创新、模仿创新、引进创新为内涵的技术创新过程的耦合来构建的④。

上述观点从不同角度研究了企业文化与技术创新的关系,并围绕企业的技术创新提出了相应的企业文化类型和目标。但是,这些观点没有考虑到高技术企业在技术创新的演进过程及其对企业文化产生的内在要求。因此,本章从技术创新演进的角度,分析高技术企业在技术创新演进不同阶段的企业文化的价值观危机,探讨高技术企业的内生文化模型。

二、技术创新演进阶段的价值观危机分析

梁娟(2007)从企业技术创新和企业文化之间内在联系以及它们的动

---

① 韩炜:《高新技术企业虚拟型学习团队跨文化管理研究》,《经济论坛》2006 年第 21 期,第 91—92、101 页。

② Bate S. P. Towards a Strategic Frame Work for Changing Corporate Culture. Strategic Change,1996,5(1):pp. 27 – 28.

③ Chung-Ming Lau,Hang-Yue Ngo. The HR System,Organizational Culture,and Product Innovation. International Business Review,2004,(13):pp. 685 – 703.

④ 刘元芳:《核心竞争力:技术创新与企业文化的耦合》,《科学学与科学技术管理》2006 年第 4 期,第 169—170 页。

态匹配,认为企业的技术创新主要包括自主创新、模仿创新和合作创新等三种模式①。高技术企业的技术创新演进是一个技术能力学习、技术能力运用和技术能力创新的螺旋式上升过程,最终实现高技术企业的技术自主创新。因此,高技术企业的技术创新演进主要经过四个阶段,即"技术创新学习"阶段、"技术创新模仿"阶段、"技术创新—模仿"阶段和"技术自主创新"阶段。这四个演进阶段是一个不断上升与突变的过程(见图10-1)。

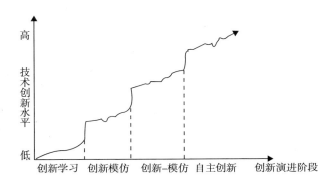

图 10-1　高技术企业技术创新的演化机理

高技术企业的技术创新演进是高技术企业的技术创新能力不断上升与突变的轨迹。在这个演进过程中,后一个演进阶段的技术创新能力明显要高于前一个演进阶段,是对前沿理论和新兴技术的学习、运用和创造的突变。同时,在某一个演进阶段中,高技术企业对前沿理论和新兴技术的学习、运用或创造能力可能会有所上升或下降,但在不改变所处阶段的技术创新演进阶段的性质。因此,高技术企业的技术创新演进呈现一个螺旋式上升的过程。

高技术企业的本质是与时俱进、不断创新,并通过高知识、高智力的创新运用而引领科技发展的时代潮流。这种高科技的创新性特质必然使其文化内涵的层次相对高于一般企业,同时也要求其文化必须随着时代的发展和企业经营活动的推进而不断创新,适时地把塑造和建设特色企业文化作

---

① 梁娟:《基于企业技术创新模式的企业文化研究》,《华东经济管理》2007年第4期。

为改革与发展的基础工程,以观念、战略、机制等方面的创新为切入点,行之有效地推进企业文化的创新发展(史永铭,2007)①。人们对高技术企业文化习惯地认为是一种创新型文化,注重团队协作精神,强调自我实现的价值观。这是人们对高技术企业文化形成的一种比较笼统的看法,把企业文化对于技术创新和企业发展的作用机制视为一个"黑箱",最终导致了企业文化在高技术企业运行与发展中的"泛化"或无用论。事实上,高技术企业文化对技术创新的作用上并不是一个"黑箱",是针对高技术的形成、发展与演化过程价值观危机和问题联系在一起而形成的精神作用机制。

企业文化在表面上是可见物像和可观测行为,反映了存在于组织成员思想中的深层次价值观(理查德·L.达夫特,1999)②,常常在较长时期内保持稳定状态,对企业良好的长期经营业绩存在负面作用的企业文化并不罕见(约翰·P.科特、詹姆斯·L.赫斯克特,2004)③。随着创新环境的变化,以往曾促进高技术企业技术创新的企业文化会不适应技术创新演进的需要。企业员工在传统价值观的影响下对技术创新会形成"路径依赖",对技术创新演进形成负反馈的作用机制(即价值观危机),阻碍技术创新水平的提高。在技术创新演进中,高技术企业文化在每一阶段都存在着相应的价值观危机。

1. 技术创新学习阶段的价值观危机

在技术创新学习阶段,高技术企业的运行与发展的成功之处不在于技术创新,而在于经营策略、市场推广、资本运营、资源禀赋等方面有效运用。由于此阶段技术创新的风险较高,从事技术创新学习的成本较大,许多高技术企业往往不愿意培育创新学习能力,形成对原有成功经营经验的路径依赖,即依赖于非技术因素的"偷懒行为"。这种行为容易导致高技术企业形成"技术无用论(TU)"为主导的价值观,认为企业成功的路径非常多,不一

---

① 史永铭:《高新技术企业文化创新战略》,《高技术与产业化》2007 年第 2 期。

② 理查德·L.达夫特著,李维安等译:《组织理论与设计精要》,机械工业出版社 1999 年版。

③ 约翰·P.科特、詹姆斯·L.赫斯克特著,李晓涛译:《企业文化与经营业绩》,中国人民大学出版社 2004 年版。

定要依赖于技术进步与创新。"技术无用论"的价值观危机使高技术企业忽视了自身与传统技术企业的区别所在,束缚了企业的技术创新。据此笔者提出"假设1",即"高技术企业在技术创新学习阶段存在'技术无用论'的价值观危机"。

2. 技术创新模仿阶段的价值观危机

在技术创新模仿阶段,许多高技术企业具有一定的技术仿制能力,能够对一些新兴技术进行模仿并制造和销售相应的产品。影响技术模仿的决定性因素是模仿的机会成本,以其利润最大化作为技术模仿的基本决策依据。处于此阶段的企业,习惯性地将"利润最大化(PM)"作为企业的价值取向,并在企业发展中形成对技术模仿的路径依赖。这种企业文化容易导致高技术企业陷于"利润最大化"的价值观危机之中,使企业轻易地放弃技术自主创新。据此笔者提出"假设2",即"高技术企业在技术创新模仿阶段存在'利润最大化'的价值观危机"。

3. 技术创新—模仿阶段的价值观危机

在技术创新—模仿阶段,高技术企业不仅具有较强的技术模仿能力,而且还具有一定的技术创新能力,但还没有达到完全自主创新。这些企业在技术模仿中降低研发成本,并且在技术创新中获得竞争优势。这种类型的高技术企业很容易将赢得竞争优势作为企业的经营理念和发展战略,从而陷入"竞争优势论(CS)"价值观危机。"竞争优势论"价值观主要是强调赢得竞争优势作为企业实现发展目标的最有效手段,在技术发展中一旦确保了市场竞争中的优势地位,便不再进行技术创新和产品研发,限制了企业向技术自主创新阶段的发展。据此笔者提出"假设3",即"高技术企业在技术创新—模仿阶段存在'竞争优势论'的价值观危机"。

4. 技术自主创新阶段的价值观危机

在技术自主创新阶段,高技术企业具有一定的技术自主创新能力,并且能够研制独家品种,填补市场空白,获得较大的投资收益。许多高技术企业就会将技术自主创新作为自身的一项"核心能力",并以此水平的自主创新能力作为企业的发展路径,从而形成新的偷懒行为,出现"核心能力论(CC)"价值观危机。在核心能力论价值观的影响下,高技术企业过分地依赖于以往的创新能力和创新经验,形成价值取向的思维定势,而人为地排斥技术自主创新的更大投入和创新能力的进一步提高,容易导致高技术企业在低水平的技术自主创新阶段徘徊。据此笔者提出"假设4",即"高技术企业在技术自主创新阶段存在'核心能力论'的价值观危机"。

三、高技术企业的内生文化能力模型的构建

基于高技术企业的技术创新演进,高技术企业文化应能够根据各阶段的价值观危机,注重从内源性角度对企业文化创新与发展,以内生型文化为主文化,在技术创新学习、技术创新模仿、技术创新—模仿和技术自主创新等阶段,分别塑造技术型亚文化、原创型亚文化、前沿型亚文化和愿景型亚文化,形成"一主多元"的内生文化能力模型,即高技术企业内生文化能力模型(见图10-2)。

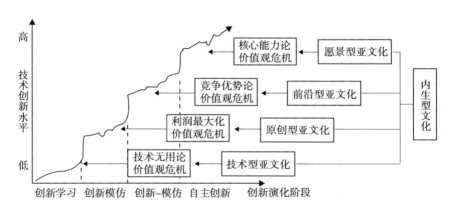

图 10-2　高技术企业的内生文化能力模型

1.假设5:在技术创新演进中,高技术企业是以内生型文化为企业文化的主文化。

高技术企业的内生型文化是通过对企业价值观的自我更新,来克服前一阶段企业文化对技术创新所形成的惯性及其"路径依赖",从而使企业文化能够根据技术创新的需要,适时地调整企业价值观,促进技术自主创新。

内生型文化源于技术创新,并服务和引导技术创新,在高技术企业的内在生态系统中具有生态导向和生态服务功能,即企业文化与技术创新和企业发展是紧密相连的一个生态体,通过倡导具有导向性的价值取向和价值标准,对技术创新和企业发展进行价值评价和价值判断,使企业作出合乎价值取向的决策和行为,并服务于技术创新和企业发展的一种内生性精神动力。这种内生性精神动力,就构成了高技术企业的内生文化能力,是技术创新能力得以发展的一种内源性动力。

2. 假设6:在技术创新学习阶段,高技术企业文化是以技术型亚文化为主。

技术型亚文化是指在高技术企业运行与发展中,突出技术和技术创新的决定性战略意义为核心的价值观体系。技术型亚文化要求高技术企业的全体员工形成对技术和技术创新的价值认同,并以此为价值标准要求全体员工注重技术进步与创新。技术型亚文化主要适合处于技术创新学习阶段的高技术企业。这是因为,处于此阶段的高技术企业容易陷入"技术无用论"价值观危机,而倡导技术型亚文化能够比较有效消极"技术无用论"带来的负面影响,使高技术企业充分地认识到自身区别于传统技术企业的本质所在,从而推动企业各个组织层面进行技术创新能力的学习,增强创新学习能力,并向技术创新的更高阶段发展。

3. 假设7:在技术创新模仿阶段,高技术企业文化是原创型亚文化为主。

原创型亚文化是以技术研发的原创性为核心的阶段性价值观体系,以原创性技术作为评价企业技术发展水平的价值标准。原创型亚文化比较适合于处于技术创新模仿阶段的高技术企业。在这个阶段,高技术企业模仿新兴技术并制造和销售相应的产品已经不是太大问题,而容易陷入"利润最大化"的价值观危机。原创型亚文化就是鼓励高技术企业不要以近期的机会成本为考虑问题的出发点,不要片面地追求利润最大化,而要将长远利益与近期利益相结合,在模仿中进行技术创新,促进企业的研发投入和技术开发,推动企业从技术创新模仿向技术创新—模仿阶段发展。

4. 假设 8:在技术创新—模仿阶段,高技术企业文化是以前沿型亚文化为主。

前沿型亚文化是以技术研发的前沿性为核心的阶段性价值观体系,以前沿理论和新兴技术作为企业进行产品研发的价值取向。前沿型亚文化实质上是鼓励企业开展独立的技术创新,排斥技术创新中的模仿成分,比较适合于处在技术创新—模仿阶段的高技术企业。当高技术企业具有技术创新—模仿能力时,容易受竞争优势论价值观的影响,满足于已有的部分创新能力和模仿能力。而前沿型亚文化则是鼓励企业提高技术创新的能力和水平,不断提高自有知识产权的比重,直至实现完全自主创新。

5. 假设 9:在技术自主创新阶段,高技术企业文化是以愿景型亚文化为主。

愿景型亚文化是以企业的共同愿景和发展战略为核心的阶段性价值观体系,把企业的远期发展规划和共同愿景作为激励员工、群体和企业进行技术创新的精神标杆和规范。由于共同愿景是企业的长远发展规划和蓝图,对技术自主创新的层次和水平均比较高。因此,愿景型亚文化是鼓励高技术企业从低水平的技术自主创新发展到更高水平的技术自主创新,与"核心能力论"价值观危机正好相反,对处于技术自主创新能力阶段的高技术企业形成明确的导向作用。

由内生型文化为主文化,技术型文化、原创型文化、前沿型文化和愿景型文化为亚文化,共同构成高技术企业文化体系,不仅从总体上代表了高技术企业员工所认同及接受的信念、期望、理想、价值观、态度、行为以及思想方法和行为准则,而且明确了高技术企业阶段性的思想观念、思维方式、行为方式以及组织规范。这一企业文化体系在高技术企业运行与发展所发挥的作用和价值,形成了高技术企业内生文化能力。这种文化能力排斥了对外来文化的依赖,强调价值观念的自我更新与发展,强调价值观体系在高技术企业内在生态系统中的生态导向与生态服务性。

四、实证研究

1. 研究样本选择

为验证高技术企业内生文化能力模型,笔者对长三角地区(苏、浙、沪)2004—2008 年高技术企业的研发投入与技术创新情况进行了调查,行业主要涉及了医药、电子、软件、精密仪器、电力设备等十多个行业。

该项调查主要涉及两个方面:一是采用调查表对高技术企业的投资、生产和经营情况进行调查,调查指标包括资产规模、投资结构、产品研发、销售收入等 16 项指标;二是采用态度测量量表调查了高技术企业的高层经营人员、中层管理人员和技术研发人员对价值观念、技术学习、技术研发等方面情况。该项调查发放调查表 100 份,收回调查表 78 份,回收率为 78%,其中有效调查表 74 份,调查表有效率为 74%,获得有效数据 5910 个;发放调查问卷 400 份,收回有效调查问卷 295 份,问卷回收率为 73.75%,其中有效问题为 287 份,问卷有效率为 71.75%,共获得 16072 个有效数据,高层经营人员、中层管理人员、技术研发人员和其他人员分别占 8.70%、24.52%、56.46% 和 10.32%。调查数据运用 SPSS12.0 统计分析软件进行统计整理和统计分析。

2. 问卷的可靠性分析

通过运用 SPSS12.0 统计分析软件的 Reliability Analysis(可靠性分析)技术对态度测量量表及其各关键变量进行信度检验。检验获得的 Cronbach's α 值见表 10-1。技术创新学习阶段价值观危机的 Cronbach's α 值为 0.8959,技术创新模仿阶段价值观危机的 Cronbach's α 值为 0.8179,技术创新—模仿阶段价值观危机的 Cronbach's α 值为 0.8272,技术自主创新阶段价值观危机的 Cronbach's α 值为 0.8785,技术型价值观的 Cronbach's α 值为 0.7837,原创型价值观的 Cronbach's α 值为 0.8071,前沿型价值观的 Cronbach's α 值为 0.8893,愿景型价值观的 Cronbach's α 值为 0.8319,总量表的 Cronbach's α 值为 0.9251。表 10-1 中数据显示,所有的 Cronbach's α 值均超过 0.7000,说明本研究的量表具有较好的内部一致性,调查量表具有较高的可靠性,通过了信度检验。

表 10 - 1　各变量及总量表的可靠性分析

价值危机变量	题量	α 值	企业文化变量	题量	α 值
技术创新学习的价值危机(TU)	3	0.8959	技术型价值观(V_T)	3	0.7837
技术创新模仿的价值危机(PM)	5	0.8179	原创型价值观(V_O)	4	0.8071
技术创新—模仿的价值危机(CS)	5	0.8272	前沿型价值观(V_F)	4	0.8893
技术自主创新的价值危机(CC)	6	0.8785	愿景型价值观(V_W)	5	0.8319
总量表	35	0.9251			

3. 因子分析与验证性因子分析

为了检验设计的技术创新过程中价值危机变量和价值观变量的结构效度,使用 SPSS12.0 对指标数据进行了因子分析和验证性因子分析(见表 10-2)。由统计结果得知 KMO（Kaiser-Meyer-Olkin Measure of Sampling Adequacy）值为 0.958,Bartlett's 球形检验(Bartlett's Test of Sphericity)的 Sig. 为 0.000,说明原变量适合进行因子分析。

表 10 - 2　价值观危机变量和价值观变量的结构效度分析

Kaiser-Meyer-Olkin Measure of Sampling Adequacy. (KMO)		0.958
Bartlett's Test of Sphericity	Approx. Chi-Square	12470.431
	df	1431
	Sig.	0.000

通过因子分析,得到两类因子,第一类是技术创新各阶段的价值危机因子,即技术创新学习阶段的价值观危机因子、技术创新模仿阶段的价值观危机因子、技术创新—模仿阶段的价值观危机因子、技术自主创新阶段的价值观危机因子;第二类是技术创新各阶段的企业文化因子,即技术型价值观因子、原创型价值观因子、前沿型价值观因子和愿景型价值观因子。

4.技术创新演化中价值观危机的相关分析

对于高技术企业技术创新演进过程中各阶段的价值观危机,笔者运用SPSS12.0软件对"技术无用论"、"利润最大化"、"竞争优势论"和"核心能力论"等价值观危机与各阶段的技术创新目标进行了相关分析。相关分析得到的皮尔逊系数(Pearson Correlation)见表 10−3。

表 10−3　技术创新演进中价值观危机的相关分析

		价值观危机			
		TU	PM	CS	CC
技术 创新学习	皮尔逊相关系数 Sig. (2−tailed)	−0.520＊＊ 0.000	−0.179＊ 0.018	−0.043 0.034	0.178 0.112
技术 创新模仿	皮尔逊相关系数 Sig. (2−tailed)	−0.043 0.018	−0.443＊＊ 0.000	−0.197＊ 0.101	−0.029 0.021
技术 创新—模仿	皮尔逊相关系数 Sig. (2−tailed)	0.186＊ 0.067	−0.112 0.089	−0.403＊＊ 0.000	0.095 0.007
技术 自主创新	皮尔逊相关系数 Sig. (2−tailed)	0.034 0.013	−0.012 0.005	0.180 0.068	−0.493＊＊ 0.000

注:＊＊表示在0.01程度的显著(双尾);＊表示在0.05程度的显著(双尾)。

表 10−3 中相关系数可以反映技术创新演化阶段与价值观危机存在的内在联系:

(1)技术创新学习与 TU、PM、CS 和 CC 的相关系数分别为−0.520、−0.179、−0.043 和 0.178,TU(技术无用论)与技术创新学习呈显著的负相关,技术无用论成为阻碍高技术企业技术创新学习的价值观危机。这说明了假设 1 是成立的,但也需注意 PM(即利润最大化)产生的负面影响。

(2)技术创新模仿与 TU、PM、CS 和 CC 的相关系数分别为−0.043、−0.443、−0.197 和−0.029,技术创新模仿与 PM(利润最大化)呈显著负相关,说明在技术创新模仿阶段,高技术企业较易产生利润最大化的价值观危机。这说明假设 2 是成立的,但也需注意 CS(竞争优势论)对高技术企业技术创新模仿产生的负效应。

(3)技术创新—模仿与 TU、PM、CS 和 CC 的相关系数分别为

0.186、-0.112、-0.403 和 0.095,技术创新—模仿与 CS(竞争优势论)呈显著负相关,竞争优势论成为高技术企业在技术创新—模仿阶段的重要企业文化障碍。这说明假设 3 是成立的,但同时需要注意 PM(利润最大化)可能对高技术企业技术创新产生的负面作用。

(4)技术自主创新与 TU、PM、CS 和 CC 的相关系数分别为 0.034、-0.012、0.180 和-0.493,技术自主创新与 CC 呈显著负相关,说明高技术企业在技术自主创新阶段容易存在核心能力论的价值观危机。这说明假设 4 是成立的。

5. 技术型亚文化与技术创新学习的回归分析

在技术创新学习阶段,为检验技术型亚文化与技术创新学习效果之间的内在联系,将反映技术型亚文化的两个变量 V_{T1} 和 V_{T2} 作为自变量,将高技术企业的技术创新学习效果(E_{TS},包括对技术无用论价值观危机的反作用和促进技术创新学习)作为因变量,运用多元一次线性回归方程进行了回归分析,回归分析结果见表 10-4。

表 10-4　技术型亚文化与技术创新学习的回归分析

Model （模型）	非标准化系数		标准化系数	t	Sig.
	B	Std. Error	Beta		
Constant（常数）	20.671	3.635		5.686	0.000
V_{T1}	0.272	0.050	0.267	5.478	0.000
V_{T2}	0.477	0.044	0.527	10.824	0.000

在表 10-4 中,自变量 V_{T1} 和 V_{T2} 的标准化系数 Beta 分别为 0.267 和 0.527,它们的 t 值分别为 5.686 和 5.478,均大于 Sig. 值(为 0.000),回归分析通过了显著性检验。这说明高技术企业在技术创新学习阶段倡导技术型亚文化对消除技术无用论价值观的负面影响和促进技术创新学习产生了显著作用。这说明假设 6 是成立的。

6. 原创型亚文化与技术创新模仿的回归分析

在技术创新模仿阶段,将反映原创型亚文化的三个变量(V_{O1}、V_{O2} 和

V_{O3})作为自变量,将高技术企业的技术创新模仿效果(E_{TO},包括对利润最大化的反作用和促进技术创新模仿)作为因变量,运用多元一次线性方程进行回归分析,以检验原创型亚文化与技术创新模仿效果之间的内在联系。回归分析结果见表 10－5。

表 10－5　原创型亚文化与技术创新模仿的回归分析

Model（模型）	非标准化系数		标准化系数	t	Sig.
	B	Std. Error	Beta		
Constant（常数）	11. 158	5. 067		2. 202	0. 028
V_{O1}	0. 266	0. 059	0. 251	4. 508	0. 000
V_{O2}	0. 068	0. 086	0. 221	2. 794	0. 008
V_{O3}	0. 433	0. 070	0. 394	6. 192	0. 000

在表 10－5 中,自变量 V_{O1}、V_{O2} 和 V_{O3} 标准化系数 Beta 分别为 0. 251、0. 221 和 0. 394,它们的 t 值均大于 Sig. 值,此项回归分析通过了显著性检验。这说明原创型亚文化有利于高技术企业在技术创新模仿阶段降低利润最大化价值观危机带来的负面影响,促进企业进行技术创新模仿。这证明了假设 7 是成立的。

7. 前沿型亚文化与技术创新—模仿的回归分析

在技术创新—模仿阶段,为检验高技术企业的前沿型亚文化与技术创新—模仿效果之间的内在联系,将反映前沿型亚文化的三个变量 V_{F1}、V_{F2} 和 V_{F3} 作为自变量,将高技术企业的技术创新—模仿效果(E_{TI},包括对竞争优势论价值观危机的反作用和促进技术创新—模仿)作为因变量,运用多元一次线性回归方程进行了回归分析,回归分析结果见表 10－6。在表 10－6 中,自变量 V_{F1}、V_{F2} 和 V_{F3} 的标准化系数 Beta 分别为 0. 287、0. 191 和 0. 334,它们的 t 值分别为 5. 180、3. 359 和 5. 600,均大于 Sig. 值(为 0. 000),回归分析通过了显著性检验。这说明高技术企业在技术创新—模仿阶段倡导前沿型亚文化对消除竞争优势论的负面影响和促进技术创新—模仿产生了显著作用。这说明假设 8 是成立的。

表 10 - 6　前沿型亚文化与技术创新—模仿的回归分析

Model	非标准化系数		标准化系数	t	Sig.
	B	Std. Error	Beta		
Constant（常数）	6.394	4.536		1.410	0.160
V_{F1}	0.290	0.056	0.287	5.180	0.000
V_{F2}	0.267	0.079	0.191	3.359	0.001
V_{F3}	0.339	0.061	0.334	5.600	0.000

8. 愿景型亚文化与技术自主创新的回归分析

在技术自主创新阶段,将反映高技术企业愿景型亚文化的四个变量（V_{W1}、V_{W2}、V_{W3}和 V_{W4}）作为自变量,将高技术企业的技术自主创新（E_{AI},包括对核心能力论的反作用和促进技术自主创新）作为因变量,运用多元一次线性方程进行回归分析,以检验愿景型亚文化与技术自主创新之间的内在联系。回归分析结果见表 10 - 7。

在表 10 - 7 中,自变量 V_{W1}、V_{W2}、V_{W3} 和 V_{W4} 标准化系数 Beta 分别为 0.249、0.216、0.246 和 0.184,它们的 t 值分别为 4.376、4.044、3.883 和 3.351,均大于 Sig. 值,此项回归分析通过了显著性检验。这说明愿景型亚文化有利于高技术企业在技术自主创新阶段降低核心能力论价值观危机带来的反作用,促进企业开展自主创新。这证明了假设 9 是成立的。

表 10 - 7　愿景型亚文化与技术自主创新的回归分析

Model（模型）	非标准化系数		标准化系数	t	Sig.
	B	Std. Error	Beta		
Constant（常数）	11.625	4.121		2.821	0.005
V_{W1}	0.266	0.061	0.249	4.376	0.000
V_{AW2}	0.141	0.035	0.216	4.044	0.000
V_{W3}	0.229	0.059	0.246	3.883	0.000
V_{W4}	0.207	0.062	0.184	3.351	0.001

9. 高技术企业亚文化的内生性分析

为检验高技术企业四种亚文化的内生性,笔者将四种亚文化与其内生性和外生性进行了相关分析,它们的相关系数见表 10－8。

表 10－8　高技术企业价值观的内生性分析

		高技术企业的亚文化			
		V_T	V_O	V_F	V_W
内生性	皮尔逊相关系数 Sig.（2－tailed） N	0.516＊＊ 0.000 286	0.403＊＊ 0.000 286	0.424＊＊ 0.000 287	0.372＊＊ 0.000 285
外生性	皮尔逊相关系数 Sig.（2－tailed） N	0.270＊ 0.000 284	0.169 0.067 285	0.257 0.145 285	0.118 0.000 283

注:＊＊表示在 0.01 程度的显著(双尾);＊表示在 0.05 程度的显著(双尾)。

在表 10－8 中,四种亚文化与内生性均显示了较高的相关系数,说明了在高技术企业的技术创新演化中均显示出较高的内生性。也就是说,高技术企业在实现技术自主创新过程中需要通过价值观的自我更新,才能更好地消除前一阶段企业文化所产生"路径依赖"及其负面影响。这一分析结果说明假设 5 是成立的。但是,V_T 与外生性的相关系数也达到 0.270,这说明了亚文化所具有的外生性。所以,高技术企业的内生型主文化不能完全排斥其外生性,但内生型主文化仍然是高技术企业在促进技术创新过程中的主导性作用。

五、高技术企业内生文化能力模型的运用

高技术企业的技术创新演进是一个技术能力学习、技术能力运用和技术能力创新的螺旋式的上升过程,最终实现高技术企业的技术自主创新。因此,高技术企业技术创新演进经过了技术创新学习、技术创新模仿、技术创新—模仿和技术自主创新等四个阶段。高技术企业文化是与高技术的形成、发展与演进过程价值观危机问题联系在一起的一种精神作用机制。在

技术创新演进的四个阶段,高技术企业分别面临着技术无用论、利润最大化、竞争优势论和核心能力论等价值观危机。这些价值观危机在相应的阶段使高技术企业在技术创新中形成"路径依赖"。因此,高技术企业应能够根据价值观注重对企业文化的创新与发展,形成"一主多元"的内生文化模型,即内生型文化为主文化,对应于技术创新学习、技术创新模仿、技术创新—模仿和技术自主创新等阶段,分别塑造技术型亚文化、原创型亚文化、前沿型亚文化和愿景型亚文化。基于上述理论和实证研究,笔者对高技术企业在技术创新演进过程中充分发挥企业文化的作用提出以下几个建议。

1. 高技术企业需要充分审视技术创新演进过程中面临的价值观危机。成功的强势企业文化在特定时期能够对高技术企业的技术创新起到促进作用。但是,随着高技术企业技术创新环境的变化,这种强势企业文化会不再适应高技术企业在新阶段技术创新的需要,并且会形成作用"惯性"和"路径依赖",对新阶段的技术创新形成阻碍。由于这种构成阻碍的企业文化曾帮助高技术企业获得成功,所以它不易被企业经营管理人员察觉或怀疑。因此,高技术企业需要根据技术创新环境的变化不断审视自身的价值观危机,以便及时消除技术创新面临的无形障碍。

2. 高技术企业需重视塑造内生型企业文化。由于高技术企业在技术创新演进过程中遇到的价值观危机具有极强的内源性和隐蔽性,外部因素难以反映或作用于这些价值观危机。因此,高技术企业应重视塑造内生型企业文化,建立企业价值观的自检机制,定期对企业文化传统进行反省和评价,及时发现价值观危机,形成内源性的企业文化创新路径,使企业文化在技术创新演进中发挥其应有的价值。

3. 高技术企业需要根据技术创新演进阶段权变地建设多元化的内生型亚文化。内生型企业文化强调高技术企业对技术创新演进中的内源性文化创新与发展。但是在不同的技术创新演进阶段,高技术企业会面临不同的价值观危机,甚至会面临多重价值观危机。例如,在技术创新模仿阶段,高技术企业同时面临利润最大化和竞争优势论的两个价值观危机。因此,高技术企业需要根据价值观的危机类型,结合企业自身的特点权变地倡导相应的多元化的亚文化。

4.高技术企业需要建立企业文化的"工程化"塑造和推广模式。高技术企业内生型企业文化不能是停留在抽象层面的企业愿景,而应转化为具象层面的"工程化"企业文化塑造和推广模式,即高技术企业根据技术创新战略及其演进阶段,运用内生型文化模型科学地制定企业文化创新与发展规划,建立价值观危机的预警机制、自检机制、评价机制、新价值观塑造机制和推广机制,类似于工程项目管理,形成具有较强可操作性的内生型文化塑造和推广模式。

由内生型文化为主文化,技术型文化、原创型文化、前沿型文化和愿景型文化为亚文化,共同构成高技术企业文化体系,不仅从总体上代表了高技术企业员工所认同及接受的信念、期望、理想、价值观、态度、行为以及思想方法和行为准则,而且明确了高技术企业阶段性的思想观念、思维方式、行为方式以及组织规范。这一企业文化体系在高技术企业运行与发展所发挥的作用和价值,形成了高技术企业内生文化能力。这种文化能力排斥了对外来文化的依赖,强调价值观念的自我更新与发展,强调价值观体系在高技术企业内在生态系统中的生态导向与生态服务性。

六、本章小结

基于第六章中"高技术企业优势种因子的内生能力模型",本章深入探讨了高技术企业的优势种因子内生能力中的"高技术企业的内生文化能力"。

在高技术企业的内在生态系统中,高技术企业的内生文化能力从企业价值观层面对高技术企业的关键种因子内生能力发挥重要的生态关系。企业文化对关键种因子以及优势种因子内生能力的促进作用,成为高技术企业内生文化能力需要解决的核心问题。

高技术企业的技术创新与企业文化具有紧密的联系。如何通过营造合理的企业文化氛围来促进高技术企业不断提高技术创新的水平,成为人们目前关注的重要问题。理论界对此提出五种观点,即社会文化促进观、复杂系统观、员工价值观、企业文化建设周期观和企业内部资源整合观。这些观点从不同角度研究了企业文化与技术创新的关系,并围绕企业的技术创新提出了相应的企业文化类型和目标,但没有考虑到高技术企业在技术创新的演进过程及其对企业文化产生的内在要求。

高技术企业的技术创新演进主要经过四个阶段,即"技术创新学习"阶段、"技术创新模仿"阶段、"技术创新—模仿"阶段和"技术自主创新"阶段。在这四个阶段分别形成了"技术无用论"、"利润最大化"、"竞争优势论"和"核心能力论"等价值观危机。

针对高技术企业在技术创新演进不同阶段的企业文化的价值观危机,本章构建了以内生型文化为主文化,在技术创新演进各阶段分别塑造技术型亚文化、原创型亚文化、前沿型亚文化和愿景型亚文化,形成"一主多元"的高技术企业内生文化能力模型。最后,运用调查数据实证检验了该模型的合理性,并就该模型的运用提出了相关措施建议。

第十一章　高技术企业的冗余种因子内生能力

　　高技术企业的冗余种因子是高技术企业在实现内生生态平衡时出现关键种因子、优势种因子和从属种因子的相对过剩而形成的因子集合。通常来说,高技术企业的冗余种因子对整个组织系统的功能不会造成太大的影响,冗余种因子的去除并不会使高技术企业内在生态发生改变,但对于高技术企业能力的减弱或丧失是一种保险和缓冲。冗余种因子的增加会对高技术企业产生双重效应:一方面它能够有助于高技术企业增强能力,抵御企业内部和外部的各种变化;另一方面它会增加高技术企业的内在运行效率和效益,提高组织成本,降低组织收益。因此,冗余种因子的内生能力是内生因子在高技术企业内在生态系统中相对过剩而对内在生态系统所形成的能力缓冲、保险和储备与进化所形成的高技术企业能力,具有缓冲性、储备性和耗费性等特征。

　　对冗余种因子与组织绩效关系的不同理解,人们对冗余种因子在高技术企业运行中的组织效应形成不同的认识。Bromiley P. (1991)认为冗余种因子能力与组织绩效之间呈 U 型关系,即冗余种因子能力和组织绩效开始是负相关,当冗余种因子能力达到一定程度后,两者就呈现正相关[1]。Job de Haan、Masaru Yamamoto (1999)、王岩(2004)等人认为冗余种因子具有自我膨胀、储存费用、占用企业资金等特性,会对组织绩效产生负面效应,强

---

　　① Bromiley P. Testing a Causal Model of Corporate Risk and Performance. Academy of Management Journal,1991,(34):pp. 37 - 58.

调通过即时制造(JIT)、供应链管理(SCM)来实现零库存①②。Miller R. E.和 Leiblein M. J.(1996)认为,冗余种因子能力与组织绩效呈线性关系,认为冗余种因子与组织绩效是正相关,只有企业保持适当规模的冗余,均能够促进企业绩效的增加③。Recuer J. 和 Leiblein M.(2000)、Tan J. 和 Peng M. W.(2003)提出冗余种因子能力与组织绩效呈倒 U 型关系。他们认为,冗余种因子能力有一个理想的区域,低于或高于这个理想的区域,冗余种因子能力与组织绩效呈负相关④⑤。这些观点均没有考虑到冗余种因子的技术特性。高技术企业的冗余种因子与传统技术企业的冗余种因子具有不同的特性和构成维度,与组织绩效的关系更为复杂。

一、高技术企业冗余种因子的组织特质分析

高技术是以最新科学成就为基础、主导社会生产力发展方向的知识密集型技术,或者说是基于科学的发现和创新而产生的技术。作为一种社会经济现象,高技术具有更高的科学输入和知识含量(陈益升,1997)⑥,是以科学发展为基础,具有发展变化快、综合性强、知识高度密集、开发费用高、风险大、附加值高、影响范围广和群体化等特点(刘尔琦等,2003)⑦。所以,高技术企业是知识密集和技术密集的经济实体,在为社会提供产品或服务

---

① Job de Haan, Masaru Yamamoto. Zero Inventory Management: Facts or Fiction? Lessons from Japan. Int. J. Production Economics,1999.

② 王岩:《存货管理的第四次变革——供应链管理》,《物流技术》2004 年第 8 期。

③ Miller R. E. , Leiblein M. J. Corporate Risk-return Relations: Returns Variability Versus Downside Risk. Academy of Management Journal,1996,(39):pp. 91 – 122.

④ Reuer J. , Leiblein M. Downside Risk Implications of Multinationality and International Joint Ventures. Academy of Management Journal,2000,(43):pp. 203 – 214.

⑤ Tan J. , Peng M. W. Organization Slack and Firm Performance during Economic Transitions:Two Studies from an Emerging Economy. Strategic Management Journal,2003,(24):pp. 124 – 126.

⑥ 陈益升:《高技术:定义、管理、体制》,《科学管理研究》1997 年第 2 期,第 31 页。

⑦ 刘尔琦等:《高科技企业整体式模式》,中国宇航出版社 2003 年版,第 4 页。

的过程中涉及的新兴科学知识的技术含量比较高[1]。因此,与传统技术企业相比,高技术企业冗余种因子的内在组织特征存在明显的差异,具有高技术性、高价值性、高物流成本、高机会成本和高衍生性等组织特质。

1. 冗余种因子的高技术性。高技术企业是知识密集和技术密集的经济实体,在为社会提供产品或服务的过程中涉及的新兴科学知识的技术含量比较高(刘尔琦等,2003)[2]。高技术企业为了确保高技术产品的质量和价值,在原材料、在制品和产成品的运输和仓储中不仅需要高技术标准的物流设备,更需要高技术水平的物流技术和专业人才作支撑,才能保证高技术存货符合生产经营的要求。因而,高技术企业冗余种因子表现出高技术性。

2. 冗余种因子的高价值性。由于高技术产品是知识密集型产品,开发费用高,通常高技术企业的开发费用占到企业总收入的3%以上。无论是高额开发费用在单位产品中的平摊费用,还是产品本身具有的高附加值,高技术企业冗余种因子蕴含较高的价值。而传统技术的产品存货平摊的研发费用较少,甚至没有。因此,高技术企业减少冗余种因子数量和规模能够为企业创造较高的经济价值。

3. 冗余种因子的高物流成本。高技术企业冗余种因子的高物流成本表现为高技术企业高额的资金占用。由于高技术产品是知识密集型产品,具有高附加值,冗余种因子使高技术企业产生大量的资金占用。同时,由于冗余种因子具有高技术性,在研发、制造和销售对生产设备、仓储设施和销售中的服务支持等方面技术要求比较高,从而间接地扩大资金投入的规模,降低资金运营的流通速率。因而,冗余种因子使高技术企业直接或间接地形成高物流运营成本。

4. 冗余种因子的高机会成本。由于高技术的发展速度比较快,高科技产品价值的实现具有时间性,随着时间的流逝,产品的价值相应降低,机会成本提高。另一方面,高科技产品遵循基本市场规律,在时间成本上面临着市场机会的选择,高技术企业冗余种因子的规模和时间直接关系到产品价

---

[1]　刘尔琦等:《高科技企业整体式模式》,中国宇航出版社2003年版,第4—10页。

[2]　刘尔琦等:《高科技企业整体式模式》,中国宇航出版社2003年版,第4页。

值的实现水平；必要的技术储备同样为处于成熟期的产品赚取更高利润，产品的流通与销售提供可能。所以，合理地加强冗余种因子的时间管理，关系到高技术企业的组织运行效益。

5. 冗余种因子的高衍生性。基于企业价值链的基本思想，在价值形成中高科技产品或服务对人力资源、组织运行、信息集成和物流等方面提出了更高的技术和成本等方面的要求。因此，高技术企业冗余种因子除了直接存货成本外，还对人力资源、组织运行、信息流等产生相关的衍生成本；同时，除冗余种因子为高技术企业运行带来直接效益外，冗余种因子能够提高物流技术和专业人才的水平，提高高技术企业的物流能力，为高技术企业运行创造衍生效益。所以，冗余种因子对高技术企业的运营成本和效益具有高衍生性。

从企业价值链的角度，高技术企业冗余种因子与传统技术企业表现显著的差异，因此对高技术企业冗余种因子在企业运行中的价值和地位的理解，就不能简单地延用人们对存货的传统认识，需要对高技术企业的冗余种因子进行重新界定，而不能简单地延用存货的传统概念，客观地分析高技术企业冗余种因子与组织绩效的关系，为高技术企业实施有效的存货管理与控制提供理论基础。

二、冗余种因子内生能力的分析维度

对于冗余种因子，一些专家和学者都认为冗余种因子主要是一般财务意义上的"存货"，即是高技术企业生产的、或从外部购买的、因超出目前需求而处于储存状态的原材料、半成品和产成品的总称（S. P. Sethi、H. Yan、H. Zhang，2001[1]；Srinagesh Gavirneni、Sridhar Tayur，2001[2]；余绪缨，1994[3]；

---

[1]　S. P. Sethi，H. Yan，H. Zhang. Peeling Layers of an Onion：Inventory Model with Multiple Delivery Modes and Forecast Updates. Journal of Optimization Theory and Applications，February 2001.

[2]　Srinagesh Gavirneni，Sridhar Tayur. An Effcient Procedure for Non-stationary Inventory Control. IIE Transactions，2001，(33).

[3]　余绪缨：《管理会计》，中国财政经济出版社1994年版。

周启蕾,2003①）。这种观点主要是从企业的财务管理角度界定了存货的内涵,过分地强调了冗余种因子对高技术企业资金的占用,"占用企业的资金,是存货最致命的性质。这是因为,一旦资金周转不灵往往直接威胁到企业的生存"②,而没有从高技术企业的组织运行的角度来分析冗余种因子的内涵及其双重效应,因为高技术企业的存货不仅在组织成本上具有更广的外延,而且还具有组织效益层面。根据从高技术企业冗余种因子的特质,这种对冗余种因子的界定已经不能满足高技术企业组织管理的需要,高技术企业需要考虑冗余种因子对企业的综合影响和价值。基于这种综合影响和价值,笔者认为,高技术企业应以"组织存货"作为冗余种因子管理的基本定位。组织存货是指高技术企业存货在组织运行中形成的、各种类型的直接或间接的资金占用。

冗余种因子对高技术企业运行产生的影响和作用,形成了冗余种因子的"能力效应"（Capacity Effect,简称为 CE）。基于冗余种因子的基本构成,冗余种因子的内生能力效应主要包括两个维度,即冗余种因子成本（Redundant Cost,简称为 RC）和冗余种因子效益（Redundant Benefit,简称为 RB）。

1. 冗余种因子的成本维度

冗余种因子成本是冗余种因子对高技术企业运行所产生的成本和费用,包括直接冗余成本、关联冗余成本和衍生冗余成本。其中,直接冗余成本（Direct Redundant Cost,简称为 RC_{Di}）是指高技术企业的冗余种因子存在与发展对资金占用,关联冗余成本（Relevance Redundant Cost,简称为 RC_R）是指高技术企业在储备和流通冗余种因子所需要技术与设备投资引起的资金占用,衍生冗余成本（Derived Redundant Cost,简称为 RC_{De}）是指高技术企业在直接冗余成本和关联冗余成本的管理中所占用关键种因子和优势种因子内生能力引起的机会成本。因此,冗余种因子成本用公式表示为:

$$RC = f(RC_{Di}, RC_R, RC_{De}, \varepsilon) \tag{11.1}$$

---

① 周启蕾:《供应链中的存货变动规律及其控制策略》,《商业研究》2003 年第 3 期,第 34—36 页。

② 王岩:《存货管理的第四次变革——供应链管理》,《物流技术》2004 年第 8 期,第 29—31 页。

2. 冗余种因子的效益维度

对于冗余种因子对企业产生价值,冗余种因子是一种非常必要的减震器,体现在企业对资源的平衡利用、缓冲、保险和新关键种因子或优势种因子的培育的价值。冗余种因子效益是指冗余种因子对高技术企业运行所创造的综合效益,主要包括直接冗余效益、关联冗余效益和衍生冗余效益。其中,直接冗余效益(Direct Redundant Benefit,简称为 RB_{Di})是指冗余种因子对高技术企业起到缓冲、保险的价值,关联冗余效益(Relevance Redundant Benefit,简称为 RB_R)是指高技术企业在管理冗余种因子过程中所获得的关键种因子能力和优势种因子能力的提高,衍生冗余效益(Derived Redundant Benefit,简称为 RB_{De})是指冗余种因子培育与生成新的关键种因子和优势种因子所产生的效益。直接冗余效益、关联冗余效益和衍生冗余效益共同构成了高技术企业的冗余种因子效益,用公式可以表示为:

$$RB = f(RB_{Di}, RB_R, RB_{De}, \varepsilon) \tag{11.2}$$

冗余种因子内生能力的效应是在对比和权衡冗余种因子效益与成本关系的基础上,对组织绩效形成的能力效应。当冗余种因子成本和冗余种因子效益的对比关系发生变化时,冗余种因子会产生不同的组织效应:当 $RC<RB$ 时,高技术企业的冗余种因子的内生能力呈正效应;当 $RC=RB$ 时,高技术企业冗余种因子的内生能力呈零效应;当 $RC>RB$ 时,高技术企业冗余种因子的内生能力呈负效应。

三、高技术企业冗余种因子内生能力模型的构建

高技术企业的冗余种因子的能力效应是与冗余种因子的总体规模具有密切关系。高技术企业不同的冗余水平会产生不同的能力效应。因此,基于冗余种因子的规模和水平,对高技术企业的冗余种因子与组织绩效关系进行假设,构建高技术企业冗余种因子的内生能力模型(见图 11-1)。

1. 假设 1:当高技术企业处于低冗余水平时,高技术企业的冗余种因子内生能力与组织绩效呈负相关

当高技术企业处于低冗余水平时,关联冗余成本和衍生冗余成本的固

定投入比较高;同时,高技术企业的直接冗余成本随着冗余种因子规模的扩大,边际冗余成本和边际冗余效益均大于零,且不断增加。但是,由于高技术企业的冗余种因子没有产生规模经济效应,边际冗余成本大于边际冗余效益,冗余种因子成本大于冗余种因子效益。因此,高技术企业的冗余种因子内生能力与组织绩效呈负相关。

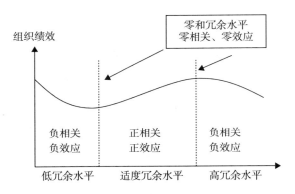

图 11 - 1 高技术企业的冗余种因子内生能力模型

2. 假设 2:当高技术企业处于适度冗余水平时,高技术企业的冗余种因子内生能力与组织绩效呈正相关

当高技术企业处于适度冗余水平时,由于规模经济效应,关联冗余成本和衍生冗余成本在单位冗余中的平摊开始降低;同时,高技术企业的直接冗余成本随着冗余种因子规模的扩大,边际冗余成本和边际冗余效益均大于零。但是,高技术企业的边际冗余成本小于边际冗余效益,冗余种因子成本小于冗余种因子效益。因此,高技术企业的冗余种因子内生能力与组织绩效呈正相关。

3. 假设 3:当高技术企业处于零和冗余水平时,高技术企业的冗余种因子内生能力与组织绩效为零相关

当高技术企业处于零和冗余水平时,高技术企业的冗余种因子成本与效益相等,冗余种因子内生能力与组织绩效的相关度为零。

4. 假设 4:当高技术企业处于高冗余水平时,高技术企业冗余种因子内生能力与组织绩效呈负相关

当高技术企业处于高冗余水平时,随着冗余种因子规模的扩大,直接冗余成本的总量增大,高技术企业的关联冗余成本和衍生冗余成本需要追加相应的固定投入;同时,高技术企业的边际冗余效益开始下降,且低于边际冗余成本,致使冗余成本高于冗余效益。因此,高技术企业的冗余种因子内生能力与组织绩效呈负相关。

5. 假设 5：当冗余种因子内生能力与组织绩效呈正相关时,冗余种因子内生能力对企业运行产生正效应

当高技术企业的冗余种因子内生能力与组织绩效呈正相关时,高技术企业的冗余种因子成本小于效益,高技术企业通过保持或增加冗余种因子规模和水平,能够促进企业绩效的增长,组织运行产生正效应。因此,高技术企业应当保持这种冗余种因子内生能力效应。

6. 假设 6：当冗余种因子内生能力与组织绩效呈负相关时,冗余种因子内生能力对企业运行产生负效应

当冗余种因子内生能力与组织绩效呈负相关时,高技术企业的冗余种因子成本大于效益,冗余种因子企业产生较大的成本压力,由此对高技术企业经营造成相应的亏损,对组织绩效产生负效应。因此,高技术企业应当控制冗余种因子的规模和水平,促使冗余种因子内生能力与组织绩效向正相关转化。

7. 假设 7：当高技术企业的冗余种因子内生能力与组织绩效呈零相关时,冗余种因子对高技术企业的运行产生零效应

当冗余种因子内生能力与组织绩效呈零相关时,高技术企业的冗余种因子成本与效益相等,冗余种因子对企业既没有带来盈余,也没有造成损失。这种冗余水平对企业产生零效应,高技术企业应当消除这种状态,从而提高高技术企业的冗余种因子内生能力的效益水平。

四 、实证分析

1. 分析指标选择

为了充分分析和证明高技术企业的冗余种因子内生能力与组织绩效之

间的关系,将高技术企业的冗余种因子指标与多项组织绩效指标逐一进行回归分析;同时,对组织绩效从三个层面(即组织规模、组织成本和组织效益)加以正反两个方面的检验和佐证。其中,高技术企业的冗余种因子指标主要选择冗余占有率,即直接冗余、关联冗余和衍生冗余在资产总额中所占比率。高技术企业的组织绩效主要选择三类指标:(1)组织规模指标。主要有资产总额、营业收入(主营业务收入)、工业总产值和工业销售产值;(2)组织成本指标。主要有主营业务成本、成本费用总额;(3)组织效益指标。主要有产品销售率、主营业务收入利润率等指标。

2. 主要指标特征

从高技术企业的样本数据看,这些高技术企业的组织存货与组织绩效的主要指标的特征如表 11-1 所示。

表 11-1　高技术企业的组织存货与组织绩效指标特征

	指　标	均值(Mean)	标准差(Std. deviation)
冗余种因子 指标(RL)	RL_1:冗余总额(万元)	47239. 16	72166. 25
	RL_2:冗余占有率	0. 102	0. 068
组织规模 指标(OS)	OS_1:资产总额(万元)	480660. 91	562505. 40
	OS_2:工业销售产值(万元)	197708. 10	258538. 70
组织成本 指标(OC)	OC_1:主营业务成本(万元)	212699. 41	263017. 55
	OC_2:成本费用总额(万元)	275727. 20	324411. 49
组织效益 指标(OB)	OB_1:产品销售率	94. 21	15. 33
	OB_2:主营业务收入利润率	30. 36	16. 89

3. 研究方法

为了对高技术企业的冗余种因子内生能力与组织绩效的关系,将高技术企业的数据加以汇总,使实证分析既可以观察不同个体之间的变化,也可以观察同一个体在不同时间的变化,能够综合地分析组织存货效应。主要采用 SPSS 统计分析软件,运用 Linear 模型、Exponential 模型、Quadratic 模型、Cubic 模型、Power 模型、Growth 模型和 Logistic 模型对存货与组织绩效关系进行分析和比较。通过对这些模型的复回归系数(Rmu)与判定系数(Rsq)、F值(F)与显著性水平(Sigf)进行比较(见表11－2),综合判定Cubic模型拟合的方程较为显著,因此,运用Cubic模型对高技术企业冗余种因子内生能力与组织绩效关系进行回归分析。

表11－2　回归模型判定系数及检验统计值比较

	组织存货占有率				
资产总额	分析模型	Rmu	Rsq	F	Sigf
	Linear 模型	0.044	0.002	0.18	0.672
	Exponential 模型	0.053	0.003	0.26	0.613
	Quadratic 模型	0.082	0.007	0.31	0.737
	Growth 模型	0.053	0.003	0.26	0.613
	Cubic 模型	0.158	0.025	0.77	0.516
	Power 模型	0.104	0.011	1.01	0.317
	Logistic 模型	0.053	0.003	0.26	0.613

根据Cubic三次项曲线模型,将冗余种因子指标分别与组织规模指标、组织成本指标和组织效益指标构建回归分析模型,即:

(1)冗余种因子与组织规模的回归模型,即

$$OS_i = \beta_{OS0} + \beta_{OS1}RL_i + \beta_{OS2}RL_i^2 + \beta_{OS3}RL_i^3 \qquad (11.3)$$

(2)冗余种因子与组织成本的回归模型,即

$$OC_i = \beta_{OC0} + \beta_{OC1}RL_i + \beta_{OC2}RL_i^2 + \beta_{OC3}RL_i^3 \qquad (11.4)$$

(3)冗余种因子与组织效益的回归模型,即

$$OB_i = \beta_{OB0} + \beta_{OB1}RL_i + \beta_{OB2}RL_i^2 + \beta_{OB3}RL_i^3 \qquad (11.5)$$

4.实证分析结果

通过对高技术企业的冗余水平指标与组织绩效指标进行回归分析,获得回归模型的F值和显著性水平以及待定系数的具体数值(见表11－3)。

表 11 - 3 冗余水平指标与组织绩效指标回归分析结果

组织绩效指标	冗 余 水 平 指 标					
	F	Sigf	β_0	β_1	β_2	β_3
资产总额	0.77	0.516	812489	−1.E+07	7.7E+07	−2.E+08
工业销售产值	0.73	0.538	241204	−2.E+06	2.5E+07	−7.E+07
主营业务成本	2.45	0.069	208434	566810	−1.E+07	5.2E+07
成本费用总额	1.57	0.203	293047	−82144	−8.E+06	4.3E+07
产品销售率	61.11	0.000	103.965	−431.00	4938.18	−14637
主营业务收入利润率	1.38	0.254	29.4645	−109.24	1616.37	−4473.7

在表 11 - 3 中的 F 值和显著性水平显示,F 值均明显大于 Sigf,高技术企业冗余水平指标与组织绩效指标的 Cubic 回归分析模型是显著的,通过了显著性水平的检验。基于冗余种因子与组织绩效关系回归模型的分析结果,运用 SPSS12.0 统计分析软件绘制了回归曲线(图 11 - 2)。

根据图 11 - 2 中高技术企业的冗余水平与组织绩效关系的回归曲线,结合 SPSS 分析结果,对高技术企业冗余种因子内生能力模型的理论假设进行验证:

当高技术企业的冗余占有率 $RL_2 \in (0, 0.1)$ 时,回归曲线的一阶导数 $OS'_1 < 0$、$OS'_2 < 0$、$OB'_1 < 0$、$OB'_2 < 0$,则回归曲线的斜率 $r_a < 0$、$r_b < 0$、$r_e < 0$、$r_f < 0$,即 RL_2 与 OS_1、OS_2、OB_1、OB_2 呈负相关;回归曲线的一阶导数 $OC'_1 > 0$、$OC'_2 > 0$,回归曲线的斜率 $r_c > 0$、$r_d > 0$,即 RL_2 与 OC_1、OC_2 呈正相关。这说明,当高技术企业处于低度冗余水平时,冗余种因子内生能力与组织绩效呈负相关,即证明假设 1 是成立的,即当高技术企业处于低冗余水平时,高技术企业的冗余种因子内生能力与组织绩效呈负相关。

当高技术企业的冗余占有率 $RL_2 \in (0.1, 0.3)$ 时,回归曲线的一阶导数 $OS'_1 > 0$、$OS'_2 > 0$、$OB'_1 > 0$、$OB'_2 > 0$,则回归曲线的斜率 $r_a > 0$、$r_b > 0$、$r_e > 0$、$r_f > 0$,即 RL_2 与 OS_1、OS_2、OB_1、OB_2 呈正相关;回归曲线的一阶导数 $OC'_1 < 0$、$OC'_2 < 0$,回归曲线的斜率 $r_c < 0$、$r_d < 0$,即 RL_2 与 OC_1、OC_2 呈负相关。这说明,当高技术企业处于适度冗余水平时,冗余种因子内

单位：千万

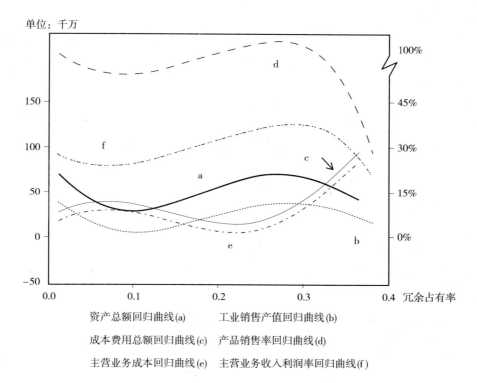

资产总额回归曲线(a)　　　工业销售产值回归曲线(b)

成本费用总额回归曲线(c)　　产品销售率回归曲线(d)

主营业务成本回归曲线(e)　　主营业务收入利润率回归曲线(f)

图 11-2　冗余水平与组织绩效的回归曲线

生能力与组织绩效呈正相关，即证明假设 2 是成立的。

当高技术企业的冗余占有率 $RL_2 \in (0.3, +\infty)$ 时，回归曲线的一阶导数 $OS'_1 < 0$、$OS'_2 < 0$、$OB'_1 < 0$、$OB'_2 < 0$，则回归曲线的斜率 $r_a < 0$、$r_b < 0$、$r_e < 0$、$r_f < 0$，即 RL_2 与 OS_1、OS_2、OB_1、OB_2 呈负相关；回归曲线的一阶导数 $OC'_1 > 0$、$OC'_2 > 0$，回归曲线的斜率 $r_c > 0$、$r_d > 0$，即 RL_2 与 OC_1、OC_2 呈正相关。这说明当高技术企业处于高度冗余水平时，冗余种因子内生能力与组织绩效呈负相关，即证明假设 4 是成立的，即当高技术企业处于零和冗余水平时，高技术企业的冗余种因子内生能力与组织绩效为零相关。

当高技术企业的冗余有率为 $\Delta RL_2 \rightarrow 0.1$、$\Delta RL_2 \rightarrow 0.3$ 时，回归曲线的一阶导数 $OS'_1 = 0$、$OS'_2 = 0$、$OB'_1 = 0$、$OB'_2 = 0$，则回归曲线的斜率 $r_a = 0$、$r_b = 0$、$r_e = 0$、$r_f = 0$，即 RL_2 与 OS_1、OS_2、OB_1、OB_2 呈零相关；回归曲线的一阶

导数 $OC'_1 = 0$、$OC'_2 = 0$，回归曲线的斜率 $r_c = 0$、$r_d = 0$，即 RL_2 与 OC_1、OC_2 呈零相关。因此，高技术企业处于零和冗余水平时，冗余种因子内生能力与组织绩效呈零相关，即说明假设 3 是成立的。

当高技术企业的冗余种因子内生能力与组织绩效呈正相关、冗余占有率 $RL_2 \in (0.3, +\infty)$ 时，回归曲线的二阶导数 $OS'' > 0$、$OB'' > 0$，说明组织规模回归曲线 OS 和组织效益回归曲线 OB 在 $(0.1, 0.3)$ 上的图形是凹形；组织成本回归曲线 OC 则相反。因此，组织绩效增量递增，冗余对高技术企业的组织运行产生正效应，即证明假设 5 是成立的。

当高技术企业的冗余种因子内生能力与组织绩效呈负相关时，冗余对组织绩效产生不同的效应：当高技术企业的冗余占有率 $RL_2 \in (0.3, +\infty)$ 时，回归曲线的二阶导数 $OS'' < 0$、$OB'' < 0$，说明组织规模回归曲线 OS、组织效益回归曲线 OB 在 $(0.3, +\infty)$ 上的图形是凹形，组织成本回归曲线则相反，组织绩效的增量为负值，呈递增趋势，向不利于组织绩效的方向发展。这说明假设 6 成立，即当冗余种因子内生能力与组织绩效呈负相关时，高技术企业的冗余种因子内生能力对企业运行产生负效应；当高技术企业的冗余占有率 $RL_2 \in (0, 0.1)$ 时，回归曲线的二阶导数 $OS'' > 0$、$OB'' > 0$，说明组织规模回归曲线 OS、组织效益回归曲线 OB 在 $(0.1, 0.3)$ 上的图形是凹形，组织成本回归曲线 OC 则相反，但组织绩效的增量为负值、呈递减趋势，向有利于组织绩效的方向发展。这说明假设 6 不成立。因此，对于假设 6 应当针对冗余占有率的具体情况区别对待。

根据上述数据分析，高技术企业的冗余水平与组织绩效呈零相关时，冗余种因子成本与效益相等。这说明假设 7 是成立的，即当高技术企业的冗余种因子内生能力与组织绩效呈零相关时，冗余种因子对高技术企业的运行产生零效应。

基于以上的分析，高技术企业的冗余种因子内生能力与组织绩效具有一定的规律性：当冗余占有率水平较低时，冗余种因子内生能力与组织绩效呈负相关，但冗余种因子成本呈递减、冗余种因子效益呈递增，组织绩效趋向零和水平；当冗余占有率水平适度时，冗余种因子内生能力与组织绩效呈正相关,组织绩效增量呈递增趋势,冗余种因子能力对组织绩效产生正效应;当冗余占有率水平较高时,冗余种因子内生能力与组织绩效呈负相关,且冗余种因子成本呈递增、冗余种因子效益呈递减,冗余种因子内生能力对组织绩效产生负效应。

高技术企业在冗余种因子管理中应当有别于传统技术企业,运用冗余种因子内生能力模型,采取有效的冗余种因子能力管理措施:

高技术企业要转变传统技术企业的冗余管理理念。高技术企业不能一味降低冗余规模,而要认识到冗余种因子与组织绩效的关系的复杂性。同时,在加强冗余种因子管理时,不仅要看到直接冗余,而且还应当考虑到关联冗余和衍生冗余对企业运营资金的占用,从组织运行的角度对待冗余种因子成本和效益,从而建立起全面冗余种因子管理理念,综合提高冗余种因子管理在企业经营中的绩效水平。

高技术企业应合理地运用冗余种因子内生能力与组织绩效的正相关,最大限度地发挥存货对组织绩效的正效应。冗余种因子内生能力与组织绩效的正相关是高技术企业进行冗余管理的理想阶段,高技术企业应以此阶段作为冗余管理目标,将冗余的综合组织效益提高到最大值。

高技术企业应当慎重地对待冗余种因子内生能力的负效应。当冗余占有率处于较低水平时,尽管冗余种因子内生能力对组织绩效产生负效应,但是这种负效应是呈递减趋势。因此,此阶段的冗余种因子内生能力与组织绩效的效应关系比较复杂,并不同于 U 型论和倒 U 型论。此时如果看到企业低冗余的负效应而降低冗余水平,则会影响企业的发展。只有当冗余占有率处于较高水平且产生负效应时,企业控制和缩小冗余规模才有意义。

高技术企业要以动态地分析冗余种因子内生能力的零效应。当冗余种因子内生能力与组织绩效从负相关趋向零相关时,零相关代表着冗余种因子内生能力与组织绩效的正效应;当冗余种因子内生能力与组织绩效从正相关趋向零相关时,零相关代表着冗余种因子内生能力与组织绩效的负效应。因此,零相关点是一个无限趋近的点,是高技术企业冗余种因子内生能力管理的转折点,在部分企业中还会表现为一个区间。

高技术企业要以发展的观念分析冗余种因子内生能力。由于冗余种因子内生能力与组织绩效的效应关系是一个周期性循环过程,处于不断发展之中,企业要正确地区分自身所处阶段,辨别不断发展周期上的冗余种因子内生能力。

五、本章小结

基于第六章中"高技术企业冗余种因子的内生能力",本章深入探讨了高技术企业的冗余种因子内生能力及其模型。

高技术企业的冗余种因子是高技术企业在实现内生生态平衡时出现关键种因子、优势种因子和从属种因子的相对过剩而形成的因子集合。冗余种因子的内生能力是内生因子在高技术企业内在生态系统中相对过剩而对内在生态系统所形成的能力缓冲、保险和储备与进化所形成的高技术企业能力,具有缓冲性、储备性和耗费性等特征。根据高技术企业冗余种因子的内涵及其演化机理,与传统技术企业相比,高技术企业冗余种因子的内在组织特征存在明显的差异,具有高技术性、高价值性、高物流成本、高机会成本和高衍生性等组织特质。

基于高技术企业需要考虑冗余种因子对企业的综合影响和价值,高技术企业应以"组织存货"作为冗余种因子管理的基本定位。组织存货是指高技术企业存货在组织运行中形成的、各种类型的直接或间接的资金占用。因此,冗余种因子对高技术企业运行产生的影响和作用,形成了冗余种因子的"能力效应"。基于冗余种因子的基本构成,冗余种因子的内生能力效应主要包括两个维度,即冗余种因子成本和冗余种因子效益。其中,冗余种因子成本是冗余种因子对高技术企业运行所产生的成本和费用,包括直接冗余成本、关联冗余成本和衍生冗余成本。冗余种因子效益是指冗余种因子对高技术企业运行所创造的综合效益,主要包括直接冗余效益、关联冗余效益和衍生冗余效益。

基于冗余种因子的规模和水平,对高技术企业的冗余种因子与组织绩效关系进行假设,构建高技术企业冗余种因子的内生能力模型:(1)当高技术企业处于低冗余水平时,高技术企业的冗余种因子内生能力与组织绩效呈负相关;(2)当高技术企业处于适度冗余水平时,高技术企业的冗余种因子内生能力与组织绩效呈正相关;(3)当高技术企业处于零和冗余水平时,高技术企业的冗余种因子内生能力与组织绩效为零相关;(4)当高技术企业处于高冗余水平时,高技术企业冗余种因子内生能力与组织绩效呈负相关;(5)当冗余种因子内生能力与组织绩效呈正相关时,冗余种因子内生能力对企业运行产生正效应;(6)当冗余种因子内生能力与组织绩效呈负相关时,冗余种因子内生能力对企业运行产生负效应;(7)当高技术企业的冗余种因子内生能力与组织绩效呈零相关时,冗余种因子对高技术企业的运行产生零效应。

在高技术企业冗余种因子内生能力模型的实证分析中,主要对高技术企业的冗余水平与冗余成本、冗余绩效进行了多模型回归分析,得出它们之间的相关系数。通过分析,高技术企业冗余种因子的内生能力具有三种能力状态及其能力效应,即内生能力正效应、内生能力负效应和内生能力零效应。实证分析结果与本书前面所作的理论假设完全一致,因而证明了高技术企业冗余种因子内生能力模型的合理性。

第十二章 研究结论与展望

一、研究结论

在新的经济、技术发展形势下,高技术比传统技术在国民经济发展中的作用日益突出,高技术的产业化问题成为社会各界备受关注的焦点。高技术产业在世界各国经济增长与经济发展中显示新的经济位势。从世界各国发展高技术产业的成功经验来看,如何加强和促进高技术企业的蓬勃健康发展对于提高我国的综合国力和国际竞争力具有重大的战略意义。从发展高技术产业的角度,作为高技术产业的主体,高技术企业能力的培育与提升有助于推动科技创新,促进高新技术产业化、商品化和市场化水平,促进产业结构优化,提高高技术产业的国际竞争力。所以,研究高技术企业的能力问题成为目前比较迫切而又十分重要的问题。

高技术是建立在综合科学研究基础上,处于当代科技前沿的,对发展生产力、促进社会文明和增强国家实力起先导作用的新技术群,是前沿知识的技术化、产品化和市场化的产物。根据高技术产业划分的一般特征和内在规律,认为高技术企业具备五个本质性特征:(1)高技术企业是将所在时代的前沿知识和理论的综合运用,体现出知识高度密集的特点,突出了前沿知识成为企业运用的关键性生产要素。(2)前沿知识实现技术化,通过两个方面加以体现:一是企业的工艺过程技术;二是企业的产品技术,并且这种技术化结果更新速度较快。(3)前沿知识的产品化,具有高附加值,能有较高的市场收益。(4)企业需要大量的科技开发人员和富有创新精神的经营管理人员。(5)企业的技术、产品、销售和服务能够获得较高的社会认同,取得较高的社会效益。因此,高技术企业是运用当代前沿知识和理论进行技术、产品和服务创新,并能够获得较高的经济效益和社会效益,具有的法人资格的机构。

从企业能力的形成与发展及其相关理论的综述可以看出,无论是基于资源基础论的外生能力理论、基于核心能力的内生能力理论和基于企业动态能力的内生能力理论,还是基于知识的内生能力理论和基于组织要素的内生能力理论,它们并没有真正提出"内生能力"的概念,也没有对内生能力的相关问题展开实质性研究。但是对于高技术企业内生能力的研究提供了十分重要的理论成果,准备了必要的理论研究基础。

运用现代生态学理论和研究方法,本书对高技术企业生态系统进行研究,将高技术企业的生态系统分为两个组成部分,即高技术企业的内在生态系统和高技术企业的内在生态系统。高技术企业的外在生态系统主要分析和协调企业与外部环境之间的关系,高技术企业的内在生态系统主要分析和协调企业内部要素(即知识要素、决策要素、利益要素、组织要素和道德要素等)之间的相互关系。在此基础上,运用现代生态学群落生态的基本理论,对高技术企业的构成要素进行物种层面的生态归并,形成了高技术企业内在生态系统的构成因子,即关键种因子(即技术性知识要素)、优势种因子(包括决策因子、组织因子、激励因子和文化因子)和冗余种因子,并分别分析了关键种因子、优势种因子和冗余种因子的形成过程和形成方式。

基于对高技术企业的内生因子及其形成机理的分析,高技术企业的内生能力是高技术企业内在生态系统的因子流动、发展及其交互作用中形成的具有生态意义的功能体系,主要由高技术企业的关键种因子内生能力、优势种因子内生能力和冗余种因子内生能力构成。这个具有生态意义的功能体系具有内源性、自调节性、功益服务性、演进性和增益性的特征。其中,高技术企业关键种因子的内生能力是高技术企业对前沿知识进行技术化、产品化和市场化中所表现出来的知识选择、整合、转化和运用的能力,具有阶段性、过程评价性、跳跃性和根本性等特征;在具备企业愿景、信息、价值和智力等方面的条件下,关键种因子的内生能力演化包括四个能力发展层级,即创新学习能力层级、创新模仿能力层级、创新—模仿能力层级和自主创新层级,是一个不断上升与突变的过程。优势种因子在关键种因子的影响下所形成的决策、激励、分工与协作和文化等能力,形成了高技术企业优势种因子的内生能力,主要包括内生决策能力、内生组织能力、内生激励能力和内生文化能力。优势种因子内生能力具有派生性、协同性、生态服务性和溢出性等特征;在具有能力反馈机制、内在协同体系和能力突变路径等演化条件同时,优势种因子内生能力随着关键种因子的内生能力演化经历了从创新学习能力层级、创新模仿能力层级、创新—模仿能力层级到自主创新能力层级的演化过程,优势种因子的内生决策能力、内生组织能力、内生激励能力和内生文化能力的演化,在每个能力层级发生相应的能力发展与能力演化,以关键种因子内生能力的发展需要,是一个伴生性协同演化的过程,与关键种因子内生能力存在着功益服务性的生态关系,以实现高技术企业内生能力边际收益递增的演化目标。冗余种因子内生能力是由于内生因子过剩而对内在生态系统所形成的能力缓冲、保险、储备和浪费的能力,具有缓冲性、储备性和耗费性等特征,其演化条件主要包括物质与能量条件和合理的能力遴选机制。冗余种因子内生能力的演化具有较大的不确定性,表现出冗余种因子内生能力的现状维持、能力消亡和价值创造等多种演化趋势。

基于高技术企业内生能力及其演化机理的分析,以现代生态学理论为主,同时将 DIM 结构特征分析法、突变论、数理统计和演化经济学理论等多种建模方法相结合,构建了高技术企业的内生能力模型,即内生因子对企业的运行与发展产生作用的能力体系,形成了要素层、因子层、能力层和因子能力模型层等四个层面,主要包括关键种因子内生能力模型、优势种因子内生能力模型和冗余种因子内生能力模型。

关键种因子内生能力模型是运用新技术物种与旧技术物种的竞争关系、知识投入与产出关系和关键种因子内生能力的演化机理,根据知识转化系数、知识投入弹性系数和优势种因子的作用系数的不同变化,分析了关键种因子内生能力从创新学习能力到创新模仿能力、从创新—模仿能力到自主创新能力不断提升的过程;在这个过程中,不断追求边际规模效益递增,实现高技术企业关键种因子内生能力的生态价值与作用。

优势种因子内生能力模型是根据优势种因子内生能力与关键种因子内生能力的特性、演化机理及其生态关系,分别从不同能力关系形成相应的内生能力；从优势种因子对关键种因子的形成、发展与演化具有评价和选择的能力，形成了高技术企业的内生决策能力模型；从优势种因子对关键种因子能力的形成、发展与演化具有生态服务性功能，形成了内生组织能力模型、内生激励能力模型和内生文化能力模型。由内生决策能力、内生组织能力、内生激励能力和内生文化能力共同构成了高技术企业优势种因子的内生能力体系。

其中，高技术企业内生决策能力主要体现于技术化决策能力、产品化决策能力和市场化决策能力。在技术化中，决策能力是遵循知识寻优和组织寻优的原则对特定时期具有转化为某项技术可能的前沿知识进行评价、选择和运用的能力；在产品化中，决策能力是运用功能寻优、研发效益寻优和伦理寻优的原则，对具有转化为某项产品可能的技术进行评价、选择和运用的能力；在市场化中，决策能力是运用实物期权寻优的原则对具有实现市场销售可能的产品进行评价、选择和运用的能力。高技术企业的内生决策能力是根据对前沿知识进行技术化、产品化和市场化的研发设想，并根据研发设想进行逆向评价与选择，即先进行市场化决策，再进行产品化决策，然后进行技术化决策的过程；在这个逆向评价与选择的过程中形成了高技术企业内生决策能力模型。

高技术企业的内生组织能力模型是根据技术成熟度的不同形成三种技术运用情境，即 R&D 型技术运用、P&M 型技术运用和 M&S 型技术运用；再根据组织目标维度和组织功能维度分别从目标导向和组织活动两个角度对组织结构进行价值衡量和效用分析，形成四种组织能力方式，即稳定性分化组织能力、适应性分化组织能力、稳定性整合组织能力和适应性整合组织能力。通过矩阵分析法进行权变分析，确定了高技术企业不同技术运用情境所采用较为理想的组织能力方式，从而构建了高技术企业的内生组织能力模型。

高技术企业的内生激励能力模型是根据组织目标和技术特质，将高技术企业的内在激励分别从目标相容度和组织协作度两个维度进行权变分析，并对目标相容度和组织协作度分别从高、低两个层次区分组织激励情境。通过对组织激励情境的权变分析，为高技术企业选择合适的企业激励、团队激励和成员激励形式,从而构建了高技术企业的内生激励能力模型。

高技术企业的内生文化能力模型是基于关键种因子内生能力的演化机理,在分析每个能力层级价值观危机的基础上,结合文化因子在高技术企业内在生态系统的生态位势,形成了以内生型文化为高技术企业的主文化、以技术型文化、原创型文化、前沿型文化和愿景型文化为高技术企业的亚文化,形成高技术企业的价值观体系,构建了高技术企业的内生文化能力模型。

高技术企业的冗余种因子的能力效应是与冗余种因子的总体规模具有密切关系。高技术企业不同的冗余水平会产生不同的能力效应。因此,基于冗余种因子的规模和水平,对高技术企业的冗余种因子与组织绩效关系进行假设,构建高技术企业冗余种因子的内生能力模型。

对于高技术企业的内生能力模型通过对高技术企业的原始调查数据和次级调查资料对高技术企业内生能力模型进行了实证分析,说明了内生能力模型的合理性和科学性。

二、研究展望

当然本书关于高技术企业内生能力的研究有待在今后的研究中进一步加以深化。一是关于高技术企业内生能力与外生能力的关系在本书中没有作太多的分析,但是这两者存在密切的联系,并影响着高技术企业内生能力的形成与发展。二是在高技术企业的内在生态系统中,新技术物种与旧技术物种之间关系除了竞争关系之外,还包括随机遗传漂变、选择与突变等关系形式。三是实证研究还有待进一步加强,一方面需要在今后的研究中增强实证样本数据的覆盖面,使样本数据能够对高技术企业能力总体具有更高的代表性;另一方面还需要对高技术企业内生能力的培育与提升实践进行跟踪和研究,总结出有意义和价值的结论,以修正、丰富和完善本书的观点。等等。这些方面由于研究条件和研究时间的限制,没有能够充分地展开研究。这些不足有待于今后进一步加以研究,使高技术企业内生能力的研究更为丰富和完善。

参 考 文 献

一、外文参考文献

[1]Ashworth B. E. Emotion in the Workplace：A Reappraisal. Human Relations. 1995,48(2).

[2]Alvarez L. H. R. , Stenbacka R. Adoption of Uncertain Multistage Technology Projects：A Real Options Approach. Jounnal of Mathematical Economics,2001,35(1).

[3]Art Budros. Organizational Types and Organizational Innovation：Downsizing among Industrial, Financial, and Utility Firms. Sociological Forum, 2000 (2).

[4]Ashworth B. E. Emotion in the Workplace：A reappraisal. Human Relations. 1995,48(2).

[5]Barkley J. , Rosser J. On the Complexities of Complex Economic Dynamics. Journal of Economic Perspectives,1999,13(4).

[6]Barney J. B. Firm Resource and Sustained Competitive Advantage. Journal of Management,1991,17(1).

[7]Barney J. B. Strategic Factor Markets：Expectations,Luck,and Business Strategy. Management Science,1986a,32(10).

[8]Barro Robert J. , Xavier Salai Artin. Econonic Growth, NewYork：McGraw-Hill,Inc. 1995.

[9]Bate S. P. Towardsa Strategic Frame Work for Changing Corporate Culture. Strategic Change,1996,5(1).

[10]Becker S. Gary, Murphy Kevin. The Division of Labor, Coordination

Costs, and Knowledge. The Quarterly Journal of Economics, November 1992, vol. CVII.

[11] Becker S. Gary, Murphy Kevin and Tamura Robert. Human Capital, Fertility, and Economy Growth. Journal of Political Economy, October 1990, vol. 98(5):s12 - 37.

[12] Bettignies J. E., Brander J. Financing Entrepreneurship: Bank Finance Versus Venture Capital. Journal of Business Venturing, 2006, doi: 10. 1016/j. jbusvent. 2006. 7. 5

[13] Bill Parcells. The Tough Work of Turning around a Team. Harvard Business Review, November-December 2000.

[14] Bleeke J., Ernst D. Is Your Strategic Alliance Really a Sale? Harvard Business Review, January-February, 1995.

[15] Buyung Agusdinata, Wouter de Klein. The Dynamics of Airline Alliances. Journal of Air Transport Management, 2002, (8).

[16] Bromiley P. Testing a Causal Model of Corporate Risk and Performance. Academy of Management Journal, 1991, (34).

[17] Brown J. S., Duguid P. Organizational Learning and Communities of Practice: Toward a Unified View of Working, Learning, and Innovation. Organization Science, 1991, 2(1).

[18] Chester I. Barnard. The Functions of the Executive. Cambridge, Mass, Harvard University Press, 1968.

[19] Chung-Ming Lau, Hang-Yue Ngo. The HR System, Organizational Oulture, and Product Innovation. International Business Review, 2004, (13).

[20] Christine S. Koberg, Dawn R. Detienne, Kurt A. Heppard. An Empirical Test of Environmental, Organizational, and Process Factors Affecting Incremental and Radical Innovation. Journal of High Technology Management Research, 2003, (14).

[21] Coase R. H. The Nature of the Firm, Economica, 1937, 4(16).

[22] Connell J. H. On the Prevalence and Relative Importance of

Interspecific Competition: Evidence from Field Experiments. American Naturalist,1983,(122).

[23]Das T. , Teng Bing-sheng. A Resource-based Theory of Strategic Alliances. Journal of Management,2000,(26).

[24]David A. Garvin,Building a Learning Organization. Harvard Business Review,July-August 1993.

[25]David B. Audretsch. Financing High-Tech Growth: The Role of Debt and Equity. Working Paper. SSRN,2004.

[26]David Smallbone, Frederike Welter. The Distinctiveness of Entrepreneurship in Transition Economies. Small Business Economics 2001, (16).

[27]David Thesma, Mathisa Thoenig. Creative Destruction and Firm Organization Choice. The Quarterly Journal of Economics,November 2000.

[28]Dierickx I. , Cool K. Asset Stock Accumulation and Sustainability of Competitive Advantage. Management Science,1989,(35).

[29]Dixit A. K. , R. S. Pindyck. Investment under Uncertainty. Princeton, NJ: Princeton University Press,1994.

[30]Dong I. Jung, Chee Chow, Anne Wu. The Role of Transformational Leadership in Enhancing Organizational Innovation: Hypotheses and Some Preliminary Findings. The Leadership Quarterly,2003,(14).

[31]Dorothy Leonard-Barton. Core Capability and Core Rigidities: A paradox in Managing New Product development,Strategic Management Journal, 1992,(13).

[32]Douglas McGrogor. The Human Side of Enterprise. NewYork: McGraw-Hill,1960.

[33]Douglas McGrogor. The Human Side of Enterprise. Management Review,1957,(11).

[34]Durand,Thomas. Strategizing for Innovation: Competence Analysis in Assessing Strategic Change, In Aime Heene and Ron Sanchez, (eds.),

Competence-based Strategic Management, Chichester: John Wiey, 1997.

[35] Edgar Schein. Organizational Culture and Leadership. San Franciso: Jossey-Bass, 1985.

[36] Edith Penrose. The Theory of the Growth of the Firm. Oxford University Press, 1997.

[37] Edward H. , Bowman, Dileep Hurry. Strategy through the Options Lens: An Integrated View of Resource Investments and the Incremental-Choice Process. Academy of Management Review, 1993, (18).

[38] Edward W. Rogers. A Theoretical Look at Firm Performance in High-tech Organizations: What does existing theory tell us? Journal of High Technology, Management Research 2001, (12).

[39] Elena Huergo and Jordi Jaumandreu. How Does Probability of Innovation Change with Firm Age? Small Business Economics, 2004, (22).

[40] Elias Sanidas. Technology, Technical and Organizational Innovations, Economic and Societal Growth. Technology in Society, 2004, (26).

[41] Eric Abrahamson. Change without Pain. Harvard Business Review, July-August 2000: 75-79.

[42] Erik A. Borg. Knowledge, Information and Intellectual Property: Implications for Marketing Relationships. Technovation, 2001, (21).

[43] Eve Caroli, John Yan Reenen. From a Panel of British and French Establishments. The Quarterly Journal of Economics, November 2001.

[44] Eric Waarts, Yvonne Van Everdingen. The Influence of National Culture on the Adoption Status of Innovations: An Empirical Study of Firms across Europe. European Management Journal, 2005, (6).

[45] Feigenbaum and Corduck. The Fifth Generation, Reading. MA: Addison-Wesley. 1983.

[46] France Christoph Zott, Dynamic Capabilities and the Emergence of Infra industry Differential Firm Performance: Insights From: A Simulation Study Strategic Management Journal Strat. Mgmt. 2003, (24).

［47］Franco Malerba. Innovation and the Dynamics and Evolution of Industries: Progress and Challenges. International Journal of Industrial Organization, July, 2006.

［48］Gareth Morgan. Images of Organization (2nd Edition). Berrett-Koehler Publishers, Inc. , and Sage Publications, Inc. , 1997.

［49］Geoffrey A. Moore. Darwin and the Demon: Innovating Within Established Enterprises. Harvard Business Review, Jul-Aug 2004.

［50］George C. Mueller, William McKinley, Mark A. Mone, and Vincent L. Barker III. Organizational Decline, A Stimulus for Innovation? Business Horizons, November-December 2001.

［51］George Elton Mayo. The Human Problems of an Industrial Civilzation. NewYork: The Macmillan Company, 1933.

［52］George Elton Mayo. The Social Problems of an Industrial Civilization. Boston, 1945.

［53］Goldberg D. E. , Barton A. M. Patterns and Consequences of Interspecific Competition in Natural Communities: a Review of Field Experiments with Plants. American Naturalist, 1992, (139).

［54］Grant R. M. Toward a Knowledge-based Theory of the Firm. Strategic Management Journal, 1996, (17).

［55］Grossman S. and Hart O. The Costs and Benefits of Ownership: A Theory of Vertical and Lateral Integration. Journal of Political Economy, 1986, (94).

［56］Grossman G. , Helpman E. Innovation and Growth in the Global Economy. Cambridge: MIT Press, 1992.

［57］G. Stevens, J. Burley. 3000 Raw Ideas Equals 1 Commercial Success! Research Technology Management, 1997, 40(3).

［58］Gulati R. Alliances and networks. Strategic Management Journal, 1998, (19).

［59］Gurevitch Morrow L. , Mistry S. A. Meta-analysis of Competition in

Field Experiments. American Naturalist, 1992, (140).

[60]Hammer Michael. Deep Change: How Operational Innovation Can Transform Your Company. Harvard Business Review, 2004, April, (1).

[61]Han T. J. Smit, Lenos Trigeorgis. R&D Option Strategies. Working Papers Erasmus University, University of Chicago Graduate School of Business, 2003.

[62]Henderson, Rebecca, Lain Cockburn. Measuring Competence? Exploring Firm Effects in Pharmaceutical Research, Strategic Management Journal, Winter Special Issue, 1994, (15).

[63]Henri Fayol. General and Industrial Management. Trans. Constance Storrs, London Pitman Publishing, Ltd., 1949.

[64]Herbert A. Simon. Administrative Behavior: Study of Decision-making Processes in Administrative Organization. NewYork: Macmillan, 1947.

[65]Herbig P. and Dunphy S. Culture and Innovation. Cross Cultural Management, 1998, 5(4).

[66]Hoffman R. C., Hegarty W. H. Top Management Influences on Innovation: Effects of Executive Characteristics and Social Culture. Journal of Management, 1993, 19(3).

[67]Holland J. H. Hidden Order. USA: Addison-Wesley Publishing Company, 1995.

[68]Iansiti M. Technology Integration: Making Critical Choices in a Dynamic World. Harvard School Press, 1998.

[69]James C. Collins, Jerry I. Porras. Organizational Vision and Visionary Organization. California Management Review, Fall 1991.

[70]J. Hage. Theories of Organization. New York: Wiley Interscience, 1980.

[71]Jill Kickul, Lisa K. Gundry. Breaking through Boundaries for Organizational Innovation: New Managerial Roles and Practices in ecommerce Firms. Journal of Management, 2001, (27).

[72]Job de Haan, Masaru Yamamoto. Zero Inventory Management: Facts or

Fiction? Lessons from Japan. Int. J. Production Economics, 1999.

[73] Jones G. , James L. R. Psychological Climate: Dimensions and Relationships of Individual and Aggregate Work Environment Perceptions. Organizational Behavior and Human Performance, 1979, (23).

[74] Joshua S. Gans, Scott Stern. Incumbency and R&D Incentives: Licensing the Gale of Creative Destruction. Journal of Economics & Management Strategy, Winter 2000, (9).

[75] J. P. Kotter, J. L. Hesket. Culture and Performance. NewYork: The Free Press, 1992.

[76] J. Utterback. Mastering the Dynamics of Innovation. Boston, Mass, Harvard Business School Press, 1996.

[77] Kathleen M. Eisenhardt, Jeffrey A. Martin Dynamic Capabilities: What Are They? Strategic Management Journal Strat. 2000, (21).

[78] Kerr R. A. No Longer Willful, Gaia Bicomes Respectable. Science, 1988, (240).

[79] Kimura M. Evolutionary Rate at the Molecular Level. Nature, 1968, (217).

[80] Kimura M. The Neutral Theory of Molecular Evolution. Cambridge University Press, 1983.

[81] Klein B. Contracts and Incentives. in Werin L. and Wijkander H. , eds. , Contract Economics, Cambridge, MA: Basil Blackwell, 1992.

[82] Landier A. Start-up Financing: From Banks to Venture Capital. Working Paper, University of Chicago, 2002.

[83] Leonard-Barton D. Core Capabilities and Core Rigidities: A Paradox in Managing New Product Development. Strategic Management Journal, 1993, (13).

[84] Leonardo Felli, J. Miguel Villas-Boas. Renegotiation and Collusion in Organizations . Journal of Economics & Management Strategy, 2000, (Winter).

[85] Levin Jonathan. Relational incentive contracts. American Economic

Review,2003,93(3).

[86]Liu J. M. , Gong C. D. A Justification for the Scaling of the Thom-system. Communication of Theoretical Physis (China),1982,(1).

[87]Loreau M. ,Naeem P. et al. ,Biodiversity and Ecosystem Functioning: Current Knowledge and Future Chanllenges. Science,2001,(294).

[88]Lucas Robert. On the Mechanics of Economic Development. Journal of monetary Economy,October 1988,vol. 194,(5).

[89]Li-min Hsueh, Ying-yi Tu. Innovation and the Operational Performance of Newly Established Small and Medium Enterprises in Taiwan . Small Business Economics,2004,(23).

[90]Majumdar. Organizations with Incomplete Information: Essays in Economic Analysis: A Tribute to Roy Radner. Cambridge and New York: Cambridge University Press,1998.

[91]Malika Richards,Yi Yang. Determinants of Foreign Ownership in International R&D Joint Ventures:Transaction Costs and National Culture. Journal of International Management,2007,(13).

[92]Mark Rogers. Networks,Firm Size and Innovation. Small Business Economics,2004,(22).

[93]Malmberg A. The Elusive Concept of Localization Economies:towards a Knowledge-based Theory of Marshall A. Principles of Economics. London: Macmillan,1925.

[94]Max Weber. The Theory of Social and Economic Organization. New York:Free Press,1947.

[95]May R. M. , Simple Mathematical Model with Very Complicated Dynamics. Nature,1976,(261).

[96]Meyer M. H. , Utterback J. M. The Product Family and the Dynamics of Core Capability. Sloan Management Review,1993,Spring.

[97]Michael E. Porter. A Conversation with Michael Porter:International Competitive Strategy from a European Perspective. European Management

Journal, December 1991, (4).

[98] Miller R. E. , Leiblein M. J. Corporate Risk-return Relations: Returns Variability Versus Downside Risk. Academy of Management Journal, 1996, (39).

[99] Mita Bhattacharya, Harry Bloch. Determinants of Innovation. Small Business Economics, 2004, (22).

[100] Monique Maddy. Dream Deferred: the Story of a High-Tech Entrepreneur in a Low-Tech World. Harvard Business Review, May-June 2000.

[101] Morten T. Hansen, Henry W. Chesbrough. Networked Incubators: Hothouses of the New Economy. Harvard Business Review, September-October 2000.

[102] Nakata Cheryl, Sivakumar K. National Culture and New Product Development: An Integrative Review. Journal of Marketing, 1996, 60(1).

[103] Nancy Dixon. The Organizational Learning Cycle. McGraw-Hall Book Company Europe. 38.

[104] Nonaka I. , Tackeuchi H. The Knowledge Creating Company: How Japanese Company Create the Dynamics of Innovation. New York: Oxford University Press, 1995.

[105] Nunzia C. Innovation Processes within Geographical Clusters: a Cognitive Approach. Technovation, 2004, 24(1).

[106] Peter F. Drucker. Management: Tasks, Responsibilities, Practices. Harper & Publishers Inc. 1974.

[107] P. N. Subba Narasimha. Strategy in Turbulent Environments: the Role of Dynamic Competence. Managerial and Decision Economics Manage. Dects. Econ 2001, (22).

[108] Peteraf M. A. The Cornerstones of Competitive Advantage: a Resource-based View. Strategic Management Journal, 1993, 14(3).

[109] P. Woolner. The Purposes and Stages of the Learning Organization. Thresholds in Education, May/August 1992.

[110]Randy L. DeSimone, David M. Harris. Human Resource Development (the second edition). the Dryden Press and Harcourt Brace College Publishers, the United States of America. 1998.

[111]Raymond B. , Darby A. C. , Douglas A. E. Intraguild Predators and the Spatial Distribution of a Parasitoid. Oecologia,2000,(124).

[112]Rees M. Trede-off among Dispersal Strategies in the British Floara. Nature,1993,(366).

[113]Rensis Likert. The Human Organization. NewYork: McGraw-Hill,1967.

[114]Reuer J. , Leiblein M. Downside Risk Implications of Multinationality and International Joint Ventures. Academy of Management Journal,2000,(43).

[115]Richardson G. B. The Organization of Industry. Economic Journal, 1972,(82).

[116]R. L. Daft and S. W. Backer. Innovation in Organizations. New York: Elsevier,1978.

[117]Robert BarroJ. Economic Growth in a Cress Section of Countries. Quarterly Journal of Economics,1991,vol. 106:407 − 443.

[118]Robert M. Price. Infusing Innovation into Corporate Culture. Organizational Dynamics,2007,(3).

[119]Rumelt R. P. How Much does Industry Matter? Strategic Management Journal,1991,12(3).

[120]R. W. Woodman, J. E. Sawyer, R. W. Griffin. Toward a Theory of Organizational Creativity. Academy of Management Reivew,1993,(18).

[121]Ruud T. Frambach, Niels Schillewaert. Organizational Innovation Adoption:A Multi-level Framework of Determinants and Opportunities for Future Research. Journal of Business Research,2002,(55).

[122]Sanchez R. , Heene A. and H. Thomas H. Dynamics of Competence-based Competition:Theory and Practice in the New Strategic Management. London:Pergamon Press,1996.

[123]Senge P. M. The Fifth Discipline: The Art and Practice of the Learning Organization. New York: Bantam Doubleday Deli, 1990.

[124]Scott S G, Bruce R. A. Determinants of Innovative Behavior: a Path Model of Individual Irtnovation in the Workplace. Academy of Management Journal, 1994, 37(3).

[125]Shanthi Gopalakrishnan, Paul Bierly. Analyzing Innovation Adoption Using a Knowledge- based Approach. Journal of Engineering and Technology Management, 2001, (18).

[126]Spender J. C. Making Knowledge the Basis of Dynamic Theory of the Firm. Strategic Management Journal, 1996, (17).

[127]S. P. Sethi, H. Yan, H. Zhang. Peeling Layers of an Onion: Inventory Model with Multiple Delivery Modes and Forecast Updates. Journal of Optimization Theory and Applications, February 2001.

[128]Srinagesh Gavirneni, Sridhar Tayur. An Effcient Procedure for Non-stationary Inventory Control. IIE Transactions, 2001, (33).

[129]S. Slater et al. Market Orientation and the Learning Organization. Journal of Marketing, July 1995.

[130]Stacey R. D. The Science of Complexity: an Alternative Perspective for Strategic Change. Strategic Management Journal, 1995, (16).

[131]Steve L. Slezak, Naveen Khanna. The Effect of Organizational form on Information Flow and Decision Quality: Informational Cascades in Group Decision Making. Journal of Economics & Management Strategy, 2000(Spring).

[132]Susanne Hertz, Lars-Gunnar Mattsson. Collective Competition and the Dynamics of Market Reconfiguration. Scand. J. Mgmt, 2004, (20).

[133]Sundar Bharadwaj, Anil Menon. Making Innovation Happen in Organizations: Individual Creativity Mechanisms, Organizational Creativity Mechanisms or Both? Journal of Product Innovation Management, 2000, (17).

[134]Tan J. , Peng M. W. Organization Slack and Firm Performance During Economic Transitions: Two Studies from an Emerging Economy. Strategic

Management Journal,2003,(24).

[135]T. D. Duchesneau, S. Cohn and J. Dutton. A Study of Innovation in Manufacturing: Determination, Processes and Methodological Issues, vol. 1 (Social Science Research Institute,University of Maine),1979.

[136]Teece D. J. , Pisano G. and Shuen A. Dynamic Capabilities and Strategic Management. Strategic Management Journal,1997,18(7).

[137]Terrence E. Deal, Allen A. Kennedy. Corporate Culture. Reading, Massachusetts: Addison- Weley,1982.

[138]Tether Bruce. Who Cooperates for Innovation,and Why an Empirical Analysis. Research Policy;2002,(31).

[139]Thiruvenkatam Ravichandran. Redefining Organizational Innovation: Towards Theoretical Advancements. The Journal of High Technology Management Research,2000,10(2).

[140]Thompson K. The Functional Ecology of Seed Bandks, Seeds-the Ecology of Regeration in Plant Communiries (Edited by Michael Fenner). Car International. 1992.

[141]Tita G. McGrath. A Real Options Logic for Initiation Technology Positioning Investments. Academy of Management Review,1997,(22).

[142]Trigeorgis L. A Conceptual Options Framework for Capital Claim Model of Debt. Rigeorgis L. , Szewczak E. J. Real Options in Investment Uncertainty: Classical Readings and Recent Contribution. MIT Press,2001.

[143]Walker J. E. Biological Degradation of Explosive and Chemical Agents. Bidegradation,1992,3(3).

[144]Wallach E. J. Individuals and Organizations: the Cultural Match. Training and Development Journal,1983.

[145]Weible E. R. et al. Diversity in Biological Design. Cambridge University Press,Cambridge,1997.

[146]Wernerfelt B. A Resource-based View of the Firm. Strategy Management Journal,1984,5(2).

［147］Wietze van der Aa, Tom Elfring. Realizing Innovation in Services. Scandinavian Journal of Management,2002,(18).

［148］Wiig K. M. Knowledge Management Methods:Practical Approach to Managing Knowledge. Arlingtom,TX:Schema Press. 1995.

［149］WilliamF. Hamilton and Graham R. Mitchell. Managing R&D as a Strategic Option. Research &Technology Management,May/June 1988.

［150］Williamson O. Market and Hierarchies:Analysis and Antitrust Implications. NewYork:Free Press,1975.

［151］William Ouchi. The Theory Z. Reading. Massachusetts:Addison-Wesley,1981.

［152］Winto A. and Yerramilli V. A Model of Entrepreneurial Finance. Working Paper, University of Whyte W. H. Jr. Organization Man. NewYork:Simon and Schuster,1956.

［153］Whyte W. H. Jr. Organization Man. NewYork:Simon and Schuster,1956.

［154］Yang Xiaokai,Ian Wills. A Model Formalizing the Theory of Property Rights. Journal of Comparative Economics,June 1990,14(2).

［155］Yang X. , Borland, J. A Microeconomic Mechanism for Economic Crnwth. Journal of Political Economy. 1991,(99).

二、中文参考文献

［156］A. A. 阿尔钦、H. 德姆塞茨:《生产、信息费用与经济组织》,R. 科斯、A. 阿尔钦、D. 诺斯等著,刘守英译:《财产权利与制度变迁——产权学派与新制度学派译文集》,上海三联书店、上海人民出版社 1994 年版。

［157］H. 哈肯著,徐锡申译:《协同学》,原子能出版社 1984 年版。

［158］约翰·P. 科特、詹姆斯·L. 赫斯克特著,李晓涛译:《企业文化与经营业绩》,中国人民大学出版社 2004 年版。

［159］May R. M. 著,孙儒泳等译:《理论生态学》,科学出版社 1982 年版。

[160]梅丽莎·A. 希林著,谢伟、王毅译:《技术创新的战略》,清华大学出版社 2005 年版。

[161]迈克尔·E. 波特著,陈小悦译:《竞争优势》,华夏出版社 1997 年版。

[162]菲利普·阿吉翁、彼得·霍依特著,陶然、倪彬华、汪柏林译:《内生增长理论》,北京大学出版社 2004 年版。

[163]T. W. 舒尔茨:《制度与人的经济价值的不断提高》,R. 科斯、A. 阿尔钦、D. 诺斯等著,刘守英译:《财务权利与制度变迁——产权学派与新制度学派译文集》,上海三联书店、上海人民出版社 1994 年版。

[164]V. W. 拉坦:《诱致性制度变迁理论》,R. 科斯、A. 阿尔钦、D. 诺斯等著,刘守英译:《财务权利与制度变迁——产权学派与新制度学派译文集》,上海三联书店、上海人民出版社 1994 年版。

[165]埃尔文·格罗赫拉著,王元译:《企业组织》,经济管理出版社 1991 年版。

[166]陈字、赵楠:《论中国高新技术企业自主创新能力》,《当代经济》2008 年第 5 期。

[167]陈爱华:《略论高技术的伦理价值》,《学海》2004 年第 5 期。

[168]陈国富:《契约的演进与制度变迁》,经济科学出版社 2002 年版。

[169]陈国权:《学习型组织的过程模型、本质特征和设计原则》,《中国管理科学》2002 年第 8 期。

[170]陈益升:《高技术:定义、管理、体制》,《科学管理研究》1997 年第 2 期。

[171]崔安定、马连杰:《试论信息时代的企业组织结构设计》,《科技进步与对策》2001 年第 3 期。

[172]彼得·F. 德鲁克著,帅鹏等译:《管理实践》,工人出版社 1989 年版。

[173]董俊武、黄江圳、陈震红:《基于知识的动态能力演化模型研究》,《中国工业经济》2004 年第 2 期。

[174]杜小滨:《关于高技术及相关概念的分析》,《合肥工业大学学报

（社会科学版）》2004 年第 6 期。

[175]托尔斯坦·凡勃伦著，蔡受百译:《有闲阶级论》，商务印书馆 1964 年版。

[176]方建中、荚莺敏、刘春敏等:《现代企业管理前沿问题研究》，人民出版社 2003 年版。

[177]方世建、郭志军:《虚拟研发组织:高新技术 R&D 的新模式》，《科学管理研究》2000 年第 4 期。

[178]弗里蒙特·E. 卡斯特、詹姆斯·E. 罗森茨韦克著，李柱流等译:《组织与管理——系统方法与权变方法》，中国社会科学出版社 1985 年版。

[179]傅家骥:《技术创新学》，清华大学出版社 1998 年版。

[180]高闯、潘忠志:《高技术集群企业合作创新博弈及其制度分析》，《科技进步与对策》2007 年第 3 期。

[181]高展军、李垣、雷宏振:《不同社会文化对企业技术创新方式选择的影响》，《科学学与科学技术管理》2005 年第 11 期。

[182]戈峰:《现代生态学》，科学出版社 2002 年版。

[183]葛泽慧、胡其英:《具有内生技术共享的合作研发决策分析》，《科研管理》2006 年第 5 期。

[184]国家发展改革委高技术司:《2004 年我国高技术产业发展报告》（http://www. ndrc. gov. cn /gjscy/cyzhdt/default. htm. ）。

[185]国家发展改革委高技术司:《2005 年我国高技术产业发展报告》（http://www. ndrc. gov. cn /gjscy /cyzhdt /default. htm. ）。

[186]国家发展改革委高技术司:《2006 年 1—7 月分行业高技术产业总产值统计》（http:// www. ndrc. gov. cn /gjscy/cyzhdt/default. htm. ）。

[187]国家统计局等:《中国高技术产业统计年鉴（2008）》，中国统计出版社 2009 年版。

[188]哈罗德·孔茨、海因茨·韦里克著，郝国华等译:《管理学》，经济科学出版社 1993 年版。

[189]哈罗德·孔茨、海因茨·韦里克著，张晓君等译:《管理学（第十版)》，经济科学出版社 1998 年版。

［190］韩炜:《高新技术企业虚拟型学习团队跨文化管理研究》,《经济论坛》2006 年第 21 期。

［191］韩赟、高长元:《高技术企业知识缺口弥补流程研究》,《科学学研究》2009 年第 9 期。

［192］亨利·西斯克著,段文燕译:《工业管理与组织》,中国社会科学出版社 1985 年版。

［193］侯婷、朱东华:《基于 SWOT 分析的创新项目技术评价与决策研究》,《科研管理》2006 年第 7 期。

［194］胡笑寒、万迪:《组织混沌与组织文化变革及创新关系的研究》,《中国软科学》2003 年第 10 期。

［195］胡学刚:《高技术企业的界定》,《安徽农业大学学报(社会科学版)》2000 年第 4 期。

［196］黄东兵、张世英:《关于信息技术创新项目的决策分析》,《自然辩证法研究》2006 年第 3 期。

［197］黄江圳、谭力文:《从能力到动态能力:企业战略观的转变》,《经济管理》2002 年第 22 期。

［198］井志强:《经济契约中的信用问题研究》,东北师范大学硕士学位论文 2004 年。

［199］J. R. 康芒斯著,于树生译:《制度经济学》(上),商务印书馆 1962 年版。

［200］克里斯·阿吉里斯著,郭旭力、鲜红霞译:《个性与组织》,中国人民大学出版社 2007 年版。

［201］库尔特·多普菲著,贾根良、刘辉锋、崔学锋译:《演化经济学——纲领与范围》,高等教育出版社 2004 年版。

［202］尼古莱·J. 福斯、克里斯蒂安·克努森著,李东红译:《企业万能:面向企业能力理论》,东北财经大学出版社 1998 年版。

［203］勒内·托姆著,周仲良译:《突变论:思想和应用》,上海译文出版社 1989 年版。

［204］李嘉图著,郭大力、王亚南译:《政治经济学与赋税原理》,商务印

书馆 1976 年版。

[205]李金生:《论高科技企业的组织结构模型》,《中国软科学》2002年第 7 期。

[206]李金生:《论高科技企业的组织激励模型》,《科技进步与对策》2003 年第 4 期。

[207]李金生、丁丽:《企业知识联盟动力机制研究》,《南京师大学报(社会科学版)》2008 年第 3 期。

[208]李金生、何建敏:《产业集聚核心能力研究新进展》,《经济学动态》2007 年第 8 期。

[209]李金生、贾利军:《基于企业内在生态的学习型组织模型研究》,《南京师大学报》2006 年第 3 期。

[210]李金生、李晏墅、贾利军:《高技术企业的组织存货效应模型研究》,《中国工业经济》2006 年第 3 期。

[212]李金生、李晏墅、周燕:《基于技术创新演进的高技术企业内生文化模型研究》,《中国工业经济》2009 年第 5 期。

[213]李兴旺、王迎军:《企业动态能力理论综述与前瞻》,《当代财经》2004 年第 10 期。

[214]李晏墅、李金生:《基于技术形成机理的自主创新决策模型研究》,《中国工业经济》2007 年第 6 期。

[215]李振玉:《风险投资是金融制度的创新》,《中国信息报》2001 年 7月 18 日。

[216]理查德·L. 达夫特著,李维安等译:《组织理论与设计精要》,机械工业出版社 1999 年版。

[217]祖元刚、赵则海等:《非线性生态模型》,科学出版社 2004 年版。

[218]梁娟:《基于企业技术创新模式的企业文化研究》,《华东经济管理》2007 年第 4 期。

[219]林毅夫:《关于制度变迁的经济学理论:诱致性变迁与强制性变迁》,R. 科斯、A. 阿尔钦、D. 诺斯等著,刘守英译:《财务权利与制度变迁——产权学派与新制度学派译文集》,上海三联书店、上海人民出版社

1994 年版。

［220］蔺丰奇、刘益:《知识联盟的不稳定性及对策分析》,《科学管理研究》2007 年第 2 期。

［221］凌复华:《突变理论及其应用》,上海交通大学出版社 1987 年版。

［222］刘尔琦等:《高科技企业整体式模式》,中国宇航出版社 2003 年版。

［223］刘恒江、陈继祥:《基于动力机制的我国产业集群发展研究》,《经济地理》2005 年第 9 期。

［224］刘俊杰、傅毓维:《基于系统动力学的高技术企业创新环境研究》,《科技管理研究》2007 年第 12 期。

［225］刘诗白:《简论新经济》,《光明日报》2000 年 8 月 22 日。

［226］刘颂:《关于现代激励理论发展困境的几点分析》,《南京社会科学》1998 年第 4 期。

［227］刘晓林、黄本美、吕兵:《21 世纪高新技术发展特征及发展对策》,《科技与管理》2000 年第 4 期。

［228］刘元芳:《核心竞争力:技术创新与企业文化的耦合》,《科学学与科学技术管理》2006 年第 4 期。

［229］刘志迎、王伟浩:《高新技术企业组织创新理论研究综述》,《电子科技大学学报(社科版)》2003 年第 4 期。

［230］刘颂:《关于现代激励理论发展困境的几点分析》,《南京社会科学》1998 年第 4 期。

［231］刘志迎、程瑶:《X 效率与高技术企业文化建设》,《科技与管理》2006 年第 6 期。

［232］龙勇、常青华:《高技术创业企业创新类型、融资方式与市场策略关系研究》,《科学学与科学技术管理》2008 年第 1 期。

［233］吕乃基:《论高技术的极限》,《科学技术与辩证法》2003 年第 4 期。

［234］罗珉:《管理理论的新发展》,西南财经大学出版社 2003 年版。

［235］罗锐韧:《哈佛管理全集》(上卷),企业管理出版社 1997 年版。

［236］骆品亮：《R&D 中的代理问题与 R&D 激励》，《系统工程理论与实践》1998 年第 11 期。

［237］庄亚明、李晏墅，李金生等：《区域经济协调发展的 GAH-S 评价体系研究——基于江苏的数据》，《中国工业经济》2008 年第 6 期。

［238］庄亚明、穆荣平、李金生等：《高技术产业国际竞争实力测度方法研究》，《科学学与科学技术管理》2008 年第 3 期。

［239］道格拉斯·C. 诺斯著，刘守英译：《制度、制度变迁与经济绩效》，上海三联书店 1994 年版。

［240］欧光军、李永周：《高技术企业集群产品创新知识集成实现研究》，《科技管理研究》2009 年第 10 期。

［241］齐振彪、齐振宏：《组织及其智能优势：组织生态学的新视角》，《科技进步与对策》2002 年第 10 期。

［242］青木昌彦著，周黎安译：《比较制度分析》，上海远东出版社 2001年版。

［243］让·雅克·拉丰著，李艳等译：《激励理论（第一卷）委托—代理模型》，中国人民大学出版社 2002 年版。

［244］芮明杰、陈娟：《高技术企业知识体系概念框架及其内部互动模型——一个解释知识创新过程的新框架》，《上海管理科学》2004 年第 2 期。

［245］盛宇华、李金生：《组织激励论》，人民出版社 2004 年版。

［246］盛宇华、李金生：《基于技术因素的营销控制力模型及其实证分析》，《中国工业经济》2004 年第 7 期。

［247］史永铭：《高新技术企业文化创新战略》，《高技术与产业化》2007年第 2 期。

［248］斯蒂芬·P. 罗宾斯著，孙建敏、李原等译：《组织行为学》，中国人民大学出版社 1997 年版。

［249］孙爱英、李垣、任峰：《组织文化与技术创新方式的关系研究》，《科学学研究》2004 年第 8 期。

［250］孙华林、孙雷：《高技术负效应的哲学反思》，《东北大学学报（社会科学版）》2001 年第 3 期。

[251]孙俊岭:《西方激励理论探析》,《学术交流》2000 年第 3 期。

[252]孙立莉:《激励理论述评》,《山东经济》2000 年第 2 期。

[253]泰罗·F. W. 著,胡隆昶译:《科学管理原理》,中国社会科学出版社 1984 年版。

[254]谭伟东:《西方企业管理思想》,北京大学出版社 2001 年版。

[255]陶长琪:《对高新技术企业成长生命周期的探讨》,《科学管理研究》2003 年第 10 期。

[256]万良杰、陈喆高:《新技术企业成长与企业文化演进的协调性》,《特区经济》2006 年第 4 期。

[257]汪丁丁:《新经济的制度特征是什么?》,《财经》2000 年第 6 期。

[258]王步芳:《新经济与高科技企业创新》,《发展论坛》2001 年第 10 期。

[259]王国顺等:《企业理论:能力理论》,中国经济出版社 2006 年版。

[260]王岩:《存货管理的第四次变革——供应链管理》,《物流技术》2004 年第 8 期。

[261]王元:《关于不确定条件下的企业决策问题》,《中国工业经济研究》1993 年第 4 期。

[262]魏江、许庆瑞:《企业技术能力作用于创新效益的经济控制模型研究》,《数量经济技术经济研究》1997 年第 9 期。

[263]魏守华:《集群竞争力的动力机制以及实证分析》,《中国工业经济》2002 年第 10 期。

[264]温世仁:《新经济与中国》,生活·读书·新知三联书店 2001 年版。

[265]吴昊、周焯华、张宗益:《技术进步条件下投资决策的期权博弈分析》,《科技管理研究》2005 年第 11 期。

[266]吴致远、陈 凡:《理性基础的重建与技术决策模式的转换——哈贝马斯交往理性下的技术》,《科学技术与辩证法》2004 年第 10 期。

[267]小詹姆斯·H. 唐纳利等著,李柱流等译:《管理学基础》,中国人民大学出版社 1982 年版。

［268］忻榕、徐淑英、王辉等:《国有企业的企业文化:对其维度和影响的归纳性分析》,徐淑英、刘忠明:《中国企业管理的前沿研究》,北京大学出版社 2004 年版。

［269］徐同文、于含云:《知识经济——21 世纪高新技术》,北京科技出版社 2000 年版。

［270］亚当·斯密著,郭大力、王亚南译:《国民财富的性质和原因的研究》(上卷),商务印书馆 1974 年版。

［271］阎海峰、王端旭:《现代组织理论与组织创新》,人民邮电出版社 2003 年版。

［272］杨伟、鲁若愚:《高技术企业的组织特性与管理》,《中国科技论坛》2002 年第 5 期。

［273］叶晓倩:《复杂适应组织观与企业文化创新》,《生产力研究》2008 年第 8 期。

［274］应瑛:《企业知识管理平台体系结构研究》,浙江大学硕士学位论文 2000 年。

［275］于晓宇、谢富纪、彭鹏:《知识管理与高技术企业技术创新模式的耦合性机理研究》,《情报科学》2007 年第 2 期。

［276］余绪缨:《管理会计》,中国财政经济出版社 1994 年版。

［277］俞艳苹、龙建成:《基于知识的生态化组织的研究》,《西安电子科技大学学报(社会科学版)》2002 年第 12 期。

［278］约瑟夫·熊彼特著,何畏、易家祥译:《经济发展理论》,商务印书馆 1990 年版。

［279］约瑟夫·M.普蒂等著,丁慧平、孙先锦译:《管理学精要·亚洲篇》,机械工业出版社 1999 年版。

［280］张黎夫:《论企业技术创新决策中的伦理分析》,《江苏工业学院学报》2004 年第 3 期。

［281］张树中:《美国创业资本市场的制度分析》,中国社会科学出版社 2001 年版。

［282］张铁山、赵光:《集群对高技术企业创新能力的影响分析》,《中国

科技论坛》2009 年第 1 期。

[283]张维迎、周黎安、顾全林:《高新技术企业的成长及影响因素:分位回归模型的一个应用》,《管理世界》2005 年第 5 期。

[284]张五常:《企业的契约性质、企业制度与企业组织》,上海人民出版社 1996 年版。

[285]张小蒂、王中兴、张弛:《中国高技术产业内资企业技术引进的双重效应分析》,《技术经济》2008 年第 8 期。

[286]赵玲:《自然观的现代形态——自组织生态自然观》,《吉林大学社会科学学报》2001 年第 2 期。

[287]赵魏:《企业的不确定价值与不对称结构》,经济科学出版社 2005 年版。

[288]赵晓庆:《企业技术学习的模式与能力积累途径的螺旋运动过程》,浙江大学博士学位论文 2001 年。

[289]郑美群、蔡莉、周明霞:《高技术企业绩效评价指标体系的构建研究》,《科学学与科学技术管理》2004 年第 7 期。

[290]中华人民共和国国家发展和改革委员会高技术产业司:《2009 年 1—12 月分行业高技术产业主要经济指标(一)》(http://gjss. ndrc. gov. cn /tjsj/tjsjhy/fhyzczsj /t20100126_ 326677. htm,2010/01/26)。

[291]中华人民共和国国家发展和改革委员会高技术产业司:《行业数据》(http://gjss. ndrc. gov. cn /tjsj /tjsjhy / default. htm,2010/01/26)。

[292]中华人民共和国国家统计局:《国际统计年鉴2004》,中国统计出版社 2004 年版。

[293]中华人民共和国科学技术部:《中国高技术产业数据(2009)》(http://www. sts. org. cn /sjkl /gjscy /data2009)。

[294]周启蕾:《供应链中的存货变动规律及其控制策略》,《商业研究》2003 年第 3 期。

[295]庄亚明、李金生、何建敏:《企业成长的内生能力模型与实证研究》,《科研管理》2008 年第 5 期。

[296]庄亚明、李金生等:《基于区域集聚的产业价值共享模型研究》,

《中国管理科学》2008 年第 4 期。

　　[297]庄亚明、李金生等:《基于决策优势的企业横向兼并行为分析》,《系统工程》2005 年第 6 期。

　　[298]庄亚明、李金生等:《高技术企业知识联盟中的知识转移研究》,《科研管理》2004 年第 11 期。

后　记

　　本书是在我博士学位论文的基础上，通过系列课题的研究积累完成的。本研究得到国家自然科学基金项目"管理能力的非结构化测试研究"（项目批准号：70172027）、国家教育部人文社会科学研究青年基金项目"高技术企业原始创新能力的内生培育机制研究"（项目批准号：10YJC630116）、国家统计局全国统计科学研究（计划）项目"企业社会责任评价与统计服务体系研究"（项目批准号：LX2007Y039）、江苏省社会科学基金重点项目"江苏现代服务业优势集聚发展的对策研究"（项目批准号：07EYA034）、江苏省软科学研究（计划）项目"江苏科技型企业原始创新的投入机制与管理模式研究"（项目批准号：BR2008049）和江苏省教育厅高校哲学社会科学基金资助项目"金融危机下江苏外销型企业的创新机制与对策研究"（项目批准号：09SJB630041）等课题的研究资助，并在参与或主持这些课题中得到相关研究的启发和积累；同时，本书也得到南京师范大学"十一五""211工程"的支持，在此一并表示衷心感谢！

　　在本书成稿、即将出版之际，回想本书写作、攻读博士学位和博士后工作期间的学习和工作的情景，历历在目。这里诚挚地感谢我的导师何建敏教授！在本书的研究过程中，何老师一直给我提供了大量的从事科研工作的宝贵机会和有利条件，并以渊博的知识、睿智的思维和严谨的治学态度指导我的科研实践和本书的主要研究工作，极大地拓展我的科研思路和视野，提升了我的科研能力和水平；何老师对我工作和生活上给予的关心和帮助更是记忆犹新。在本书成稿后，何老师还欣然为本书作序，在此向何老师致以崇高的敬意！

　　在本书的研究中，东南大学经济管理学院吴广谋教授和庄亚明教授一直给予我悉心的指导。两位老师广博的知识、严谨的科研作风和独到的理论视角,给了我很大的启迪。在此向两位老师致以深深的谢意!

南京师范大学商学院李晏墅教授和盛宇华教授、南京航空航天大学刘思峰教授、东南大学达庆利教授和胡汉辉教授对本书研究的关心和指导,在此致衷心感谢!

特别感谢人民出版社的鲁静编辑!她的热情、专业、细心和敬业给我留下深刻的印象,对本书出版和编辑给予热心指导和大力支持。

深深感谢我的父母、我的妻子及其他家人长久以来对我学习和工作的理解、鼓励、支持和帮助!感谢所有关心和帮助我的人!

由于作者水平有限,错误和疏漏在所难免,敬请专家和学者批评、指正!

李金生

2010 年 11 月 10 日于南京

责任编辑:鲁　静
责任校对:周　昕

图书在版编目(CIP)数据

高技术企业的内生能力研究/李金生 著. −北京:人民出版社,2011.3
ISBN 978 − 7 − 01 − 009663 − 6

Ⅰ.①高…　Ⅱ.①李…　Ⅲ.①高技术产业−企业管理−研究−中国
　　Ⅳ.①F279.244.4

中国版本图书馆 CIP 数据核字(2011)第 020057 号

高技术企业的内生能力研究
GAOJISHU QIYE DE NEISHENG NENGLI YANJIU

李金生　著

人民出版社 出版发行
(100706　北京朝阳门内大街166号)

北京新魏印刷厂印刷　　新华书店经销

2011 年 3 月第 1 版　2011 年 3 月北京第 1 次印刷
开本:710 毫米×1000 毫米 1/16　印张:19
字数:280 千字　印数:0,001−3,000 册

ISBN 978 − 7 − 01 − 009663 − 6　定价:38.00 元

邮购地址 100706　北京朝阳门内大街 166 号
人民东方图书销售中心　电话 (010)65250042　65289539